Gault&Millau

Weinguide Deutschland

Franken, Nahe & Ahr 2021

142 Weingüter beschrieben und bewertet,
906 Weinempfehlungen, davon 200 Weine bis 10€ und
180 Winzer-Tipps zum Essen, Schlafen und Einkaufen.

Liebe Leserin, lieber Leser, liebe Freunde des guten Weins,

das Faszinierende am Wein ist seine Vielfalt. Im Anbaugebiet Franken sowie im Nahe- und Ahrtal treffen wir auf dort beheimatete Spezialitäten wie Silvaner und Frühburgunder, große Klassiker wie Riesling und Spätburgunder oder „Neuzugänge" wie den Sauvignon. Es bietet sich uns hier eine derart **abwechslungsreiche Fülle,** wie sie in den benachbarten Weinbaugebieten Burgund, Champagne oder Loire nicht ohne Weiteres zu finden ist.

Genuss, insbesondere beim Wein, ist ja gottlob nicht auf die reine Sensorik beschränkt. Auch lässt sich Geschmack weder mit dem Lineal vermessen noch mit der Stoppuhr festhalten, und auch die feinste Waage hilft nicht weiter. Weingenuss ist im besten Fall ein **emotionales Empfinden** und wie in anderen Geschmacksfragen, beispielsweise bei der Musik oder in der Malerei, höchst individuell geprägt. Kurzum, für Geschmack gibt es keine Mathematik!

Weingenuss hat immer mit Menschen zu tun. Wein ist Kommunikation und geteilte Freude. Weingenuss für sich alleine im stillen Kämmerlein ist für uns nicht vorstellbar.

Weingenuss führt zu den Winzern, die wie gute Gärtner ihre Rebpflanzen das ganze Jahr hindurch hegen und pflegen und dann einen präzisen Lesepunkt festlegen, um ein Optimum dessen zu ernten, was die Natur in Form von Weintrauben an Ausdruck zu bieten hat. In den Weinkellern geht die Pflege weiter. Dort sollen mittels Gärung, Ausbau und Reifezeit authentische Wein-Persönlichkeiten heranwachsen, die bestmöglich ihre Herkunft und die Handschrift des Winzers reflektieren. Gemäß Louis Pasteurs Prinzip **„Der Sauerstoff macht den Wein"** wird im Keller mehr und mehr im Holz gearbeitet, um durch sanfte Oxidation den Charakter des Weins zu stärken.

Dass diese Arbeit viel Wissen voraussetzt, mindestens genauso viel **Liebe zum Detail** benötigt und oft auch den Verzicht auf den schnellen wirtschaftlichen Erfolg bedeutet, legt durchaus einen philosophischen Gedankenansatz nahe. Und ganz genau um diesen Aspekt zu diskutieren und zu philosophieren, macht einen Großteil des Weingenusses aus. Ohne das Wissen woher, warum und wieso ist alles nichts.

Das ist der Grund, warum die neue Generation der Gault&Millau-Weinguides sich vor allem auf **die Vielfalt der Empfindungen** aus den großen generations- und geschlechterübergreifenden Verkostungs-Panels und nicht auf Einzelurteile stützt. Mit dieser Ausgabe setzen wir eine neue Bewertungsweise fort – ohne die Idee einer mathematischen Superpräzision.

Wir wünschen Ihnen mit diesem Buch als Guide hin zum guten Wein ebenso viel Vergnügen, wie wir es bei den Besuchen in Franken sowie im Nahe- und Ahr-Tal hatten. Und wenn Sie sich nun fragen, warum wir diese drei Anbaugebiete in einem Werk vorlegen: Die Flüsse haben uns geleitet. Der Rhein ist hier das verbindende Element – der Main, die Nahe und die Ahr sind seine wunderschönen Nebenflüsse. Die Gewässer und ihre Mikroklimas haben großen Einfluss auf die Weine, die dort wachsen. In diesem Sinne legen wir Ihnen ans Herz, sich auf die **Reise in die Anbaugebiete** zu begeben und die hingebungsvolle Arbeit der Winzer, ihre stilvollen Vinotheken und die grandiosen Weine ganz persönlich zu erleben.

Otto Geisel

Ursula Haslauer

Zeichenerklärung

WEINE

Weißwein

Rotwein

Rosé

Süßwein

Sekt

Lieblingswein des Winzers

WEINGÜTER

Weltklasse

deutsche Spitze

ausgezeichnet

sehr empfehlenswert

empfehlenswert

WEINE

98–100 Punkte
95–97 Punkte

93–94 Punkte
91–92 Punkte

90 Punkte
89 Punkte

88 Punkte
87 Punkte

86 Punkte
85 Punkte

Inhaltsverzeichnis

DIE GAULT&MILLAU METHODE UND DIE EXPERTEN

Gault&Millau verkostet seit 2020 ausschließlich blind in Panels mit **mindestens sechs Verkostern.** Für die Verkostungen zu den regionalen Gault&Millau Weinguides werden die Teams zum einen aus der Stammmannschaft der Verkoster beschickt, zum anderen werden Gäste – Winzer und Experten aus der Region – dazu gebeten, um der **regionalen Typizität der Weine eine starke Stimme** zu verleihen.

Für die vorliegende Ausgabe konnten wir auf **Kenntnis, Erfahrung und Leidenschaft** dieser Experten bauen:

Die Gault&Millau Verkoster für diesen Franken-Nahe-Ahr Weinguide
Eva Adler (München), Katja Apelt (Eltville), Jochen Benz (München), Gerhild Burkard (Köln), Thorsten Firlus (Düsseldorf), Stephan Geisel (München), Lukas Gerges (St. Kassian), Thomas Hausmann (München), Jochen Kreppel (München), Jossi Loibl (München), Astrid Löwenberg (München), Andreas Lutz (Stuttgart), Nina Mann (Saarburg), Jens Pietzonka (Dresden), Thomas Sommer (Köln), Herbert Stiglmaier (München), Melanie Wagner (Vogtsburg-Oberbergen), Klaus Wählen (Düsseldorf), Ronny Weber (Düsseldorf), Andreas Winkelmann (Düsseldorf)

Die Gäste der Verkostungen in Heilbronn, Eltville und München
Gert Aldinger (Fellbach), Mark Barth (Eltville), Andreas Braun (Stuttgart), Claus Burmeister (Östringen-Tiefenbach), Walter Drechsel (München), Tom Drieseberg (Oestrich-Winkel), Nicolas Frauer (Würzburg), Max Härle (Heilbronn), Christian Hirsch (Leingarten), Marc Josten (Remagen), Hans Kilger (München),Gerhard Kofler (Girlan), Wolfgang Köhler (Stuttgart), Kilian Krauth

(Heilbronn), Karsten Peter (Niederhausen), Volker Raumland (Flörsheim-Dalsheim), Silia Rüttiger (Würzburg), Christian Stahl (Auernhofen), Armin Tement (Berghausen), Hans Terzer (St. Michael-Eppan), Barbara Wanner (Karlsruhe), Martin Waßmer (Bad Krozingen-Schlatt), Andrea Wirsching (Iphofen).

Verkostet wurde in
ZALTO DENKART UNIVERSAL-GLÄSERN.

Die Verkostungen wurden strukturiert, geleitet und moderiert von Otto Geisel. Ursula Haslauer war verantwortlich für alles Organisatorische und dafür, dass aus den Verkostungsnotizen und Autorenbeiträgen ein Buch wurde.

Die mehrtägigen Tasting-Sessions fanden in der Dualen Hochschule Baden-Württemberg in Heilbronn, im Drivers & Businessclub in München und in der Villa Mumm in Eltville statt. **Wir bedanken uns für die hervorragende Unterstützung an all diesen Orten.**

MISSION STATEMENT

Die Gault&Millau Weinguides laden ihre Leser auf **eine Entdeckungsreise zu den Weinen Deutschlands und ihren Erzeugern** ein. Wir tun dies aus der tiefen Überzeugung heraus, dass sich die großartigen Weine dieses Landes mit allen Weinen der Welt messen können und dass Weintrinken ein Erlebnis für alle ist und nicht nur Experten vorbehalten bleiben darf.

Wein ist eines der ältesten Kulturgüter unserer Zivilisation, insofern sollten wir uns alle auch daran erfreuen.

Was macht Gault&Millau **anders als bisher:**

1. Gault&Millau verkostet ausschließlich blind.
2. Gault&Millau verkostet in Panels mit mindestens sechs Verkostern.
3. Gault&Millau verkostet in vergleichbaren Klassen – Qualitätsstufen, Rebsorten, Ausbauarten und Jahrgängen.
4. Gault&Millau geht mit den Verkoster-Teams wann immer möglich in die Regionen.
5. Die Gault&Millau Verkoster-Teams bestehen aus ausgewiesenen Experten der deutschen Weinszene.
6. Gault&Millau sucht sich für die Verkostung der regionalen Weinguides Unterstützung aus der regionalen Weinszene, um der Typizität der Region eine starke Stimme zu geben.
7. Gault&Millau beschreibt die Weine sachlich und durchaus auch in einer emotionalen Sprache, die Neugierde weckt und verständlich ist.
8. Gault&Millau will das Erlebnis Wein durch das Herausstellen regionaler Spezialitäten stärken und zu Besuchen in den Weinbaugebieten und bei den Winzern einladen.
9. Gault&Millau sieht Wein und Kulinarik als ein Gesamterlebnis, deshalb findet man ab jetzt in allen regionalen Gault&Millau Weinguides Empfehlungen für Essen, Schlafen und Einkaufen.

Fotocredit: Stefan Bausewein/Würzburg

Franken

1 WESTLICHER SPESSART
2 MITTELMAIN & MAINSÜDEN
3 STEIGERWALD
4 VOLKACHER MAINSCHLEIFE

1 WESTLICHER SPESSART

Der Wald ist durch die Spessarträuber legendär geworden, aber auch der Wein, der hier gedeiht, hat die Region bekannt gemacht: Hier wachsen große Tropfen in großen Lagen – und zwar sowohl Rot- als auch Weißweine. Bürgstadt, Aschaffenburg und Alzenau sind Orte, mit denen fränkische Spitzenweine verbunden werden – besonders der Klingenberger Schlossberg ist eine renommierte Lage. Im Spessart standen früher viele Glashütten, in denen der typisch fränkische Bocksbeutel hergestellt wurde.

2 MITTELMAIN & MAINSÜDEN

Im Mittelpunkt dieser Region steht Würzburg, eine der wenigen Metropolen, bei der die Weinberge bis in die Stadt hineinreichen. In Würzburg leben rund 130.000 Einwohner; damit ist sie die siebtgrößte Stadt in Bayern. Würzburg ist vor allem für seine Gebäude im Barock- und Rokokostil bekannt, besonders für die Residenz aus dem 18. Jahrhundert. Die quirlige Stadt ist mit ihren gemütlichen und gleichermaßen trendigen Weinbars, Restaurants und den drei großen Würzburger Gütern das Zentrum von Weinfranken.

3 STEIGERWALD

Als im April 1659 durch das Fürstenhaus von Castell die erste Silvaner-Rebe gepflanzt wurde, begann der Siegeszug dieser besonderen Rebsorte. Noch heute liegt in Castell die Urkunde, die den Beginn des Silvaner-Anbaus in Franken dokumentiert. Damit gehört der Silvaner zu den ältesten heute noch kultivierten Reben. Die fränkischen Winzer verstehen sich wie keine anderen auf den Anbau dieser Rebsorte und erzeugen Silvaner der Spitzenklasse. Die Weinberge des Steigerwalds werden von den dichten Keuperböden und einem besonderen Mikroklima charakterisiert.

4 VOLKACHER MAINSCHLEIFE

Das malerische Städtchen Volkach mit seinen rund 9.000 Einwohnern ist das Zentrum dieser Weinbaugemeinden, die besonders vom Verlauf des Mains geprägt sind. Die sogenannte Mainschleife, auch die größte Flussmäanderlandschaft Bayerns, ist eine der Hauptattraktionen in der fränkischen Weinkulturlandschaft. Schon im Frühmittelalter wurde hier Wein angebaut. Die Region ist gleichermaßen bei Wanderern, Radfahrern oder Wassersportlern beliebt. Hotels, Ferienwohnungen oder Campingplätze bieten genussvolle Touren für ihre Gäste durch die Weinberge an.

DIE BESTEN WEINE BIS 10€

Die hier vorgestellten Weine laden ein, die Region, ihre Winzer und Spezialitäten auf unkomplizierte wie köstliche Weise kennenzulernen. Es sind sehr preiswerte Weine **für jeden Tag**, die unsere ganz besondere Wertschätzung haben.

Weißweine

SILVANER

2019 Röttinger Feuerstein Silvaner Spätlese trocken
9,80€ · 12,5% · Weingut Hofmann

2019 Würzburger Silvaner
9,90€ · 13,5% · Bürgerspital zum Heiligen Geist

2019 Volkacher Ratsherr Silvaner „Wildfang"
10€ · 13,5% · Weingut Dereser

2019 Thüngersheim Scharlachberg Silvaner „Erste Geige Vögelswäldle"
10€ · 13% · Weingut Geiger & Söhne

2019 Stettener Stein Silvaner Kabinett trocken
7€ · 13,5% · Winzergemeinschaft Franken

2019 Silvaner „Schloss Castell"
8€ · 13% · Fürstlich Castell'sches Domänenamt

2018 Randersackerer Marsberg Silvaner
9€ · 14% · Weingut Hiller

2018 Marktbreiter Sonnenberg Silvaner
9,50€ · 12,5% · Weingut Meier Schmidt

2019 Eibelstadter Silvaner „Handwerk"
7,50€ · 13,5% · Leininger

2019 Silvaner „Just Silvaner trocken"
7,50€ · 12% · Horst Sauer

2019 Casteller Kirchberg Silvaner Spätlese trocken
8€ · 13,5% · Weinbau Hofmann

2019 Iphöfer Julius-Echter-Berg Silvaner Kabinett trocken
8€ · 13% · Zehnthof Familie Weickert

2019 Iphöfer Silvaner
8,50€ · 12,5% · Hans Wirsching

2019 Sommeracher Katzenkopf Silvaner „Alte Reben“ Spätlese 1. Lage trocken
9€ · 13% · Daniel Then

2019 Randersacker Pfülben Silvaner „Universitäts-Wein“ Kabinett trocken
9,80€ · 13% · Trockene Schmitts

2019 Würzburger Silvaner
10€ · 13% · Weingut Juliusspital

RIESLING

2019 Röttinger Feuerstein Riesling „***“ Spätlese trocken
9,80€ · 12,5% · Weingut Hofmann

2019 Riesling „Escherndorfer Riesling trocken“
10€ · 12% · Horst Sauer

2018 Sommeracher Katzenkopf Riesling „R“
9€ · 12% · Georg Zang

2019 Riesling „Würzburger“
9,60€ · 12,5% · Staatlicher Hofkeller Würzburg

2019 Großheubacher Bischofsberg Riesling
10€ · 12,5% · Weingut Kremer

2019 Sonnenstuhl Riesling „Am Turm“ Kabinett trocken
8€ · 13% · BIO Weingut Stefan Bardorf

2019 Riesling „Sommeracher“ Kabinett trocken
8,50€ · 12,5% · Winzer Sommerach – Die Genossenschaft

2019 Bürgstadter Riesling
8,80€ · 12% · Weingut Stich „Im Löwen“

2019 Iphöfer Kalb Riesling Kabinett trocken
9€ · 13% · Zehnthof Familie Weickert

2019 Würzburger Riesling
9,90€ · 12,5% · Bürgerspital zum Heiligen Geist

2019 Nordheimer Vögelein Riesling „Franconia“ Spätlese feinherb
9,90€ · 12,98% · Divino Nordheim Thüngersheim

2019 Stammheimer Eselsberg Riesling
10€ · 13,5% · Weingut Dereser

AROMASORTEN

2019 Muskateller „Mutig"
8€ · 12% · Familienweingut Braun

2019 Rödelseer Küchenmeister Traminer Spätlese 1. Lage
8,80€ · 12% · Winzergemeinschaft Franken

2019 Franken Scheurebe „Tilman" halbtrocken
6,30€ · 11,5% · Winzergemeinschaft Franken

2019 Sommerhausen Ölspiel Scheurebe Kabinett trocken
7€ · 12,5% · Am Ölspiel

2019 Scheurebe Kabinett halbtrocken
8€ · 13% · Weingut Römmert

2019 Thüngersheimer Ravensburg Scheurebe Kabinett 1. Lage halbtrocken
8,50€ · 11% · Weingut Schmitt

2019 Volkach Scheurebe
10€ · 12,5% · Zur Schwane

WEISSBURGUNDER

2019 Sommeracher Katzenkopf Weißburgunder Spätlese trocken
8,50€ · 13% · Georg Zang

2019 Stammheimer Eselsberg Weißburgunder
10€ · 13,5% · Weingut Dereser

2018 Großheubacher Bischofsberg Weißburgunder
10€ · 13% · Weingut Kremer

2019 Weißburgunder „Sommeracher" Kabinett trocken
8,50€ · 13,5% · Winzer Sommerach – Die Genossenschaft

2019 Iphöfer Kalb Chardonnay Kabinett trocken
8,50€ · 13% · Zehnthof Familie Weickert

Fotocredit: Michael Koch/Volkach

Fotocredit: Michael Kosch/Weingut Daniel Then

VON EINEM EINZIGARTIGEN MENSCHENSCHLAG UND DER MAGIE IM WEINBERG

Von Anke Kronemeyer

Ach, der Franke. Kritisch sei er, sagen die einen. Misstrauisch die anderen. Aber zuverlässig sei er auch. **Weltoffen, gastfreundlich, lebenslustig, heiter.** Ja – was denn jetzt? Wer und was ist denn nun „der Franke"? Genau: „Den" Franken gibt es offenbar gar nicht. Es gibt Ober-, Mittel- und Unterfranken. Überall sei der Menschenschlag anders. Hat er denn was Bayerisches an sich? Bloß nicht. Genau das nicht. Denn als „Bayer" fühlt sich der Franke nun mal gar nicht.

Auch wenn Napoleon seinerzeit Franken zu Bayern geschlagen hat. Der Franke ist halt was ganz Eigenes. Der aus Volkach ist ein Volkacher, der aus Klingenberg ein Klingenberger, und der Würzburger ist wieder ganz anders. Und dann noch die aus den ländlichen Bereichen. Da steige einer durch. Aber eigentlich ist es doch egal. Denn wer den Franken offen und freundlich begegnet, wird genauso offen und freundlich zurückbehandelt. So ist es auf der ganzen Welt. Mit dem Unterschied, dass die Franken sensationell tolle Weine machen können. Und das kann nicht jeder auf dieser Welt.

Der Silvaner ist der Star im Weinberg

Star im Reigen der Reben ist unangefochten der Silvaner. Selten klappt ein Branding so gut wie hier. Wer Silvaner und dann noch Bocksbeutel hört, denkt sofort an Franken. Eine bessere Marken-Botschaft kann es gar nicht geben. Auch wenn einige Winzer – vor allem nach dem Design-Relaunch der Flasche im Jahr 2015 – ihre Weine nicht allesamt in den Bocksbeutel füllen, stimmt hier von innen und außen der Blick auf die Weinszene. Silvaner ist Franken, Bocksbeutel ist Franken.

Silvaner also. Dieser Allrounder mit zurückhaltender Säure und dezentem Aroma, der sich anpasst, der als Aperitif genauso gut schmeckt wie als universeller Essensbegleiter. Ein Wein, der sich nicht wie ein Marktschreier präsentiert, nie laut ist, sondern manchmal sogar zurückhaltend und schüchtern daherkommt. Er wächst – am liebsten auf Muschelkalk und Keuper – auf 1.540 Hektar der insgesamt 6.250 Hektar in Franken und wird zum großen Teil im eigenen Land getrunken. In den Export geht kaum etwas. Aber in Franken wachsen noch mehr große Tropfen. Riesling, Weißburgunder, Müller-Thurgau, Spätburgunder und der beliebte Bacchus. Die können es halt, die fränkischen Winzer. Junge Winzer übernehmen so langsam, bringen ihre Auslandserfahrungen ein, vernetzen sich, denken global, verstärken das Marketing auch jenseits der Hoftür, interpretieren den ein oder anderen Wein neu, besinnen sich auf das fränkische Stückfass aus Spessart- oder Steigerwaldeiche, machen Orange-Weine oder Pet Nats, auch traditionelle

Erlebnisreich: Wandern im Weinberg

Bukettweine wie die Scheurebe – aber eben mit einem gewissen Twist – und sprechen damit andere Zielgruppen als ihre Eltern und Großeltern an. Selbstverständlich machen „die Alten" weiter, pflegen ihre Stammkundschaft und ihre Weinkultur. Gemeinsam klappt das mit den zwei oder drei Generationen auf jeden Fall sehr gut.

Der Kunde goutiert das. Der eine kommt schon seit Jahren an die Volkacher Mainschleife, nach Bürgstadt, Iphofen, Randersacker oder Klingenberg, um seinen Wein in den Kofferraum zu laden. Viele andere entdecken das Fränkische Weinland gerade, weil sie im Weinberg wandern wollen, weil sie sich ein E-Bike zugelegt haben, mit dem es sich doch ganz wunderbar den Mainradweg entlang radeln lässt. Der typische Franken-Tourist will tagsüber wandern, abends einkehren und gut authentisch-fränkisch essen und vor allem trinken. Genau diese Kombination aus „Aktiv erleben und genießen", wie es bei den Touristikern heißt, funktioniert zwischen Aschaffenburg und Bamberg wunderbar. Viele Besucher lassen sich bei ihrer Entdeckertour – zum Beispiel zu den inzwischen mehr als 20 terroir-f-Aussichtspunkten –

an die Hand nehmen. Speziell ausgebildete GästeführerInnen zeigen auf ihre Art das Weinerlebnisland Franken, gehen wie Steffi Gläser mit ihnen den Quittenlehrpfad und laden wie Martha Gehring zu Wein-Verkostungen direkt an den Reben ein. Oder – ganz schräg – zu Gummistiefelweitwurf über die Rebstöcke. Eine Incentive-Aktion für Firmenmitarbeiter. Genauso wie das Rückwärtseinparken mit einem Trecker. Dafür bekommen die Teilnehmer aber keine original-großen Trecker zur Verfügung, sondern welche aus dem Modellbau. Und: Wer sich für Erdgeschichte im wahrsten Sinn des Wortes interessiert, kann an Bodentouren teilnehmen: Dabei erfährt man alles über Mainsedimente, Muschelkalk, Buntsandstein oder Keuper, welcher Wein darauf wächst und was am Wegesrand zu entdecken ist. Die einmalige Kombination aus Buntsandstein, Muschelkalk und Keuper ist eine weitere Besonderheit der Franken. Diese „Trias" in so unmittelbarer Nachbarschaft zu haben, ist eine erdgeschichtliche Rarität.

Erdgeschichte erleben mit der fränkischen Trias

Die Winzer sind in Sachen Tourismus gut auf ihre Gäste eingestellt. Viele bieten Übernachtungsmöglichkeiten an – entweder direkt im Weingut oder auf der grünen Wiese fürs Wohnmobil. Andere bauen Vinotheken, viele entscheiden sich dabei für architektonisch-kreative An- und Umbauten und gehören damit zu den Pionieren, die Architektur und Wein in eine präsentable Harmonie bringen.

Aktuell beschäftigt die fränkische Weinbranche gerade das große Thema Klimawandel. Heiße Sommer mit wenig Regen machen deutlich, dass Wasser in einigen Weinbergen fehlt. Nicht immer würde das Grundwasser ausreichen. Zurzeit laufen mehrere Pilotprojekte auch mit Start-up-Unternehmen, wie eigene Quellen erschlossen oder Oberflächenwasser zum Beispiel aus Winterniederschlägen genutzt werden können.

Also gibt es viel zu tun für die Weinbaubetriebe, ihren Berufsstand, die Experten. Der Blick geht in die Zukunft, ohne die Vergangenheit zu vernachlässigen. Dazu gehört auch die Beschäftigung mit dem biologischen Anbau. Immer mehr Betriebe stellen um, verwenden keine Pestizide mehr im Weinberg und verzichten im Keller auf künstliche Hilfsmittel. Der Umwelt und auch der nachwachsenden Generationen zuliebe. Damit auch die nächsten Gene-

rationen noch das sinnliche Erleben haben, wie es ist, im Weinberg zu stehen, zu wissen, dass aus diesen Blüten einmal Trauben werden, die wiederum zu Wein werden ...
So wie Horst Sauer, einer der Vorzeigewinzer aus dem Fränkischen Weinland: Als er einmal mit einer Gruppe von Besuchern im Escherndorfer Lump stand, die Sonnenbrille auf dem fast haarfreien Kopf festgesteckt, guckte er in die Landschaft, ließ seinen Blick kilometerweit schweifen, breitete pathetisch und doch ganz ernst gemeint die Arme aus und sagte: „Das ist doch die reine Magie, was hier passiert." Und genau diese Magie füllen die Franken in die Flasche.

Der Lump: Weinkultur, so weit das Auge reicht!

Zahlen & Fakten

REBFLÄCHE
6.253 Hektar im Jahr 2020

REBSORTEN
82% Weißwein,
davon 25% Silvaner,
24% Müller-Thurgau,
12% Bacchus,
6% Riesling

18% Rotwein,
davon 5% Spätburgunder

INTERNETADRESSEN
www.franken-weinland.de
www.frankenwein-aktuell.de
www.gaestefuehrer-weinerlebnis.de

Fotocredit: Stefan Bausewein/Würzburg

SILVANER – EINE LIEBESERKLÄRUNG

Von Romana Echensperger, Master of Wine

Wenn es um Silvaner geht, will ich nicht objektiv sein. Denn als waschechte Bayerin schlägt mein Herz nun mal für den fränkischen Wein schlechthin. Hinzu kommt, dass ich als Sommelière Wein immer zum Essen denke und es für mich keinen so talentierten Speisebegleiter gibt wie einen erstklassigen Silvaner. Persönlich bewundere ich die Wandlung, die diese Rebsorte in den letzten Jahren durchlaufen hat. Die Weine haben enorm an Profil, Statur und Souveränität gewonnen. Eine neue Generation selbstbewusster wie weltgewandter Winzer arbeitet mit viel Ehrgeiz und Feingefühl sämtliche Facetten des Silvaners heraus. Ob täglicher Hauswein oder Sammlerstücke, die für einen besonderen Moment heranreifen dürfen – Silvaner hat einen festen Platz in meinem Weinkeller.

Auf den ersten Blick und gemessen an Riesling hat Silvaner scheinbar weniger Duft. Doch der erste Eindruck täuscht gewaltig. Wer auf übermäßig Ertrag und zu viel Kellertechnik wie Einsatz von Hilfsmitteln verzichtet, kommt an das wahre Wesen dieser Rebsorte heran. Gerade die aufstrebende Bioweinszene bringt den Kern des Silvaners besonders klar ins Glas. Hier entstehen oft vom vordergründigen Duft befreite Weine, die mit herber Substanz und intensivem Terroirausdruck in die Zukunft weisen. Die Eigenart des Bodens kann sich in einem Silvaner direkt ausdrücken, ohne von Frucht verstellt zu werden. Dieses Phänomen zeigt sich auch ganz stark bei der Verkostung älterer Jahrgänge, wo Silvaner übrigens beweist, dass er ebenso wie Riesling über enormes Reifenpotenzial verfügt. Ebenso gehört Silvaner zu den Rebsorten, die auch als Orange-Wein oder gar ungeschwefelt überzeugen. Besonders dann kommt dieses unvergleichliche Mundgefühl zum Vorschein: salzig, rauchig, sehnig, betont trocken und mit animierendem Biss.

Große Silvaner sind keine monolithischen Weine, die für sich alleine stehen und in den üblichen Blindproben ins Rennen geschickt werden könnten. Silvaner gehört auf den Tisch, serviert zum Essen, vor allem zu einer modernen Küche, die mit weniger Fett, dafür mit mehr Gemüse und Kräutern arbeitet. Ohne jegliches Süßeschwänzchen schafft Silvaner dann genial pure Kombinationen. Die Weine begleiten die Speisen, ohne dabei unsichtbar zu werden. Mit dem richtigen Silvaner kann man auf animierend herben Minimalismus setzen, anstatt risikoavers mit Restzucker in der Weinbegleitung zu arbeiten. In diesem Sinne sind die Silvaner von heute mit die modernsten und aufregendsten Weine Deutschlands.

Franken hat sich dem Silvaner verschrieben und reserviert ihm seine besten Weinberge. In anderen Regionen hingegen steht Silvaner auch an Standorten, die nicht optimal für Riesling oder Burgunder-Sorten waren. Hier wird Silvaner genutzt, um das Sortiment des Weinguts in unteren Preisklassen abzurunden. Dann wird auch schon mal die Ertragskraft der Sorte strapaziert und die Ernte schnell mit konventionellem Kellerrezept vinifiziert. Sicherlich hat das seine Berechtigung. Auch die Kombination Spargel und Silvaner ist jedes Jahr eine bestimmt gute und genussvolle Form für Silvanermomente – aber sie reicht ganz sicher nicht, um das besondere Potenzial dieser Rebsorte zu spiegeln. Wer also Silvaner nur als Spargelwein definiert oder wahrnimmt, verpasst mit das Beste, was die deutsche Weinszene zu bieten hat.

Der Rebsorte kann man nur wünschen, dass noch mehr Winzer auch außerhalb Frankens ihre Vorzüge erkennen und dem Silvaner in Ausbau wie Marketing mehr Augenmerk und Leidenschaft schenken. Auch in Rheinhessen gibt es geniale Beispiele. Wer wissen möchte, wie sich die unterschiedlichen Bodentypen auf den Geschmack der Sorte auswirken, sollte sich fränkischen Silvaner von Muschelkalk- und Gipskeuper-Böden neben einem Exemplar vom berühmten Roten Hang aus Rheinhessen einschenken. Auch über die Landesgrenzen hinaus gibt es spannende Beispiele für Silvaner wie etwa in Südtirol oder im Elsass. Lange wird es jedenfalls nicht mehr dauern, bis auf sämtlichen Exportmärkten der Welt sämtliche Weinfans verzückt in ihr Glas blicken und hauchen: „Silvaner – I love you." Da fällt mir ein, ich muss meinen Weinkeller noch einmal richtig voll machen. Sicher ist sicher.

TOP 8 – SILVANER

Die fränkische Leitrebsorte hat viele großartige Facetten: Der Silvaner ist in jeder Gewichtsklasse **ein charmanter Speisenbegleiter!**

PRIMUS INTER PARES

2019 Escherndorfer Lump Beerenauslese 1. Lage

Horst Sauer, Escherndorf

Dichte Honigsüße, Quitte, bei aller Konzentration fein und sehr balanciert; zum Apfelstrudel.

40€ · 6,5%

2019 Escherndorfer Lump Trockenbeerenauslese 1. Lage

Horst Sauer, Escherndorf

Zur Hochzeit weglegen, zur Silberhochzeit öffnen – oder zur Goldenen.

70€ · 6%

2008 Schlossberg GG

Fürstlich Castell'sches Domänenamt, Castell

Große Silvaner haben eine ausgezeichnete Reifefähigkeit. Das beweist dieser Wein mit balancierter Weiche und Fülle und mit seiner faszinierenden Eigenständigkeit.

38,50€ · 13,5%

2015 Schlossberg GG

Fürstlich Castell'sches Domänenamt, Castell

Trotz seiner Reife von sechs Jahren wirkt der Wein jugendlich, fast schüchtern, leise. Ein Wein mit großer Zukunft, der noch Zeit braucht. Er wird es Ihnen danken.

35€ · 14,5%

2018 Homburger Kallmuth „Asphodill" GG

Weingut Fürst Löwenstein, Kleinheubach

Prinz Charming – ein ruhiger, unanstrengender Wein, floral, exotisch mit Mango, Maracuja, reifem Apfel, dicht mit feinem Grip.

35€ · 13%

2019 Escherndorf am Lumpen 1655 GG

Horst Sauer, Escherndorf

Vielschichtiger, eleganter Wein mit schöner Salzigkeit und feiner Textur, sehr schmeichelnd, dezente Säure, offen und duftig.

27€ · 13,5%

2016 Stettener Stein GG

Weingut Am Stein, Würzburg

Spannung im Glas: Dieser Silvaner schenkt Üppigkeit und Würze und ist dabei schlank und klar. Ein Großes Gewächs, das auch auf der Terrasse an heißen Sommertagen eine gute Figur macht.

43€ · 12,5%

2019 Iphöfer Kronsberg Beerenauslese

Hans Wirsching, Iphofen

Sehr reif, süß und intensiv, ein Fest zu festlichen Desserts.

70€ · 7%

1 WESTLICHER SPESSART

Die Spessarträuber sind legendär, ebenso der Film „Das Wirtshaus im Spessart", der 1958 nach einer Vorlage von Wilhelm Hauff entstand. An den Süd- und Westausläufern des Spessarts und den Ausläufern des Odenwalds wächst in Churfranken ebenso legendärer Wein. Das Weingut Fürst in Bürgstadt steht beispielhaft für großen deutschen Spätburgunder – berühmte Lagen sind der Bürgstadter Centgrafenberg und der Klingenberger Schlossberg. Rund um Alzenau gedeiht Riesling.

Geographische Lage Der Anbaubereich erstreckt sich mainabwärts von Bürgstadt über Aschaffenburg bis Alzenau. Die bekanntesten Orte sind Bürgstadt, Großheubach, Grosswallstadt, Klingenberg und Alzenau.
Klima Hier ist es nicht ganz so heiß wie in anderen fränkischen Regionen, trotzdem sonnig und so treiben die Reben oft eine Woche früher aus als im Osten.
Böden Buntsandstein, Glimmschiefer
Rebfläche 345 ha, 60 % Weißwein, 40 % Rotwein
Rebsorten Spätburgunder, Riesling, Müller-Thurgau, Silvaner
Geschichte Der Spessart war seit dem 13. Jahrhundert die Heimat der Glashütten, in denen auch die erste Bocksbeutel-Flasche entstand.
Besonderheiten Im Spessart stehen jahrhundertealte Buchenwälder. Diese Bäume werden vor allem von Winzern geschätzt, die sich daraus Weinfässer machen lassen. In Eußenheim gibt es noch einen der letzten Fassmacher.

WEINGÜTER

1
ALTE GRAFSCHAFT
Rathausgasse 5
97892 Kreuzwertheim

2
SEKTHAUS BURKHARDT SCHÜR
Raiffeisenring 1
63927 Bürgstadt

3
RUDOLF FÜRST
Hohenlindenweg 46
63927 Bürgstadt

4
WEINGUT GIEGERICH
Weichgasse 19
63868 Großwallstadt

5
BASTIAN HAMDORF
Weingartenstraße 5
63911 Klingenberg

6
WEINGUT HÖFLER
Albstädter Straße 1
63755 Alzenau-Michelbach

7
NILS HOHNHEIT
Edelmannstraße 11
63755 Alzenau – Hörstein

8
HOFGUT VON HÜNERSDORFF
Landstraße 42
63939 Wörth am Main

9
WEINGUT KREMER
Mühlgasse 12
63920 Großheubach

10
WOLFGANG KÜHN
Ludwigstraße 29
63911 Klingenberg

11
WEINGUT FÜRST LÖWENSTEIN
Schlosspark 3
63924 Kleinheubach

12
WEINGUT STICH „IM LÖWEN“
Freudenberger Straße 73
63927 Bürgstadt

13
WEINGUT STURM
Freudenberger Straße 91
63927 Bürgstadt

14
JOSEF WALTER
Freudenberger Straße 21–23
63927 Bürgstadt

Alte Grafschaft

Rathausgasse 5,
97892 Kreuzwertheim
T +49 (0) 9342 5500
www.altegrafschaft.de

Inhaber Norbert Spielmann & Christoph Dinkel
Betriebsleiter Anne Dumbsky
Kellermeister Anne Dumbsky
Rebfläche 11 ha
Produktion 60.000 Flaschen
Gründung 1594
Verkaufszeiten
Mo–Fr 9–18 Uhr
Sa 10–14 Uhr

Ein ausgiebiges Weinpicknick im historischen Innenhof von 1594? Im sehenswerten Kreuzwertheimer Weingut von Norbert Spielmann und Christoph Dinkel ist das möglich. Und es macht Spaß, zur Vesper die herzhaften und vollmundigen Weine zu trinken, die fränkische Gastfreundschaft in flüssiger Form demonstrieren. Gewachsen sind die Reben vorwiegend auf Buntsandsteinböden, was die leichte, feinwürzige Note erklärt, die vor allem in den lebhaften Rieslingen zu finden ist. Auch der Müller-Thurgau hat hier eine Heimat und steht für wunderbar unkomplizierte Alltagsweine. Zirka elf Hektar umfasst der historische Betrieb, der heute rund 60.000 Flaschen in den Markt schiebt und sich daneben auch als stimmungsvolle Event-Location in der Region einen guten Namen gemacht hat.

2015 Reicholzheimer Satzenberg Riesling „Mauerriesling"
20,00€ · 12%
Spielt mit seiner Reife. Würze und leise Bitternote spielen die Hauptrolle im Kammerspiel. Diese karge Eleganz sollte entsprechend begleitet werden, zum Beispiel mit einer Jakobsmuschel mit karamellisiertem Chicorée.

2015 Reicholzheimer Satzenberg Weißburgunder „Zazo"
30,00€ · 14%
Viel Würze und Kräuter – feiner Holzton mit Toffee und leichten Röstaromen, etwas exotisch.

2018 Kreuzwertheimer Kaffelstein Riesling „Alte Reben"
13,50€ · 12,5%
Kräuterwürze, selbstbewusst, absolut eigenständig, steckt noch ein wenig in der Pubertät, mit etwas Geduld wird er sich zu einem guten Essensbegleiter entwickeln.

2015 Kreuzwertheimer Kaffelstein Spätburgunder „R"
30,00€ · 13%
Gereifter Spätburgunder mit feinen Zartbitternoten, schwarzem Tee und getrockneten Blüten, präsentes Tannin.

2016 Pinot Noir „Spielmann Reserve GG"
62,00€ · 13,5%
Komplexer, kompakter Wein: saftig und weich, mit leichter Animalik und Nachdruck. Feine Süße aus der Frucht mit Aromen von Hagebutte und Pflaume. Schöne präsente Holzwürze und eine Idee von Schokolade.

Sekthaus Burkhardt Schür

Raiffeisenring 1,
63927 Bürgstadt
T +49 (0) 9371 6688 732
www.burkhardtschuer.de

Inhaber Sebastian Schür & Laura Burkhardt
Betriebsleiter Sebastian Schür
Kellermeister Sebastian Schür
Verbände Verband traditioneller Sektmacher
Rebfläche 1 ha
Produktion 5.000 Flaschen
Gründung 2012
Verkaufszeiten nach Vereinbarung

Es ist noch nicht ganz zehn Jahre her, dass Laura Burkhardt und Sebastian Schür beschlossen, ein Sekthaus zu gründen. Daraus wurde ein Senkrechtstart, es schien, als habe die Weinszene darauf gewartet. Warten mussten die Sektfreunde allerdings noch ein paar Jahre, bis der erste Schaumwein des neuen Sekthauses auf den Markt kam. Das war 2018, bis dahin lag der Wein auf der Hefe und reifte vor sich hin. Aber genau das ist das Geheimnis oder zumindest ein Geheimnis der beiden Sektmacher: Zeit haben und Zeit geben, nur keine Eile! Im anhaltenden Sekt-Boom ist der Markt bereit für hochwertige Schaumweine aus deutschen Manufakturen und man darf gespannt sein, welche prickelnden Muntermacher nach der gelungenen Premiere noch aus dem Sekthaus von Laura Burkhardt und Sebastian Schür kommen werden.

2012 Pinot Noir „Blanc de Noirs“ brut nature
28,00€ · 12,5%
Ungemein zupackender, enorm appetitanregender Sekt mit 72-monatigem Hefelager, eignet sich bestens zur Konversation beim Aperitif!

2014 Pinot Meunier „Rosé“ brut
24,00€ · 12%
Finessenreicher Rosé-Sekt mit nobler Aromatik, die so gar nichts mit den quietschfruchtigen Mainstream-Rosé-Nasen zu tun haben will. Perfekt zu asiatisch angehauchten Fischvorspeisen oder solo zum Abschluss eines festlichen Abends.

2015 Chardonnay „Blanc de Blancs“ brut
30,00€ · 12,5%
Cremig feiner Chardonnay aus dem Barrique – idealer Speisenbegleiter, zu dem man sich im Sinne Hemingways ein ganzes Menü vorstellen kann.

Rudolf Fürst

Hohenlindenweg 46,
63927 Bürgstadt
T +49 (0) 9371 8642
www.weingut-rudolf-fuerst.de

Inhaber Paul & Sebastian Fürst
Kellermeister Sebastian Fürst
Verbände VDP, Trias

Noch vor einer Generation hatten selbst ausgewiesene Weinexperten den kleinen Betrieb der Familie Fürst nicht auf ihrer Rechnung, und Bürgstadt mit seiner exponierten Lage Centgrafenberg war ein weitgehend unbekannter Ort in der deutschen Weinlandschaft. Dann kam Paul Fürst und machte mit fränkischer Beharrlichkeit und stoischer Ruhe in wenigen Jahren aus dem elterlichen Weingut eine Pilgerstätte für tiefgründige rote Burgunder, wie sie sonst nur in der französischen Provinz zwischen Dijon und Beaune wachsen. Burgundische Eleganz mitten in der bodenständigen fränkischen Provinz, eine gelungene vinologische Symbiose mit feinem, aber markantem Grafitprofil und perfekt austariertem Barrique, Weine, die heute Kultstatus genießen.

Rebfläche 21 ha
Produktion 120.000 Flaschen
Gründung 1638
Verkaufszeiten
Mo–Fr 9–12 Uhr und 14–17 Uhr
Sa 10–15 Uhr
und nach Vereinbarung

Längst hat Sohn Sebastian das Ruder übernommen, führt die verlässliche Kontinuität seines Vaters fort, spielt ebenso souverän mit weißen Sorten und garantiert die einzigartige Klasse der Fürst-Weine, die jedes Jahr Maßstäbe setzen.

2018 Chardonnay „Astheimer" (5 Trauben)
28,00€ · 12,5%
Ein Chardonnay, der die ruhigen Töne beherrscht. Feine Art mit präziser Säure und einem zarten Schmelz, der nicht ins Buttrige abdriftet. In seiner Hintergründigkeit und Ruhe ein wunderbares Beispiel für Eigenständigkeit und Charakter. Gerne ein Salat mit gerösteten Pinienkernen dazu.

2018 Chardonnay „R" (5 Trauben)
49,00€ · 13%
Die Côte de Beaune zu Gast in Franken – oder andersherum? Ein Chardonnay, so nah an der Perfektion und mit so großem Reifepotenzial, wie man es nur ganz selten in Deutschland findet. So klar schon jetzt, so glänzend und groß.

2018 Weißburgunder „R" (4 Trauben)
42,00€ · 13%
Feingliedrig, subtil, elegant und dabei sehr ausdrucksstark, ein Ausnahmewein.

2019 Centgrafenberg Riesling GG (4 Trauben)
42,00€ · 12,5%
Schlanker, präziser, eigenwilliger Wein, mit gutem Grip am Gaumen und einem straffen Aromaprofil mit Noten von Heu, Kräuter, Honig und Zitrus – dazu etwas Rauchigkeit, sehr karg, packende Säure.

2019 Riesling „pur mineral" (3 Trauben)
11,00€ · 11,5%
Ein herzhafter und gleichzeitig doch fast linearer „Einstiegs"-Wein in das Fürst'sche Wein-Universum. Ein perfekter Allrounder als Auftakt in einen schönen Abend unter Freunden, als Gesprächsbegleiter oder auch um Mitternacht zum Abschluss des Abends.

2018 Berg Spätburgunder 1. Lage (4 Trauben)
32,00€ · 13%
Vielschichtiger Duft (Kirsche, Rhabarber, Räucherspeck) verbindet sich mit Eleganz und feinem Trinkfluss.

2018 Centgrafenberg Spätburgunder GG (5 Trauben)
59,00€ · 13,5%
Kühle Frucht, dazu etwas Räucherspeck, ein weicher Auftritt am Gaumen, Eleganz und Harmonie zeichnen diesen Klassiker aus.

2018 Frühburgunder „R"
65,00€ · 13,5%
Feuerstein-Nase, öffnet sich, im Kern subtiler Wein mit toller Saftigkeit, dicht gewoben. Feste Struktur und Aromen von Karamell, Tabak, getrockneter Brombeere, viel Holz, ein ernster Wein.

2018 Hundsrück Spätburgunder GG
129,00€ · 13%
Feingereifter, verspielter Spätburgunder mit Aromen von Veilchen, Pflaume im Speckmantel, getrockneten Himbeeren, schwarzem Tee und feiner Animalik. Etwas Süße aus den Früchten gibt zusätzlichen Zugang – die Tannine strukturieren. Dieser Wein ist jetzt reif – um getrunken oder noch einmal weggelegt zu werden.

2018 Schlossberg Spätburgunder GG
79,00€ · 13%
Nobler, intensiver Spätburgunder, saftig mit feiner Salzigkeit und gut dosierten Reifenoten, die das Potenzial dieses Weins hervorheben, wie Dörrpflaume, Feige, schwarzer Tee, Leder und Kaffee. Präsente, strukturierende Tannine. Marathonläufer.

2018 Spätburgunder „Bürgstadter"
19,50€ · 13%
Burgundischer Stil: Elegantes Tanningerüst hält die zurückgenommene Frucht – dabei hat der Wein durchaus Saftigkeit mit Aromen von Kirsche und reifen Himbeeren. Großes Kino.

2018 Spätburgunder „Klingenberger"
29,00€ · 13%
Zupackend und fein zugleich, zeigt klares Reifepotenzial.

2015 Pinot Noir „Rosé Mousseux" brut
23,00€ · 12%
Brombeere und Vanillecreme. Ein hochwertiger Allrounder für große Empfänge.

Weingut Giegerich

Weichgasse 19,
63868 Großwallstadt
T +49 (0) 6022 6553 55
www.weingut-giegerich.de

Inhaber Klaus Giegerich
Betriebsleiter
Klaus Giegerich & Söhne
Kellermeister
Kilian & Philipp Giegerich
Verbände Frank & Frei
Rebfläche 16 ha
Produktion 100.000 Flaschen
Gründung 1994
Verkaufszeiten
Di–Fr 10–12 Uhr und 14–18 Uhr
Sa 9–13 Uhr

Die Umstellung auf kontrollierte biologische Bewirtschaftung ist seit September 2020 amtlich. Für Familie Giegerich war das der konsequente Weg, der aus ihrer Erfahrung resultiert, die vor allem die Söhne Kilian und Philipp in renommierten Spitzenbetrieben im In- und Ausland gemacht haben. Der Umwelt tut es auf jeden Fall gut, die Giegerichs verstehen Weinbau eben auch als Landschaftspflege und als Verantwortung für die aktuelle und die kommende Generation. Mit dem Blick in die Zukunft des Familienbetriebes wurde auch die Rebfläche im Klingenberg Schlossberg und am Rücker Schalk durch Zukauf erweitert. Dass man sich von Jahr zu Jahr mehr auf die Burgunder-Sorten und Silvaner fokussiert, ist ein weiterer Schritt in die qualitative und konzentrierte Spezialisierung einiger weniger Rebsorten.

2018 Grosswallstadt Silvaner „Alte Reben"
15,00€ · 14,1%
Duftet nach Mandelplätzchen und Pfirsich. Sehr erwachsen, selbstbewusst und kraftvoll.

2018 Rücker Schalk „Schalk Silvaner"
22,00€ · 13,7%
Da steigt ein Hauch Orient aus dem Glas und macht Lust auf würziges Essen.

2019 Klingenberg Riesling Kabinett feinherb
15,00€ · 9,5%

2019 Sauvignon Blanc
8,80€ · 12,5%

♥ **2018** Grosswallstadt Spätburgunder „Pitztaler Berg"
25,00€ · 12,9%
Eleganter, freundlicher Wein mit einer Tendenz ins Vegetabile – typisch für die Rebsorte sind der Hauch Speck und etwas Erbse.

2018 Klingenberg Spätburgunder „Steinterrassen"
18,50€ · 13%
Dichter und fester Wein, straff und kraftvoll, viel Holzeinfluss – es finden sich Aromen von Brombeere, Kirsche, Vollmilch, Himbeeren, Tabak, Kirsche und Zwetschge.

2018 Klingenberger Schlossberg Spätburgunder „16*26"
35,00€ · 13%
Da kommt was aus dem Glas: reife Frucht, saftige Frische und feine Gerbstoffe.

2019 Spätburgunder „Buntsandstein"
9,80€ · 12,5%
Wie ein Seidentuch im Wind. Leise und feingliedrig mit viel frischer Frucht von Himbeeren und Preiselbeere, dazu gesellt sich eine knackig-frische Säure.

Bastian Hamdorf
Weingartenstraße 5,
63911 Klingenberg
T +49 (0) 9372 9290 025
www.weingut-bastian-hamdorf.de

2019 Grossheubacher Bischofsberg Riesling
18,00€ · 11,5%
Schlank gebaut tänzelt dieser Wein auf der Zunge.

2018 Klingenberger Schlossberg Spätburgunder
32,00€ · 13%
Viel (Beeren-)Frucht, voll und dicht am Gaumen, zu bodenständiger Küche wie einem Wildragout genießen.

Weingut Höfler

Albstädter Straße 1,
63755 Alzenau-Michelbach
T +49 (0) 6023 5495
www.weingut-hoefler.de

Inhaber Bernhard Höfler
Betriebsleiter Bernhard Höfler
Verbände VDP
Rebfläche 11 ha
Produktion 75.000 Flaschen
Gründung 1924
Verkaufszeiten
Di–Fr 9–12.30 Uhr
und 14–18.30 Uhr
Sa 9–14.30 Uhr

Der westliche Spessart ist nicht gerade die bekannteste Ecke der Weinbauregion Franken, aber gespickt mit interessanten Weingütern, wie etwa dem Betrieb von Bernhard Höfler in Alzenau-Michelbach. Und weil in dieser nordwestlichen Ecke Frankens Schiefer und Quarzit den Boden dominieren, hat sich Höfler auf den Riesling spezialisiert, der in diesen Gesteinsformationen nahezu perfekte Wachstumsbedingungen findet und in seiner mineralischen Charakteristik zur Höchstform aufläuft. Für Franken ist diese Riesling-Dominanz eher die Ausnahme, aber Bernhard Höfler hat natürlich auch den klassischen fränkischen Silvaner im Anbau. Seit dem Jahrgang 2018 setzt man im elf Hektar großen Betrieb auf biologischen An- und Ausbau.

2017 Apostelgarten Riesling GG
34,00€ · 12%
Rieslingklassiker: Packt Aromen von Aprikose und Pfirsich aus, dazu etwas tropische Früchte mit Litschi und Maracuja, dazu feine Salzigkeit, Fülle und eine weiche Textur verbunden mit erfrischender Säure – ein Klassiker.

2018 Apostelgarten Riesling GG
34,00€ · 14%
Dichter, saftiger Wein mit viel Potenzial, alles im Überfluss vorhanden: viel Frucht, Pfirsich, Aprikose, ein Mund voll Wein, feste Struktur, feiner Grip, hohe Intensität.

2018 Michelbach Chardonnay
19,50€ · 14%
Der Ausbau im Barrique unterstreicht die Kraft, feine Röstnoten verbinden sich mit mineralischen Noten zu einem vielseitigen Essensbegleiter.

2018 Steinberg Schwarzriesling „Magnificum" 1. Lage
18,00€ · 14%
Frisch und zugänglich, schlank und elegant, dazu animierend mit Aromen von Amarenakirsche, Weihnachtsgewürzen und Walnuss, bleibt lang am Gaumen.

2018 Steinberg Spätburgunder „Magnificum" 1. Lage
30,00€ · 14%
Dunkle Beeren und kühle Frucht, dazu markante Gerbstoffe – wie gemacht zur Rehkeule.

2018 Apostelgarten Riesling Auslese
25,00€ · 8,5%
Kräuterig im Duft, mollig am Gaumen, kräftig, nimmt es mit reifem Weichkäse auf.

Nils Hohnheit

Neueinsteiger

Edelmannstraße 11,
63755 Alzenau – Hörstein
T +49 (0) 6023 3103 21
www.weinbau-nils-hohnheit.com

Inhaber Nils Hohnheit
Betriebsleiter Nils Hohnheit
Kellermeister Nils Hohnheit
Rebfläche 4 ha
Produktion 30.000 Flaschen
Gründung 2016
Verkaufszeiten
Mo, Fr 16–18 Uhr
Sa 10–14 Uhr
und nach Vereinbarung

Hörstein ist ein kleiner fränkischer Weinort am Rande des Nationalparks Spessart, der nur rund 40 Kilometer von Frankfurt am Main entfernt liegt. Anfang 2016, da war er gerade mal 21 Jahre alt, übernahm Nils Hohnheit nach seiner Ausbildung zum Techniker für Weinbau und Önologie einen kleinen Familienbetrieb im Ort und krempelte die Ärmel hoch. Individuelle Weine wollte er machen, authentische Gewächse, die ihre Herkunft schmecken lassen und die Geschichte ihres Terroirs erzählen. Der Anspruch war hoch, aber Nils Hohnheit hat mit seinen ersten Jahrgängen für Aufsehen gesorgt. Dass es weiter nach oben geht und seine Weine über Hörstein hinaus bekannt werden, ist für den jungen ambitionierten Winzer die Herausforderung der nächsten Jahrgänge. Und er ist dafür auf einem guten Weg!

2018 Hörstein Weißwein-Cuvée „Muthelies"
6,50€ · 13%

♥ **2019** Hörsteiner Abtsberg Riesling „Zehntschluck" Kabinett 1. Lage trocken
15,00€ · 13%
Um diesen Wein perfekt in Szene zu setzen, braucht es nicht viel. Ein Holzbrett mit deftiger Brotzeit (bitte den Speck nicht vergessen!) und ein paar gute Freunde und der Tag ist perfekt.

2019 Hörsteiner Abtsberg Weißburgunder „Zehntstück" Kabinett trocken
8,50€ · 13%

2019 Domina
8,00€ · 13%

Hofgut von Hünersdorff

Landstraße 42,
63939 Wörth am Main
T +49 (0) 9372 5443
www.huenersdorff.com

Inhaber Hasso-Philipp von Hünersdorff
Rebfläche 5,3 ha
Produktion 14.000 Flaschen
Verkaufszeiten
Mo–Fr 8–18 Uhr

Das stattliche, rund 250 Jahre alte herausgeputzte Hofgut ist weit über die Grenzen Frankens als Location für stilvolle Hochzeiten, ausgelassene Privatfeiern oder Firmenevents bekannt. Dass es hier auch empfehlenswerte Weine gibt, ist zwar nicht neu, aber immer noch so etwas wie ein Geheimtipp. Landwirt Hasso-Philipp von Hünersdorff hat sein Weingut im Jahre 2007 aus der Taufe gehoben, um die Tradition des Weinbaus in seiner Heimat Churfranken fortzuschreiben. Ein gelungenes Unterfangen, das dank seiner Erfahrung und Umsicht den heutigen Erfolg des rund fünf Hektar umfassenden Betriebes garantiert. Handwerkliche und naturnahe Arbeit im Weinberg und ein konsequentes Qualitätsmanagement im Keller bringen seit nunmehr 13 Jahren charaktervolle Weiß- und Rot-Weine hervor.

2019 Campestres Riesling
13,00€ · 12%
Fest und muskulös gebauter Wein, wie gemacht zu herzhafter, rustikale Küche.

2019 Campestres Riesling „R“
16,00€ · 12%
Sehr straffer, fordernder Wein mit feiner Limette und Salzigkeit, ein gutes Maß an Säure trifft Holzwürze – ein Wein zum Essen.

2019 Campestres Silvaner
13,00€ · 12%
Sollte aufgrund seiner explosiven und expressiven Art mit einer wohlgemeinten „Warnung“ versehen werden: Nur im Freien verwenden! Bringt Spaß in große Runden.

2019 Weißburgunder
14,00€ · 13%
Melange von Zitrusfrüchten. Zuerst die zartbittere Cedri-Zitrone, dann Grapefruit. Die feine Säure bringt tänzelnde Frische mit.

2018 Schlossberg Spätburgunder
28,00€ · 13%
Kurzer Trip nach Italien gefällig? Here you go. Feinrustikal zeigt sich dieser Wein, verwebt frische Waldbeeren mit seiner animalischen Art. Ein Ausflug.

Weingut Kremer

Neueinsteiger

Mühlgasse 12,
63920 Großheubach
T +49 (0) 9371 3270
www.weingut-kremer.de

Inhaber Stefan Kremer
Betriebsleiter Stefan Kremer
Kellermeister Ulrich Kremer
Rebfläche 9 ha
Produktion 70.000 Flaschen
Gründung 1975
Verkaufszeiten
Mo–Fr 8.30–12 Uhr
und 13.30–18 Uhr
Sa 8.30–15 Uhr

Wenn vom Spessart die Rede ist, denken die meisten Menschen ans Wandern. Doch man darf dabei auch getrost ans Trinken denken, denn im Spessart liegt eine beträchtlicher Anzahl der fränkischen Weinbaubetriebe. Wie etwa das Familienweingut von Stefan und Ulrich Weber in Großheubach, die sich mit Leib und Seele ihrer Passion verschrieben haben. Stillstand ist hier ein Fremdwort, der gelungene Generationenwechsel brachte neuen Schwung in den Betrieb und richtet den Blick nach vorne. Zukunft bedeutet für die Kremers nicht nur die zunehmend nachhaltige Bearbeitung der Rebflächen, die Familie arbeitet auch gemeinsam an der stilistischen Weiterentwicklung ihrer Weine.

2018 Großheubacher Bischofsberg Chardonnay
11,50€ · 13%
Saftig, mineralisch, Trinkspaß mit Niveau.

2018 Großheubacher Bischofsberg Weißburgunder
10,00€ · 13%
Ein Kraftpaket mit Zug und Tiefgang. Die nussige Note von Mandel und Walnuss bringt Spannung an den Gaumen.

2019 Großheubacher Bischofsberg Riesling
10,00€ · 12,5%
Direkt und gradeheraus, wie der Franke halt so ist.

2017 Bürgstadter Centgrafenberg Pinot Noir „Réserve"
25,00€ · 13%
Charaktervoller Wein, elegant mit schöner, feingeriebener Tanninstruktur, Aromen von Tabak und gedörrter Kirsche.

2017 Großheubacher Bischofsberg Pinot Noir „Fass 29"
25,00€ · 13%
Der Duft erinnert an Earl-Grey-Tee, präsentes Tannin macht ihn zum guten Begleiter von gegrilltem Fleisch.

Wolfgang Kühn

Ludwigstraße 29,
63911 Klingenberg
T +49 (0) 9372 3169
www.weingut-wolfgang-kuehn.de

Halb rot, halb weiß: Wolfgang Kühn hat seine Rebsorten farblich gerecht geteilt. Gemeinsam ist aber die Idee, in den Weinen das Terroir schmecken zu können, auf dem die Trauben gewachsen sind. Dafür legte sich der Winzer persönlich und sehr engagiert ins Zeug, nur zwei Hektar groß ist seine Rebfläche auf der denkmalgeschützten Terrassenlage im Klingenberger Schloßberg, die er nach den strengen Richtlinien des umweltschonenden Weinbaus bewirtschaftet. Da kommen jährlich schon mal 2000 Stunden Arbeit in einem Hektar zusammen. Und weil geteilte Arbeit doppelt Spaß macht, nennt er den Spätburgunder, der aus dem Weinberg kommt und den seine Frau Ulrike pflegt, schlicht „U". So einfach kann eine Liebeserklärung sein, wenn sie mit Wein unterfüttert ist.

Inhaber Wolfgang Kühn
Betriebsleiter Wolfgang Kühn
Kellermeister Wolfgang Kühn
Rebfläche 2 ha
Produktion 12.000 Flaschen
Gründung 1950
Verkaufszeiten
nach Vereinbarung

2017 Klingenberger Schloßberg Spätburgunder
11,50€ · 12,8%
Würzige Noten etwa von Rauchspeck und Lorbeer, vielschichtig in der Nase, Aromen von schwarzem Tee, aber auch Himbeeren, Orange und Johannisbeeren, sehr helle Farbe.

2017 Klingenberger Schloßberg Spätburgunder „U" Spätlese trocken
26,00€ · 13,2%
Saftiger, angenehmer Wein, sehr zugänglich mit ganz feiner Frucht, samtig am Gaumen, mit Aromen von Himbeeren und etwas Leder.

♥ **2018** Klingenberger Schloßberg Cabernet Sauvignon
13,50€ · 13%
Paprika, Pfeffer und markante Gerbstoffe, wie es sich für die Sorte gehört.

2018 Klingenberger Schloßberg Spätburgunder Spätlese trocken
17,00€ · 13,5%
Geradezu üppige Frucht in der Nase. Am Gaumen dann so kühl und würzig mit viel Extrakt und perfekt balancierter Säure. So leise kann Größe klingen.

Weingut Fürst Löwenstein Neueinsteiger

Schlosspark 3,
63924 Kleinheubach
T +49 (0) 9371 9486 600
www.loewenstein.de

Inhaber I.D. Stephanie Prinzessin zu Löwenstein
Betriebsleiter Peter Arnold
Kellermeister Peter Arnold
Verbände VDP, Trias
Produktion 70.000 Flaschen
Gründung 1611
Verkaufszeiten
Mo–Fr 10–18 Uhr

Spektakuläre Weinberge mit außergewöhnlicher Geografie gibt es in Deutschland einige, der Homburger Kallmuth gehört auf jeden Fall dazu und kann getrost als geokulturelles Erbe angesehen werden. Wie ein Amphitheater präsentiert sich der in Terrassen angelegte Weinberg, der im Alleinbesitz des Fürstlichen Weingutes Löwenstein steht und aufgrund seiner Artenvielfalt als privates Naturschutzgebiet klassifiziert ist. Und natürlich kommen aus besonderen Weinbergen auch besondere Weine, ganz der fränkischen Weintradition verpflichtet, dominiert der Silvaner vor dem Riesling die sehenswerte Steillage. Verantwortlich für Weinberg und Keller ist seit 2016 Peter Arnold, ein national und international erfahrener Önologe, der die Einzigartigkeit des Kallmuth in den Vordergrund seiner Arbeit stellt.

2017 Homburger Kallmuth Riesling „Coronilla" GG
35,00€ · 13%
Vor lauter Riechen vergisst man hier fast, dass man Wein und kein Parfum im Glas hat. Aromatisches Feuerwerk mit klarem Fokus auf den richtig großen Fruchtkorb. Definierte Opulenz am Gaumen mit viel Extrakt und Substanz.

2018 Homburger Kallmuth Sauvignon Blanc „1102" 1. Lage

25,00€ · 14%

Bang, auf die Zwölf – prototypisches Birnenkompottexotenfruchttreffen im Glas. Forsch in der Nase – jedoch galant und vornehm im Mund.

2018 Homburger Kallmuth Silvaner „Asphodill" GG

35,00€ · 13%

Prinz Charming – ein ruhiger, unanstrengender Wein, floral, exotisch mit Mango, Maracuja, reifem Apfel, dicht mit feinem Grip.

2018 Homburger Kallmuth Silvaner „S"

16,80€ · 13,5%

Sehr feingliedrig, zarte Frucht und florale Noten. Braucht etwas Luft.

2019 Homburger Kallmuth Riesling 1. Lage

12,50€ · 13,5%

Saftig, frisch und rassig, ein edler Aperitif, aber auch mehr.

2019 Homburger Kallmuth Sauvignon Blanc „1102" 1. Lage

25,00€ · 13%

Würzig-pikant und mit sehr animierender Frische ausgestattet.

2019 Homburger Kallmuth Sauvignon Blanc „Genuss"

6,80€ · 12,5%

Sauber, gut gemacht mit dezenter Restsüße.

Weingut Stich „Im Löwen"

Freudenberger Straße 73,
63927 Bürgstadt
T +49 (0) 9371 5705
www.weingut-stich.de

Inhaber Gerhard Stich
Betriebsleiter Gerhard & Helga Stich
Kellermeister Gerhard & Helga & Philipp Stich
Verbände Frank & Frei
Rebfläche 10 ha
Produktion 60.000 Flaschen
Verkaufszeiten
Mo–Fr 8.30–12
und 13.30–18 Uhr
Sa 8.30–16 Uhr
und nach Vereinbarung

Rote Franken in Bestform? Dann kommen die Weine in aller Regel aus der Region rund um den alten Weinort Bürgstadt, dem fränkischen Rotweinzentrum. Gerhard und Helga Stich haben genau dort ihr Weingut und eben das richtige Händchen für rote Gewächse wie Früh- und Spätburgunder. „Weine mit Charakter für Menschen mit Charakter", heißt ihre Losung, die sie Jahrgang für Jahrgang beherzigen, und sie geben ihren Weinen den markanten Kick entsprechend mit. Ihre Besten kommen zweifelsohne aus dem Centgrafenberg, der renommierte Berg ist mit seinen hitzigen Buntsandstein-Verwitterungsböden die ideale Heimat für Spätburgunder-Reben. Aus deren Trauben entsteht auch ein feinperliger Sekt, natürlich in traditioneller Flaschengärung und lange auf der Hefe gereift.

2019 Bürgstadter Centgrafenberg Gewürztraminer „Alte Reben"
13,50€ · 13,5%
Dieser Gewürztraminer hat eine Mission: den Secco als Apéro ablösen. Und das schafft er locker. Ihre Gästen werden sich freuen.

2019 Bürgstadter Riesling
8,80€ · 12%
Straff und geradlinig; rauchige Noten lassen an Matjes mit Salz und Süße als Begleitung denken.

2019 Bürgstadter Silvaner Kabinett trocken
8,00€ · 13%
Saftiges Easy Drinking für jeden Tag. Sollte man immer im Kühlschrank haben, falls mal unangekündigt Gäste vorbeikommen.

2017 Bürgstadter Berg Spätburgunder „Großes Holz"
12,80€ · 13%
Eleganter, würziger Wein mit viel roten Früchten, schlank und frisch mit leichtem Pfeffer, spritzig und erfrischend.

2017 Bürgstadter Centgrafenberg Spätburgunder 1. Lage
19,00€ · 13,2%
Minze und Erdbeere umschmeicheln die Nase, am Gaumen kommen kühle Frische und würzige Tannine dazu, die fast knusprig wirken. Für Neulinge ein perfekter Einstieg in die Burgunder-Welt.

2018 Bürgstadter Centgrafenberg Frühburgunder 1. Lage
17,50€ · 13,5%
Dicht, komplex, tiefgründig und fast brutal. Kein Wein für nebenbei, der braucht Raum und Zeit. Für den Freitagabend, nach einer harten Woche.

Weingut Sturm

Freudenberger Straße 91,
63927 Bürgstadt
T +49 (0) 9371 67854
www.weingut-sturm.com

Inhaber Christian & Felix Sturm
Betriebsleiter Christian & Felix Sturm
Rebfläche 10 ha
Produktion 65.000 Flaschen
Verkaufszeiten
Di–Fr 9–12 Uhr
und 14–18.30 Uhr
Sa 9–15 Uhr
und nach Vereinbarung

Was sich hinter einer echten Häckerwirtschaft verbirgt, kann man von Zeit zu Zeit im Weingut Sturm in Bürgstadt erleben, die Öffnungstermine stehen auf der Homepage. Dann geht es in der Gaststube kulinarisch herzhaft rustikal zu, manchmal hoch her, aber dank des Weines bleibt die Stimmung immer freundlich und herzlich. Denn die Gewächse, die Christian Sturm und Sohn Felix verantworten, sind allesamt sorgfältig vinifiziert, die von Hand gelesenen Trauben der besten kommen aus dem renommierten Centgrafenberg. Das sind vor allem Spätburgunder, die in dem steinigen Boden gute Wachstumsbedingungen finden. Seit rund zehn Jahren gehören zum Weingut auch Parzellen im 35 Kilometer entfernten Dettingen, die sich ideal für den Anbau von weißen Sorten eignen und den Weinen eine elegante, kühle Stilistik mitgeben.

2018 Bürgstadter Centgrafenberg Silvaner „Sturm & Drang"

10,90€ · 13,5%
Holunder und Quitte bringen Frucht und florale Aromen mit, die Röstaromen sorgen für die barocke Ausstattung. Dazu ein gegrilltes Stück Kalbfleisch und der Tag ist perfekt.

2018 Bürgstadter Centgrafenberg Weißburgunder „Sturm & Drang"

12,50€ · 13,5%
Wasabi, eingelegter Ingwer und weiße Blüten bringen eine Aromenfülle, die einen im ersten Moment fast umhaut. In einem großen Glas genießen.

2018 Scheurebe „Mama's Liebling"

10,90€ · 13%

2019 Silvaner „Sandsturm"

7,20€ · 12,5%

2019 Weißburgunder „Sandsturm"

7,90€ · 12,5%

2018 Bürgstadter Centgrafenberg Frühburgunder „Sturm & Drang"

18,00€ · 13,5%

Modern interpretierter Frühburgunder für Trendsetter. Dieser Wein ist so präsent, der bespielt die Abendgesellschaft fast von alleine.

2018 Bürgstadter Centgrafenberg Spätburgunder „Sturm & Drang"

21,00€ · 13,5%

Sehr präsent und saftig mit viel reifer Kirsche. Ein Hauch Reduktivität und präsente Tannine tun ihr Übriges.

♥ **2018** Spätburgunder „Herzblut"

26,00€ · 13%

Ein Spätburgunder im Syrah-Kostüm. Das ist wahrlich kein Schmeichler, kein Easy Drinking – aber etwas für Rotweintrinker, die normalerweise eher international unterwegs sind.

Josef Walter

Freudenberger Straße 21–23,
63927 Bürgstadt
T +49 (0) 9371 9487 66
www.weingut-josef-walter.de

Inhaber Christoph & Daniela Walter
Betriebsleiter Christoph Walter
Kellermeister Christoph Walter
Rebfläche 4 ha
Produktion 18.000 Flaschen
Gründung 1855
Verkaufszeiten
Di–Do 14–18 Uhr
Fr 9–12 Uhr
Sa 9–14 Uhr
und nach Vereinbarung

Christoph und Daniela Walter gehören zu den stillen Größen der fränkischen Burgunder-Szene. Die Früh- und Spätburgunder von Centgrafenberg und Hundsrück beeindrucken Jahr für Jahr wieder mit einer Klarheit, Filigranität und Kraft, die man gerne auch mal im Burgund vermuten würde. Dass Walters Weine Langstreckenläufer mit hohem Reifepotenzial sind, sollte schon lange kein Geheimnis mehr sein. Und dass die Weine von Luft, großen Gläsern, Zeit und einer Karaffe profitieren, auch nicht. Wer gereifte Burgunder sucht, die an ihrem „Punkt" sind, wird hier immer fündig. Und wer selbst etwas in den Keller legen will, kann sich wahrscheinlich kaum für einen oder zwei Weine entscheiden und hat dann die Qual der Wahl.

2016 Centgrafenberg Frühburgunder „J"

25,00€ · 13,5%

Kaum zu glauben, dass das Franken und nicht Burgund ist. Ein schlummernder Riese, der schon jetzt seidig glänzt und mit großer Balance begeistert. Ein großer Wein, der sowohl als Solist als auch im Menü seinen Platz findet.

2016 Centgrafenberg Pinot Noir

22,00€ · 13%

Straffer, schöner Wein mit süßer Amarenakirsche und einem Hauch Schokolade sowie ledrigen Noten.

2016 Centgrafenberg Spätburgunder „J“

25,00€ · 13%

Fein und filigran mit Aromen von Himbeere und Johannisbeere. Der Wein hat eine schöne Länge, macht Spaß mit seiner filigranen Reife und Aromen aus dem Holzausbau: etwa Kaffee und Toffee!

2016 Hundsrück Spätburgunder „J“

35,00€ · 13,5%

Reduktiv-animalischer Auftakt – am Gaumen komplex mit Aromen von Waldbeere und Kirsche, etwas Schokolade, Tabak. Ein Wein mit Potenzial.

Foto: © Fränkisches Weinland Tourismus GmbH/Andreas Hub

DIE TIPPS DER WINZER

Wo gibt es das beste Schäufele oder die beste fränkische Bratwurst? Wo hat man den besten Ausblick, wo schläft es sich gut? Wo kann ich Weine verkosten, regionale Produkte einkaufen? Wer, wenn nicht **der Winzer vor Ort** kennt sich bestens in seiner Region aus? Darum haben wir Winzer und ihre Familien nach **ihren persönlichen Tipps** gefragt.

P.S. Prüfen Sie bitte vor Ihrem Besuch, ob alle Lokale und Geschäfte wieder geöffnet haben und welche aktuellen Öffnungszeiten gelten.

Essen

ABT- UND SCHÄFERSTUBE

15 | 20

Schafhof 1, 63916 Amorbach
T + 49 (0) 9373 97330
www.schafhof.de

LANDGASTHOF ADLER

Hauptstraße 30,
63927 Bürgstadt
T + 49 (0) 9371 97880
www.adler-buergstadt.de

Hier erwartet den Besucher ausgesprochene fränkische Gastlichkeit im Restaurant und im Hotel. Auf der Karte stehen bayrisch-fränkische Gerichte, gekocht wird nach der Philosophie von Slow Food. Und so gibt es geschmorte Schulter vom Bürgstadter Kalb, Rinderbacke mit Wurzelgemüse und Schupfnudeln, Wildbratwurst oder Kalbshackküchle mit Rahmwirsing und Bratkartoffeln. Hotelgästen stehen Wellnessangebote wie die Burgundertherapie zur Verfügung.

Empfohlen von
Josef Walter

RESTAURANT STERN

Hauptstraße 23/25,
63927 Bürgstadt
T + 49 (0) 9371 40350
www.hotel-weinhaus-stern.de

Gehobene bodenständige Küche steht in diesem gemütlichen Restaurant hinter blumengeschmücktem Fachwerk auf der Karte. Regionale Klassiker wie das Fränkische Hochzeitsessen mit Rindertafelspitz und Wurzelgemüse, aber auch Bachsaibling aus dem Hochspessart oder Fleisch vom Schwäbisch-Hällischen Schwein gehören zum Angebot in diesem wunderbaren Wirtshaus. Die Wildhasenkeule wird in Spätburgunder geschmort, die Sülze kommt mit einer Senf-Graupen-Vinaigrette auf den Teller. Gastgeber sind die Familien Markert und Martin, die nicht nur das atmosphärische Restaurant, sondern auch ein Hotel betreiben.

Empfohlen von
der Redaktion

GASTHAUS ZUR KRONE

Miltenberger Straße 1,
63920 Großheubach
T + 49 (0) 9371 2663
www.gasthauskrone.de

Ein gutbürgerliches, gemütlich eingerichtetes Restaurant sowie ein Hotel mit sieben Zimmern: Das ist das Gasthaus zur Krone. Rehkeule, Ochsenbacke oder Lammhaxe sind die Klassiker auf der Karte, die Zutaten stammen zumeist aus der Region. Im Sommer lädt ein schöner Wein- und Biergarten zum Freiluft-Genuss ein.

Empfohlen von
Weingut Kremer

BÜTTTNER STUB'N

Frankenstraße 26,
63867 Johannesberg
T + 49 (0) 6029 9929144
www.buettner-stubn.de

„Was Guads vom Berg" ist hier das Motto: Ein bisschen alpine Stimmung wird sowohl von der Einrichtung als auch mit der Karte verbreitet. Käsespätzle, Wiener Schnitzel, Stub'n Cordon Bleu oder Coq au Vin sind beliebte Klassiker bei den Gästen, die einen tollen Ausblick in die Landschaft des Spessarts haben.

Empfohlen von
Nils Hohnheit

Schlafen

GOLDNER ENGEL

Miltenberger Straße 5,
63925 Laudenbach
T + 49 (0) 9372 99930
www.goldner-engel.de

1596 wurde dieses fränkische Fachwerkhaus erbaut und ist seit 1939 in Familienbesitz. Die Gäste genießen die Ruhe des Mains am Rande des Odenwalds. Auf der Karte haben sie eine große Auswahl zwischen Fisch wie Kabeljau oder Seeteufel, Fleisch wie Tomahawk oder Kalbsrücken, vegetarischen Gerichten oder einfach nur einem Snack wie Flusskrebscocktail. Zum Haus gehören auch eine Metzgerei und ein Hotel.

Empfohlen von
Bastian Hamdorf

KLOSTER BRONNBACH

Bronnbach 10,
97877 Wertheim
T + 49 (0) 9342 935210
www.hotel-kloster-bronnbach.de

Die ehemalige Zisterzienserabtei Bronnbach aus dem 12. Jahrhundert liegt im Taubertal, nahe der Kreisstadt Wertheim. Schon früh war der Weinbau ein wirtschaftlicher Bestandteil der Klosterarbeit, die Vinothek Taubertal spiegelt den Weinbau der Region wider. Aber: In der Region gibt es auch eine Brautradition. Und so wurde ein Jubiläumsbier 1670 von Distelhäuser Brauerei und Kloster gemeinsam entwickelt. Das Kloster selbst bietet sich in vielfältiger Weise seinem Besucher an: Das Außen-Fresko der Orangerie ist perfekt restauriert und alleine schon deshalb lohnt ein Besuch in jedem Fall! Man kann im Kloster essen (Orangerie), in einem der 17 Zimmer übernachten, an unterschiedlichen kulturellen Veranstaltungen teilnehmen oder als Tagungsgast die historische Atmosphäre genießen.

Empfohlen von
Weingut Stich im Löwen

SCHAFHOF

Schafhof 1,
63916 Amorbach
T + 49 (0) 9373 97330
www.schafhof.de

In dieser idyllischen Lage sollen sich Himmel und Erde besonders nah kommen, soll ein Jesuitenpater nach seinem Besuch gesagt haben. Der Schafhof im Odenwald befindet sich auf einem früheren Klostergut der Benediktinerabtei Amorbach. Es wurde zu einem Vier-Sterne-Hotel mit Restaurant und Tagungsräumen in der alten Kelter umgebaut.

Empfohlen von
Weingut Rudolf Fürst

HOTEL WEINHAUS STERN

Hauptstraße 23,
63927 Bürgstadt
T + 49 (0) 9371 40350
www.hotel-weinhaus-stern.de

Komfortable Hotelzimmer, jedes anders eingerichtet, und ein gemütliches Restaurant mit fränkischer Karte: Das erwartet die Gäste im Weinhaus Stern im historischen Bürgstadt bei Miltenberg. Von hier aus lassen sich ideal Wanderungen, Radtouren und kunsthistorische Ausflüge entlang der Limes-, Nibelungen- und Fachwerkstraße unternehmen.

Empfohlen von
Josef Walter

ROSENBUSCH
Engelbergweg 6,
63920 Großheubach
T + 49 (0) 9371 650400
www.hotel-rosenbusch.de
21 Zimmer stehen in diesem familiengeführten Drei-Sterne-Haus Geschäftsreisenden oder Touristen zur Verfügung. Das Hotel ist ein geprüftes Wander- und Radhotel, es lassen sich von hier aus schöne Touren in den Spessart oder den Odenwald unternehmen. Fränkische Küche - mit Wildgerichten und der legendären Rinderroulade nach einem Rezept der Großmutter - wird im Restaurant und auf der Hofterrasse serviert.
Empfohlen von
Weingut Kremer

STRAUBS SCHÖNE AUSSICHT
Bahnhofstraße 18,
63911 Klingenberg
T + 49 (0) 9372 930300
www.straubs-schoene-aussicht.de
Schon seit den 1920-er Jahren werden hier Gäste beherbergt – egal, ob Geschäftsreisende oder Urlauber. Aus den meisten der 29 Zimmer haben sie direkten Blick auf den Main; ihnen steht auch eine Finnische Sauna zur Verfügung. Außerdem gibt es einen Wein-Shop mit ausgewählten Tropfen nicht nur aus Franken.
Empfohlen von
Bastian Hamdorf

Einkaufen

Egal, ob Kaffeerösterei, Metzger, Bäcker, Gewürze, Bauernläden, Hotels oder Restaurant: Sie alle sind rund um Wertheim in der „Route der Genüsse“ zusammengeschlossen. Dabei handelt es sich um ein Projekt der Tourismus Region Wertheim: Knapp 100 Partner in sechs unterschiedlichen Abschnitten von Aschaffenburg den Main entlang über Miltenberg und Wertheim nach Würzburg und die Tauber hinauf bis nach Rothenburg ob der Tauber beteiligen sich daran. Sie decken zwölf Genussthemen ab. 32 Restaurants, 31 Manufakturen, 19 Hotels, 18 Weingüter und 13 Kultureinrichtungen stellen sich auf diesem Wege vor und laden zum Entdecken ein.
www.route-der-genuesse.de

Vinothek

CHURFANKENVINOTHEK
Hauptstraße 2,
63927 Bürgstadt
T + 49 (0) 9371 9488 679
www.churfrankenvinothek.de
Hier werden Weine aus der direkten Umgebung präsentiert, können verkostet und eingekauft werden. Im Restaurant, zu dem auch eine schöne Sommerterrasse gehört, werden Snacks wie fränkischer Kochkäse, Flammkuchen oder ein Vesperteller angeboten. Einmal im Monat wird zu Weinproben unter dem Motto „Wine & Dine“ eingeladen.
Empfohlen von
Weingut Fürst Löwenstein

YOUR
Taste
GUIDE

2

MITTELMAIN & MAINSÜDEN

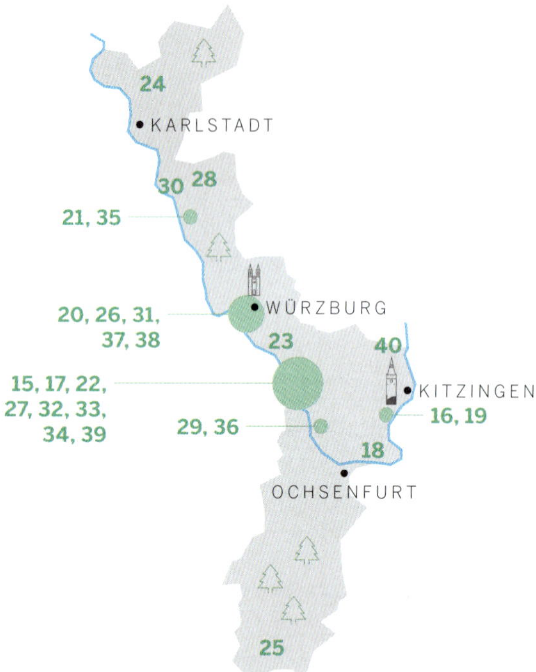

Hier lockt die Residenzstadt Würzburg zu einem kulinarisch-kulturellen Abstecher. Die Stadt ist für ihre Gebäude im Barock- und Rokokostil bekannt, von denen einige erhalten sind oder wiederaufgebaut wurden. Besonders die Würzburger Residenz aus dem 18. Jahrhundert hat hier viel zu bieten – auch die Festung Marienberg lohnt einen Besuch. Würzburg ist eine quirlige Weinstadt, es gibt eine Vielzahl von Weinlokalen und ausgezeichnete Restaurants direkt in der Innenstadt oder in den Stadtteilen. Dass hier die Reben bis ins Zentrum wachsen, ist eine stimmungsvolle Besonderheit.

Geographische Lage Im Norden wird der Anbaubereich von Gambach begrenzt, reicht im Süden über Frickenhausen am Main hinaus und schließt Teile des Taubertals mit ein. Im Mittelpunkt steht die fränkische Weinhauptstadt Würzburg.
Klima Kontinental mit warmem Sommer und kühlem Winter
Böden Muschelkalk
Rebfläche 2.205 ha – 85 % Weißwein, 15 % Rotwein
Rebsorten Silvaner, Riesling, Weißburgunder, Müller-Thurgau, Bacchus

Geschichte Die Residenz wurde von 1720 bis 1744 nach Plänen Balthasar Neumanns gebaut. Die UNESCO nahm sie 1981 – als drittes Bauwerk in Deutschland – in die Welterbeliste auf.
Besonderheiten In Würzburg sind die drei größten Weingüter beheimatet: Mit 180 Hektar ist das Weingut Juliusspital, Teil einer Stiftung, das größte Weingut Bayerns und nach Kloster Eberbach das zweitgrößte in Deutschland. 120 Hektar werden im Weingut Bürgerspital, das der Stadt Würzburg gehört, bewirtschaftet, ebenso wie im Staatlichen Hofkeller, der dem Land Bayern gehört.

WEINGÜTER

15
WILHELM ARNOLD
Klosterstraße 19b
97236 Randersacker

16
WEINGUT AUGUSTIN
Raiffeisenstraße 5
97320 Sulzfeld am Main

17
BIO WEINGUT STEFAN BARDORF
Ochsenfurter Straße 4
97236 Randersacker

18
WEINGUT BICKEL-STUMPF
Kirchgasse 5
97252 Frickenhausen

19
WEINGUT BRENNFLECK
Papiusgasse 7
97320 Sulzfeld

20
BÜRGERSPITAL ZUM HEILIGEN GEIST
Theaterstraße 19
97070 Würzburg

21
WEINGUT GEIGER & SÖHNE
Veitshöchheimer Straße 1
97291 Thüngersheim

22
WEINGUT GÖBEL
Friedhofstraße 9
97236 Randersacker

23
WEINGUT HILLER
Alandsgrundweg 8
97236 Randersacker

24
WEINGUT HÖFLING
Kellereigasse 14
97776 Eußenheim

25
WEINGUT HOFMANN
Strüther Straße 7
97285 Röttingen

26
WEINGUT JULIUSSPITAL
Klinikstraße 1
97070 Würzburg

27
LEININGER
Theilheimer Weg 3–5
97246 Eibelstadt

28
RUDOLF MAY
Im Eberstal 1
97282 Retzstadt

29
AM ÖLSPIEL
Schleifweg 13
97286 Sommerhausen

30
CHRISTINE PRÖSTLER
Obere Hauptstraße 100
97225 Retzbach

31
WEINGUT REISS
Unterdürrbacher Straße 182
97080 Würzburg

32
MARKUS SCHMACHTENBERGER
Klosterstraße 43
97236 Randersacker

WEINGÜTER

33
TROCKENE SCHMITTS
Maingasse 14a / Flecken 1
97236 Randersacker

34
WEINGUT SCHMITTS KINDER
Am Sonnenstuhl 45
97236 Randersacker

35
WEINGUT SCHWAB
Bühlstraße 17
97291 Thüngersheim

36
SCHLOSS SOMMERHAUSEN
Hauptstraße 25
97286 Sommerhausen

37
STAATLICHER HOFKELLER WÜRZBURG
Residenzplatz 3
97070 Würzburg

38
WEINGUT AM STEIN
Mittlerer Steinbergweg 5
97080 Würzburg

39
WEINGUT STÖRRLEIN KRENIG
Schulstraße 14
97236 Randersacker

40
WINZERGEMEINSCHAFT FRANKEN
Alte Reichsstraße 70
97318 Kitzingen

Wilhelm Arnold

Klosterstraße 19b,
97236 Randersacker
T +49 (0) 931 7083 26
www.arnoldwein.de

Betriebsleiter Bruno Arnold
Kellermeister Bruno Arnold
Verbände VDP
Rebfläche 10,9 ha
Produktion 80.000 Flaschen
Gründung 1673
Verkaufszeiten
Mo–Sa 10–18 Uhr
und nach Vereinbarung

Randersacker ist einer der bekanntesten fränkischen Weinorte, hier liegt in der Klosterstraße das Ende des 17. Jahrhunderts erbaute und sehenswerte Weingut von Bruno und Diana Arnold. Mit rund zehn Hektar Rebfläche zählt man zu den mittelständigen Familienbetrieben, die das Herzstück des Weinbaus in Franken ausmachen. Dass der Silvaner im Rebsortenspiegel den Ton angibt, ist für das sympathische Winzerehepaar eine regionale Selbstverständlichkeit. Im Weinberg und Keller achtet Bruno Arnold auf eine nachhaltige und umweltfreundliche Bewirtschaftung. Die Phalanx an Großen Gewächsen, die das Weingut regelmäßig auf die Flaschen bringt, macht den Betrieb auch für Kunden attraktiv, die ihren Weinen noch etwas Zeit zum Reifen geben möchten.

2018 Randersacker Hohenroth Silvaner GG
24,00€ · 14%
Klassischer Wein, feine Säurestruktur, fruchtvolle Aromatik, schöne Spannung, Minze, Heu,Kräuter, bleibt fein und filigran, Zander, Speck, Beurre blanc, Melone, reifer Apfel, Walnuss, Walnussschale, Apfelschale, fest.

2018 Randersacker Pfülben Riesling GG
24,00€ · 13%
Zupackender Wein, schöne Länge und Dichte mit Aromen von Apfel und Pfirsich, rund und cremig mit steiniger Mineralität.

♥ **2019** Randersacker Marsberg Riesling 1. Lage
15,00€ · 13,5%
Mit Blütenduft weht hier der Frühling in die Nase, saftig und zugleich fein gebaut.

2019 Randersacker Sonnenstuhl Silvaner 1. Lage
15,00€ · 13%
Der reist mit viel Gepäck und bringt straffen Zug, Saft und ordentlich Grip mit. Da darf das Willkommensessen viel Würze und Fett beisteuern.

2018 Eibelstadt Kapellenberg Spätburgunder 1. Lage
18,00€ · 13%
Elegante Frucht von Kirsche und Himbeeren, feine Mineralität und erfrischendes Prickeln am Gaumen. Braucht noch etwas Zeit, um sich zu öffnen.

Weingut Augustin
Raiffeisenstraße 5,
97320 Sulzfeld am Main
T +49 (0) 9321 5663
www.weingut-augustin.de

2018 Sulzfelder Cyriakusberg Sauvignon Blanc
13,50€ · 13,5%
Paprika in der Nase, Paprika im Mund – typischer Vertreter und mithin gelungen, zumal es ihm dennoch gelingt, nicht vordergründig zu sein.

BIO Weingut Stefan Bardorf

Ochsenfurter Straße 4,
97236 Randersacker
T +49 (0) 170 4020 159
www.weingut-bardorf.com

Inhaber Stefan Bardorf
Betriebsleiter Stefan Bardorf
Verbände Silvaner Forum, Naturland, Ethos
Rebfläche 3,2 ha
Produktion 21.000 Flaschen
Gründung 1965
Verkaufszeiten Mo–So 8–20 Uhr und nach Vereinbarung

Dass Randersacker ein Mekka für beste fränkische Weine ist, beweisen die vielen Spitzenbetriebe, die im Ort und drumherum angesiedelt sind. Das Weingut von Stefan Bardorf ist eines davon, ein Betrieb, der sich ganz dem Bio-Gedanken verschrieben hat und seine Gewächse entsprechend naturnah und umweltschonend produziert. Auch im Keller geht es authentisch und natürlich zu, die Gärung erfolgt zumeist spontan und kommt ohne Kühlung aus. Stefan Bardorfs Anspruch ist es, in seinen Weinen die Typizität des Jahres wiederzufinden und die Facetten des Terroirs mit seinen einzigartigen Muschelkalkböden zu schmecken. Dafür lässt er seinen besten Weinen ausreichend Zeit, die Spitzengewächse liegen rund ein Jahr auf der Hefe, um zu tiefgründigen und charaktervollen Weinen zu reifen.

2017 Randersackerer Ewig Leben Sauvignon Blanc „RR" Spätlese trocken
19,00€ · 13,5%
Grüner als diese Paprika ist nur der Wald. Er meidet die Stolperfallen der Simplizität.

2017 Randersackerer Sonnenstuhl Riesling „Alte Reben" Spätlese trocken
17,00€ · 13%
Üppigen Elsass-Stil serviert das Weingut Bardorf hier. Freudige Molligkeit, bei der die Säure für die richtige Portion Animation sorgt.

2019 Ewig Leben Weißburgunder
9,00€ · 13,5%

2019 Randersackerer Ewig Leben Sauvignon Blanc „Fumé"
10,00€ · 12,5%

♥ **2019** Randersackerer Marsberg Silvaner „Alte Reben"
17,00€ · 13%
Sehr puristisch, zupackend und lang anhaltend.

2019 Sonnenstuhl Riesling „AM Turm" Kabinett trocken
8,00€ · 13%
Ein schüchterner Franke mit Melisse im Auftakt, die dann von exotischer Frucht begleitet wird. Klare und unaufgeregte Art, die richtig durstig macht.

2019 Sonnenstuhl Silvaner „AM Turm" Kabinett trocken
8,50€ · 13%

2019 Randersackerer Marsberg Riesling Auslese

16,00€ · 7%

Satte Frucht, dicht und voll, ein Maulvoll Wein zur Apfeltarte.

2019 Randersackerer Marsberg Riesling Trockenbeerenauslese

149,00€ · 6%

Edler Nektar mit großer Strahlkraft, zum Dessert bei einem ganz besonderen Anlass.

Weingut Bickel-Stumpf
Kirchgasse 5,
97252 Frickenhausen
T +49 (0) 9331 2847
www.bickel-stumpf.de

2017 Weißburgunder „Crémant Francophile de la Chapelle" extra brut

24,00€ · 13%

Dezent und harmonisch, sanft und elegant. Für entspannte Abende.

Weingut Brennfleck

Papiusgasse 7,
97320 Sulzfeld
T +49 (0) 9321 4347
www.weingut-brennfleck.de

Inhaber Hugo Brennfleck
Rebfläche 29 ha
Produktion 256.000 Flaschen
Gründung 1591
Verkaufszeiten
Mo–Fr 8–17 Uhr
Sa 10–16 Uhr
und nach Vereinbarung

Wie unkonventionell und harmonisch Tradition mit Moderne kombiniert werden kann, zeigt eindrucksvoll das Weingut von Hugo und Susanne Brennfleck im mittelalterlichen Weinort Sulzfeld. Zwar ist der ehemalige Lehenshof mit seinem historischen Gewölbekeller aus dem 15. Jahrhundert das Herzstück des Familienbetriebes, doch gleich gegenüber steht, quasi als zeitgenössisches Pendant, das postmoderne Kelterhaus. Beides fügt sich ideal zusammen, eine gelungene und sehenswerte architektonische Symbiose im Sinne eines naturnahen Qualitätsweinbaus. Das gilt für die Weinberge gleichermaßen, wie für die Kellerwirtschaft, in der auch große Holzfässer aus heimischer Eiche zum Einsatz kommen, um dem Terroir-Gedanken zusätzliche Nachhaltigkeit zu verleihen. Ein Teil der Weine wird spontan vergoren, insgesamt vermarktet der Betrieb rund 29 Hektar.

2018 Escherndorfer Lump Riesling „Himmelsleiter GG"
28,00€ · 13,5%
Saftige Opulenz tänzelt über den Gaumen, darin versammelt Aromen von Aprikose und Pfirsich. Die Struktur ist fest, feine Süße spielt, ein bisschen Grip gibt Spannung.

2018 Sulzfelder Maustal Silvaner „Mönchshöflein GG"
28,00€ · 14%
Üppig, weich und warm, eine Umarmung im Glas. In Gedanken ist man schnell an der Rhône. Da darf es auch mal ein kräftiges Wildgericht zum weißen Franken sein.

2019 Escherndorfer Lump Riesling „JHB S" 1. Lage
18,00€ · 13%
Fülliger Wein mit reifer Frucht und weichem Fluss mit Aromen von Pfirsich, Melone und Sternfrucht, leichter Süßekern, schöne Würze.

2019 Escherndorfer Lump Riesling „Steillage S" 1. Lage
14,00€ · 13%
Sehr intensiver und kompakter Wein, dicht mit guter Länge, saftig und druckvoll, schöne Aromatik mit Noten von grüner Banane, Pfirsichschalen und Pfirsichsaft.

2019 Iphöfer Kronsberg Silvaner „Keuper S" 1. Lage
13,00€ · 13%
Fester, mineralischer Wein – saftig mit gutem Trinkfluss und Aromen von Apfel und Birne. Spielerischer Wein mit viel Frucht.

2019 Sulzfelder Cyriakusberg Sauvignon Blanc
10,00€ · 13%

2019 Sulzfelder Maustal Silvaner „JHB S" 1. Lage
15,00€ · 13%
Zart und elegant, die präsenten Holznoten werden noch zurücktreten.

2019 Sulzfelder Maustal Silvaner „Muschelkalk S" 1. Lage
13,00€ · 14%
Geschmeidig mit einem Hauch Süße.

♥ **2019** Sulzfelder Sonnenberg Silvaner
11,00€ · 13,5%
Eleganter Wein mit schöner Fruchtigkeit, dicht und komplex, viel Kräuterwürze und Säuregrip, feinrauchig im Abgang.

2018 Silvaner brut
14,00€ · 12,5%
Subtil und dezent mit zarter Zitrusfrucht.

Bürgerspital zum Heiligen Geist

Theaterstraße 19,
97070 Würzburg
T +49 (0) 931 3503 441
www.buergerspital-weingut.de

Inhaber Stiftung Bürgerspital zum Hl. Geist
Betriebsleiter Robert Haller
Kellermeister Elmar Nun
Verbände VDP
Rebfläche 120 ha
Produktion
820.000 Flaschen
Verkaufszeiten
Mo–Do 8–17 Uhr
Fr 8–15 Uhr
Weinhaus: Ecke Theater-/Semmelstraße
Mo 9–18 Uhr
Di–Sa 9–24 Uhr
So 11–18 Uhr

Einen Besuch ist Würzburg ohnehin immer wert. Die Mainbrücke, der Blick auf den Stein, ein Glas im Sonnenuntergang ... Doch sollten Sie unbedingt auch einen Abstecher ins Bürgerspital machen, das im Herzen der Stadt liegt und dort seit über 700 Jahren Stiftungspflichten und Weinkultur vereint. Schon längst gehört das Bürgerspital zu den ganz Großen in Franken – und das nicht nur wegen der beachtlichen 120 Hektar Rebfläche, die der Betrieb bearbeitet. Dass Tradition und Moderne sich weder ausschließen noch zwanghaft zusammengebracht werden müssen, beweisen die Bürgerspitaler Weine immer wieder aufs Neue. Der Silvaner ist ganz klar das Aushängeschild des Betriebes, sei es als absolut klassischer Ortswein, filigraner Lagenwein oder vielschichtiges Großes Gewächs. Doch auch Riesling und Co. können voll überzeugen. Und nicht nur die Weinprobe wird Sie vor Ort begeistern. Der wunderschöne Holzfasskeller unter der Stadt beherbergt so manche Sensation – wie zum Beispiel die letzte intakt erhaltene Flasche Steinwein von 1540.

2019 Randersackerer Marsberg Riesling „RR" 1. Lage
13,90€ · 12%
Üppiger Wein mit viel reifer Ananas, Honig, gelbe Früchte, saftig-trinkiger Auftakt mit guter Länge und schönem Grip, salzige Mineralität und verführerischer Süßekern, passt zu asiatischer Küche.

2019 Würzburger Innere Leiste Silvaner 1. Lage
13,40€ · 13,5%
Leichter unkomplizierter Sofawein, saftig und straff mit feiner Salzigkeit, grüner Apfel, etwas herb.

2019 Würzburger Pfaffenberg Silvaner 1. Lage
12,90€ · 13%
Melisse in der Nase und Mineralik am Gaumen, dazu ein straffer Zug und Tiefgang – das ist nicht unbedingt was für jeden Tag, sondern eher für die feierlichen Anlässe.

2019 Würzburger Riesling
9,90€ · 12,5%
Würzig und mit einer gewissen Opulenz ein gutes Match zu einem Hühnchen in heller Sauce.

2019 Würzburger Silvaner
9,90€ · 13,5%
Ein absoluter Klassiker. Einem Unkundigen das Konzept „Silvaner aus Franken" erläutern? Mit diesem Vertreter sind nicht viele Worte nötig.

2019 Würzburger Stein Riesling 1. Lage
13,90€ · 12,5%
Sehr geradeheraus, frisch, fruchtig und lebendig.

2019 Würzburger Stein Riesling „Hagemann" GG
40,00€ · 13%
Leichtfüßig und straff mit fester Struktur, elegant und stimmig mit animierendem Säuregrip – aber auch feiner Cremigkeit und Aromen von Mandarine und Aprikose, gute Länge.

2019 Würzburger Stein Silvaner 1. Lage
13,90€ · 13%
Deutliche Frucht, feine Struktur und Eleganz, eine runde Sache.

2019 Würzburger Stein Weißburgunder 1. Lage
13,90€ · 13%
Frühlingsgefühle erwachen. Weicher Schmeichler mit toller Mineralik und harmonischer Balance.

2019 Würzburger Stein-Harfe Riesling GG
29,00€ · 13%
Eleganter Wein mit viel Druck am Gaumen: Schlank mit sanfter, dezenter Nase ist er eher ein Leisetreter, weich, salzig-mineralisch und duftig mit Aromen von Apfel und Aprikose.

♥ **2019** Würzburger Stein-Harfe Silvaner GG
29,00€ · 13,5%
Füllig und geschmeidig und dabei elegant und ausgewogen, zu feiner Küche servieren.

2018 Würzburger Stein Blaufränkisch „R" 1. Lage
18,40€ · 13%
Dieser Wein führt einen durch den Abend: Beerig-zugänglich, mit einer ordentlichen Tanninportion, ist er dennoch weich und sanft.

Weingut Geiger & Söhne

Veitshöchheimer Straße 1,
97291 Thüngersheim
T +49 (0) 9364 9605
www.geigerundsoehne.com

Inhaber Gunter Geiger
Betriebsleiter Gunter Geiger
Kellermeister Florian Schär
Verbände Fränkischer Weinbauverband
Rebfläche 42 ha
Produktion 400.000 Flaschen
Gründung 1850
Verkaufszeiten
Mo–Fr 9–12 Uhr
und 14–18 Uhr
Sa 10–13 Uhr

Thüngersheim mag nicht unbedingt zu den berühmtesten Weinorten Frankens gehören, aber mit 200 Hektar Rebfläche gehört es zu den größten Weinbaugemeinden in Franken. Und die Familie Geiger führt mit einer Tradition von über 170 Jahren den ältesten Weinbaubetrieb vor Ort. Geführt vom Weinbauingenieur Gunter Geiger und seiner Familie bietet das Weingut, das über beachtliche 42 Hektar Rebfläche verfügt, eine breite Palette an Rebsorten und Qualitäten an. Vom Lagensilvaner über Chardonnays aus dem Barrique bis hin zum Silvaner „BIG", der aus einem über 50 Jahre alten Weinberg stammt – bei Geigers ist für jeden Geschmack und Geldbeutel etwas dabei.

2018 Silvaner „Großes Gewächs Rothlauf"
24,50€ · 13,5%
Bienenwachs, Hefe, (noch) markantes Holz; zeigt Harmonie und in die Zukunft.

2018 Thüngersheim Johannisberg Silvaner „BIG G Reserve" Spätlese trocken
24,50€ · 14%
Sauber, schlank und trinkig.

2019 Thüngersheim Johannisberg Chardonnay „BIG G" Spätlese trocken
18,50€ · 14%
„Back to the 90s" mit diesem Wein. Klassischer Old-School-Chardonnay mit Noten von Schießpulver und Rauch. Für den perfekten Genuss gibt es dazu Pasta mit Sahnesauce und schwarzer Trüffel.

2019 Thüngersheim Johannisberg Weißburgunder „BIG G" Spätlese trocken

17,00€ · 14%
Wild in der Nase, kraftvoll und vielschichtig am Gaumen, ein Power-Wein, der ins große Glas gehört.

2019 Thüngersheim Scharlachberg Silvaner „BIG G Wagenwand" Spätlese trocken

17,00€ · 14%
Karamellige Aromenbombe, die vor Kraft nur so strotzt. Ein Schwergewicht mit sympathischer Lebendigkeit. Trauen Sie sich was und servieren Sie dazu Kaiserschmarrn mit Aprikosenröster.

2019 Thüngersheim Scharlachberg Silvaner „Erste Geige Vögelswäldle"

10,00€ · 13%
Laute Art mit Aromen von Maracuja und Vanillecreme. Ein echter Spaßmacher, der Sonne auch in trübe Tage bringt.

2018 Thüngersheim Johannisbberg Pinot Noir „BIG G"

18,50€ · 14%
Mediterraner Stiil, schöne,reife Saftigkeit, ein Hauch von Eukalyptus trifft getrocknete Frucht. Für einen Augenblick entführt er nach Spanien ...

Weingut Göbel

Friedhofstraße 9,
97236 Randersacker
T +49 (0) 931 7093 80
www.weingutgoebel.de

Inhaber Martin Göbel
Betriebsleiter Martin Göbel
Kellermeister Martin Göbel
Rebfläche 8 ha
Produktion 45.000 Flaschen
Gründung 1603
Verkaufszeiten
Mo–Fr 9–18 Uhr
Sa 9–16 Uhr
und nach Vereinbarung

Trends zu folgen, das ist nicht das Ding von Martin Göbel. Immerhin ist seine Familie seit rund 400 Jahren im Weinbau aktiv, da braucht man ein gesundes und stabiles Fundament und kann nicht jeder Mode hinterherlaufen, ohne die Orientierung zu verlieren. So machen die Göbels seit Generation ihr Ding und sind damit bis heute erfolgreich. Denn Qualität hat immer Saison. Um dabei auf der sicheren Seite zu sein, nimmt sich das ganze Team viel Zeit und pflegt mit Passion und umweltschonend die Weinberge, aus denen im Herbst das gesunde Traubenmaterial per Hand gelesen wird. Schonende Behandlung im Keller ist gesetzt, die Weißweine werden ausschließlich im Edelstahl ausgebaut. Das Gesamtresultat sind charaktervolle und tiefgründige Weine, mit aromatisch erfrischendem Kick und immer auf der Seite des Weinbergs und des meteorologischen Jahresverlaufes.

♥ **2018** Randersackerer Pfülen Riesling „Roots"

15,00€ · 13,5%
Zitronenbonbon trifft Fichtennadel. Dazu leiser Rauch und vitale Frische – der perfekte Gesprächsanreger, wenn die Party nicht so richtig in Gang kommen will.

2019 Randersackerer Marsberg Grauburgunder „Roots"
15,00€ · 14%
Zarter Kupferton von der Maischegärung, Blütenaromen, viel Grip; zur Forelle Müllerin.

2019 Randersackerer Pfülben Silvaner „Roots"
13,00€ · 14%
Puristisch, leise, diskret und fein verführt dieser Silvaner zum zweiten Glas, ohne dass man es gemerkt hat.

2019 Riesling „Rock"
7,50€ · 12,5%
Feste Struktur und gute Spannung mit Aromen von Guave, kleinen Birnen und Aprikose.

2019 Weißburgunder „Rock"
7,50€ · 11,5%

2018 Randersackerer Marsberg Albalonga „Roots" Trockenbeerenauslese
35,00€ · 8%
Feiner edelsüßer Stoff, konzentriert und sehr ausgewogen, mit animierendem Pfirsich, Aprikose und einer Nuance Karotte, erfrischende Säure.

Weingut Hiller

Alandsgrundweg 8,
97236 Randersacker
T +49 (0) 931 2609 4373
www.hiller-wein.de

Rebfläche 1,5 ha
Produktion 5.000 Flaschen
Gründung 2014
Verkaufszeiten
nach Vereinbarung

„Bock haben auf gescheite Weine", so umschreibt Christian Hiller seine Motivation, terroirbetonte, mineralische Gewächse zu vinifizieren, die ihre fränkische Herkunft nicht verleugnen und damit die Besonderheiten des regionentypischen Muschelkalkbodens schmeckbar machen. Dass Hiller das aus dem Effeff kann, hat er in den vergangenen Jahrgängen immer wieder bewiesen. Seit 2014 ist der gelernte Winzer für die kleine Weinmanukfaktur in Randersacker zuständig, die nur rund 1,5 Hektar Rebfläche, teils in extremen Steillagen, bewirtschaftet. Das Hiller'sche Weinangebot, das selbstverständlich auch Silvaner beinhaltet, ist mengenmäßig natürlich überschaubar und aufgrund der hohen Nachfrage schnell vergriffen.

2018 Randersackerer Marsberg Silvaner
9,00€ · 14%
Ganz klassisch in seiner Aromatik, wo Birne auf Mandel trifft. Ein richtiger Kumpel, zu dem es auch die einfach guten Speisen sein dürfen. Wir sagen: zum Backhendl reichen.

2019 Randersackerer Sonnenstuhl Silvaner
8,50€ · 13,5%

2019 Randersackerer Teufelskeller Silvaner
8,50€ · 13,5%
Ein Silvaner wie ein Lineal. Geradlinig und ohne Auf und Ab. Hier bitte den Klassiker dazu: Spargel mit Sauce hollandaise.

Weingut Höfling

Kellereigasse 14,
97776 Eußenheim
T +49 (0) 9353 7632
www.weingut-hoefling.de

Inhaber Klaus Höfling
Betriebsleiter Höfling
Kellermeister Klaus Höfling
Verbände Silvaner Forum, Fränkisches Gewächs
Rebfläche 21 ha
Produktion 120.000 Flaschen
Gründung 1988
Verkaufszeiten
Mo–Sa 9–18 Uhr
und nach Vereinbarung

Wer die Unterschiedlichkeit von Weinberglagen einmal im eigenen Gaumen erleben möchte, sollte sich bei Klaus Höfling das Silvaner Lagenpaket bestellen, das vier verschiedene Weine der gleichen Rebsorte beinhaltet. Dazu gibt es jede Menge Informationen und Fotos in einem beigelegten Booklet. Keine schlechte Idee, um sich zu Hause ein realistisches Bild der Silvaner zu machen, die der stattliche Familienbetrieb zu bieten hat. Ohnehin liegt das Weingut etwas abseits der üblichen Routen, aber ein Abstecher lohnt immer, denn Klaus Höfling hat Jahr für Jahr den Dreh raus, aus dem Großteil seiner Rebsorten herrlich unkomplizierte und erfrischende Weine zu produzieren, ohne dabei ins Einfache abzurutschen. Dann mal auf nach Eußenheim.

2018 Homburg-Gössenheimer Sauvignon Blanc
12,00€ · 13,5%
Versteckt sich hinter sich selbst. Scheuer als Rehe. Und die mag jeder. „Von dem würde ich eine Flasche trinken. Weil's frisch ist."

2019 Kalbenstein Gambach Silvaner „Rotherberg GG"
30,00€ · 14%
Einladender Wein, duftig und fröhlich, lang und komplex mit Aromen von Quitte, Mandarine und Orange sowie ein Hauch Cashew, etwas rauchig.

2019 Stettener Stein Silvaner „Grenzstein GG"
21,00€ · 13,3%
Reife, würzige Frucht und viel Power am Gaumen, fährt (noch) mit angezogener Handbremse.

2017 Kalbenstein Gambach Spätburgunder „GG"
30,00€ · 14%
Dichter, klarstrukturierter Spätburgunder mit Aromen von Johannisbeere, frischen Beeren, Minze und Kräutern, dichtgewoben mit Lust an der Frucht.

Weingut Hofmann

Strüther Straße 7,
97285 Röttingen
T +49 (0) 9338 1577
www.weinguthofmann.com

Inhaber Jürgen & Alois Hofmann
Betriebsleiter Jürgen & Alois Hofmann
Rebfläche 9 ha
Produktion 60.000 Flaschen
Verkaufszeiten
Mo–Sa 8–12 Uhr und 13–18 Uhr

Röttingen ist sicher nicht der bekannteste Weinort Frankens, er liegt an der Romantischen Straße im Dreieck von Würzburg, Rothenburg ob der Tauber und Bad Mergentheim, wo der südlichste Wein des Anbaugebietes wächst. Und der hat es in sich, denn die vorherrschenden Muschelkalkböden sind mit Feuerstein durchzogen, was den Weinen eine spürbare Mineralität verleiht. Alois Hofmann hat mit seinem Weingut in Röttingen ganz klein angefangen, vor 30 Jahren wurden nur 1,3 Hektar bewirtschaftet. Daraus sind heute neun Hektar Rebfläche geworden, von denen Sohn Jürgen seine Trauben erntet und daraus elegante Weine mit Tiefgang kultiviert. Ein Exot unter seinen Gewächsen ist der rote Tauberschwarz, die Urrebe des Taubertals, der nur noch selten an- und reinsortig ausgebaut wird.

2019 Röttinger Feuerstein Riesling „***" Spätlese trocken

9,80€ · 12,5%
Mit seiner finessenreichen Säure und dem tollen Zug, begleitet von einer leisen Süße, ist dieser Wein wie gemacht, um ganz zarte Süßwasserfische zu begleiten.

2019 Röttinger Feuerstein Riesling „Sankt Martin" Spätlese halbtrocken

11,50€ · 12%
Schönes Spiel von Süße und Säure, dabei schlank und trinkig.

2019 Röttinger Feuerstein Silvaner Spätlese trocken

9,80€ · 12,5%
Vielseitig. Minze trifft auf dezenten Rauch und dann kommt die Holunderblüte. Eine grazile Balletttänzerin, die gerne solo auftritt.

2019 Röttinger Feuerstein „Silvaner***" Spätlese

11,50€ · 13%
Ungemein fein gewobener Silvaner, der aufgrund seiner diskret eleganten Art in der Jugend oft unterschätzt wird! Achtung, bestes Reifepotenzial für fünf bis zehn Jahre.

2017 Markelsheim Probstberg Tauberschwarz „R"

21,00€ · 13,5%
Feine Rauchigkeit trifft Würze und Beerenfrucht. Am Gaumen ein Hauch Vollmilchschokolade. Sanfter Tanningrip.

2017 Röttinger Feuerstein Spätburgunder „RR"

25,00€ · 13,5%
Waldbeeren versprühen ihr Aroma, die Tannine geben Grip, süße Lakritze in der Nase und am Gaumen und die Ahnung von Entwicklungspotenzial.

2017 Röttinger Feuerstein Tauberschwarz „R"
21,00€ · 13,5%
Kräuterduftiger, zupackender Wein aus der wiederentdeckten Sorte.

2018 Röttinger Feuerstein Spätburgunder „R"
21,00€ · 14%
Zugänglich und ohne Pirouetten holt einen dieser Wein in eine Welt der Würze: etwas Tabak, Rauch und Zimt. Dazu ein Hauch grüner Tee. Das alles saftig und offen.

♥ **2018** Röttinger Feuerstein Tauberschwarz „RR"
25,00€ · 13,5%
Viel Frucht, Saft und Power, dazu reichlich weiche, polierte Gerbstoffe, ein einnehmender Solist.

2019 Röttinger Feuerstein Tauberschwarz
8,90€ · 13,5%
Intensiv, Pflaumensaft, auch am Gaumen, viele spürbare Tanine. Der Wein ist fruchtig und zugänglich, Kirschfrucht trifft Pfeffer.

Weingut Juliusspital

Klinikstraße 1,
97070 Würzburg
T +49 (0) 931 3931 400
www.juliusspital-weingut.de

Inhaber Stiftung Juliusspital Würzburg
Betriebsleiter Horst Kolesch
Kellermeister Nicolas Frauer & Helmut Klüpfel
Verbände VDP
Rebfläche 180 ha
Produktion 1.100.000 Flaschen
Verkaufszeiten Mo–Fr 10–18 Uhr
Sa 10–16 Uhr

Horst Kolesch und das Juliusspital sind seit Jahren ein Erfolgsmodell, wie es nur wenige in der deutschen Weinszene gibt. Denn das traditionsreiche Weingut hat immerhin rund 180 Hektar Rebfläche im Anbau, und deren Weine müssen erst einmal vermarktet werden. Keine leichte Aufgabe, doch Kolesch und sein Team haben Jahrgang für Jahrgang, bei aller Unterschiedlichkeit der Rebsorten und Vielfalt der Ausbaustile, vor allem eines im Blick: die Qualität! Und die ist beständig und verlässlich gut, darauf setzen die Kunden und darauf ist man im Juliusspital zu Recht stolz. Das große Angebot an Weinen kann auf beste und renommierte Lagen zurückgreifen, die komplexen und eleganten Gewächse aus dem Würzburger Stein sind die Aushängeschilder des Würzburger Traditionsbetriebes.

2018 Iphöfer Julius-Echter-Berg Silvaner GG
30,00€ · 13,5%
Fein mineralischer Wein mit feiner Rauchigkeit und Würze, dicht am Gaumen mit Aromen von getrockneter Banane, grünem Apfel, Mandeln, schöne Länge.

2018 Sauvignon Blanc
32,00€ · 13,5%
In der Mitte der Welt fühlen wir uns wohl, dort weilt auch dieser Sauvignon Blanc mit von nichts zu viel, schöne Länge, Eleganz und Holznoten.

♥ **2018** Volkacher Karthäuser Weißburgunder GG

32,00€ · 13,5%

Komplexer, burgundischer Wein, kühle Frucht und schönes Säurespiel mit guter Länge, sehr balanciert, präsentes Holz bringt Cremigkeit und Rauchigkeit, etwas Butter, Toffee, schöne Nase.

2018 Würzburger Stein Riesling GG

32,00€ · 13,5%

Vielschichtiger fruchtig-würziger Duft, kraftvoll und rund. Traditionell im besten Sinne.

2018 Würzburger Stein Silvaner GG

30,00€ · 13,5%

Bittermandel und Gartenkräuter treffen Birne und Ananas. Ein richtiger Freudenspender oder in diesem Fall „you always get what you want".

2019 Iphöfer Kronsberg Silvaner 1. Lage

13,50€ · 13%

Ein rustikaler Begleiter, der zum Tanz auffordert. Die unkomplizierte Art macht ihn zum perfekten Begleiter eines – späten – Bauernfrühstücks mit Ei und Speck.

2019 Würzburger Silvaner

10,00€ · 13%

2019 Würzburger Stein Riesling 1. Lage

15,00€ · 13%

Zurückhaltender, dabei verspielter Duft (tropische Früchte, Honig). Frisch, lebendig und anhaltend.

2019 Würzburger Stein Silvaner 1. Lage

15,00€ · 13%

Dieser Silvaner empfiehlt sich für höhere Aufgaben bei Tisch. Seine Würzigkeit kann es sogar mit gegrilltem Huhn oder Kalb aufnehmen.

2018 Würzburger Pfaffenberg Spätburgunder 1. Lage

25,00€ · 13%

Ein zupackender, zugänglicher Wein für Tanninliebhaber – hier ist jede Menge vorhanden: schön straff und rotfruchtig. Etwas Fruchtsüße liefert Entspannung.

2017 Juliusspital Cuvée Pinot brut
19,50€ · 12,5%
Hervorragender Sekt zum Nachmittagskaffee mit Apfelkuchen oder Butterstreusel. Vor dem Trinkvergnügen steht der charmante ausgereifte Duft in der Nase, nach Vanille und Honig.

2017 Juliusspital Rosé brut
15,00€ · 11,5%
Ein Korb voll roter Beeren, bedeckt von einem Seidentuch aus Zitrus. Große Trinkfreude.

2017 Riesling „Volkacher Karthäuser" brut
18,50€ · 12%
Karamellapfel im Hefezopf – viel Fruchtsüße, Reife, Grip und Körper.

2015 Würzburger Stein Riesling Trockenbeerenauslese
85,00€ · 9%
Komplexe, aber klare Aromatik, hochkonzentriert und dabei sehr balanciert und beeindruckend lang.

Leininger

Theilheimer Weg 3–5,
97246 Eibelstadt
T +49 (0) 9303 2209
www.weingut-leininger.de

Inhaber Dirk Engelmann
Kellermeister Florian Engelmann
Verbände Frank & Frei
Rebfläche 8 ha
Produktion 50.000 Flaschen
Verkaufszeiten nach Vereinbarung

Familie Engelmann hat ein sicheres Händchen für die Inszenierung ihrer Weingutes und ihrer Weine. Das gefällt, denn es lässt den Betrachter eintauchen in die komplexe und gleichsam spannende Welt einer Handwerkskunst, die sich mit jedem Jahrgang neu erfinden und Kontinuität auch im Individualismus finden kann. Die Weine, für die Junior Florian verantwortlich ist, haben die Engelmanns in vier Qualitätsstufen eingeteilt: Tagwerk, Handwerk, Meisterwerk, in der Spitze laufen die Weine unter der Bezeichnung Unikat. Und tatsächlich sind in dieser Kategorie auch die Favoriten zu finden, denn die Trauben kommen aus den besten Parzellen. Doch das allein genügt nicht, niedrige Erträge bei selektiver Handlese und eine individuelle schonende Vinifikation zeichnen diese Weine aus.

2018 Eibelstadter Mönchsleite Grauburgunder „Reserve Unikat"
18,00€ · 13,5%

2019 Eibelstadter Mönchsleite Grauburgunder „Alte Reben Meisterwerk"
10,50€ · 13,5%

2019 Eibelstadter Mönchsleite Silvaner „Alte Reben Meisterwerk"
12,00€ · 13,5%
Feine Würzigkeit und schöne Balance, ein kompromissloser Wein, duftig, mit reifem Apfel, etwas Steinobst und Exotik, Maracuja, fest und cremig.

2019 Eibelstadter Mönchsleite Silvaner „Altenberg 1172 Unikat GG"
20,00€ · 13,5%
Rauchig-würzig und zupackend. Hat Finesse und Format. Passt zur geräucherten Forelle.

2019 Eibelstadter Silvaner „Handwerk"
7,50€ · 13,5%
Braucht Luft, um dann mit Mineralik und Trinkfluss zu punkten.

2018 Eibelstadter Mönchsleite Spätburgunder „Altenberg 1172 Unikat GG"
22,00€ · 14%
Kräftiger, rauchiger Spätburgunder, mit reifer, warmer Frucht und Schokoladennoten, etwas Rustikalität macht ihn noch interessanter.

Rudolf May

Im Eberstal 1,
97282 Retzstadt
T +49 (0) 9364 5760
www.weingut-may.de

Inhaber Petra & Rudolf May
Betriebsleiter Benedikt May
Kellermeister Benedikt May
Verbände Naturland, VDP
Rebfläche 16,8 ha
Produktion 75.000 Flaschen
Verkaufszeiten
Mo–Fr 10–18 Uhr
Sa 9–15 Uhr

Mit Weinbau hat man sich in der Familie schon seit Generationen beschäftigt, aber das erste eigene Weingut in Retzstadt gibt es erst seit etwas mehr als 20 Jahren. Und es funktioniert auch über Generation hinweg bestens, Rudolf May und sein Sohn Benedikt ergänzen sich ideal und sind beide Ideengeber und Macher im sympathischen Familienbetrieb, ohne sich dabei in die Quere zu kommen. Seit fünf Jahren ist das Weingut ein zertifizierter Biobetrieb und Mitglied bei Naturland. Dass der Betrieb ein klein wenig erweitert wird, stand schon länger auf der Agenda und ließ sich in jüngster Vergangenheit realisieren. In ihren besten Lagen konnten die Mays einige Parzellen dazu erwerben, gleichzeitig trennen sie sich von Weinbergen im Basissegment. Die qualitative Verbesserung des Lagenpotenzials geht einher mit der Entscheidung, alle Weine aus der „Ersten Lage" im Holzfass auszubauen.

2019 Himmelspfad Retzstadt Silvaner GG
45,00€ · 13%
Auf diesem Pfad sind reife Birnen zu erschnuppern, dazu etliche Steine; druckvoll und schlank zugleich gebaut.

2019 Retzstadt Der Schäfer Silvaner 1. Lage
27,00€ · 13%
Röstaromen und vanilliger Schmelz gehen zusammen mit Kokosnuss und Akazie eine Verbindung ein. Ein echtes Kraftpaket für vinophile Holzfreunde.

2019 Retzstadt Langenberg Silvaner 1. Lage
16,00€ · 13%
Vielschichtiger Wein – cremig mit Aromen von Mandarine und Sahne, filigraner Holzeinsatz gibt Würze. Schön.

2019 Rothlauf Thüngersheim Silvaner GG
45,00€ · 13%
Reife Honignoten täuschen fast über die flotte, zupackende Art hinweg. Zu deftiger Küche wie Leberknödel genießen.

2015 Silvaner brut nature
19,00€ · 12,5%
Klassische Zitrusfrucht-Aromen in der Nase, Limette, Abrieb von Grapefruit, Pomelo, auch gelbfleischige Melone. Körper und Kraft, verhaltenes CO_2.

Am Ölspiel Neueinsteiger

Schleifweg 13,
97286 Sommerhausen
T +49 (0) 9333 221
www.weingut-am-oelspiel.de

Inhaber Reinhold Schwarz
Kellermeister Christian Schwarz
Rebfläche 9 ha
Produktion 60.000 Flaschen
Gründung 1651
Verkaufszeiten Mo–Sa 8–18 Uhr

In diesem Jahr sind es genau 370 Jahre, in denen Familie Schwarz die besten Steillagen in Sommerhausen bewirtschaftet. Ein stolzes Jubiläum, das heute drei Generationen feiern können, die im Weingut am Ölspiel miteinander leben und arbeiten. Ölspiel heißt auch die Lage, aus der die meisten Weine des traditionsreichen Gutes kommen und deren Muschelkalkboden die Gewächse nachhaltig prägt und ihnen ihren Charakter verleiht. Kellermeister Christian Schwarz verwendet dafür ausschließlich gesunde Trauben, die teils in mehreren Lesegängen von Hand geerntet und selektiert werden. Eine schonende Verarbeitung im Keller ist ihm dabei genauso wichtig, schließlich sollen die Weine Komplexität und Tiefgang haben und ihr Terroir mit jedem Schluck schmecken machen.

2018 Sommerhausen Ölspiel Riesling Spätlese feinherb
8,00€ · 12%

2018 Sommerhausen Ölspiel Silvaner „Alte Reben" Spätlese trocken
9,00€ · 14%
In der Nase Buttercroissant, Röstaromen und frisches Weißbrot, am Gaumen Creme und Schmelz. Dazu bitte eine kräftige Vesper am Nachmittag.

2018 Sommerhausen Ölspiel Weißburgunder Spätlese trocken
14,00€ · 14%
Warmer, würziger Wein mit viel Holz. Aromen von Kokos, Nüssen, Butter und reifem Apfel – gepuffert mit Fruchtsüße, sehr dicht, mit viel Kraft. Junger Wein mit Potenzial. Erinnert an das südliche Mâconnais.

2019 Sommerhausen Ölspiel Scheurebe Kabinett trocken
7,00€ · 12,5%
Da wird klar, warum die Scheurebe auch als „deutscher Sauvignon Blanc" vermarktet werden kann. Für Freunde der internationalen Stilistik und Neuseeland-Urlauber.

♥ **2015** Sommerhausen Ölspiel Frühburgunder Auslese trocken

20,00€ · 14%

Mit seinen Aromen von Mokka, Nelke und Dörrpflaume bringt uns dieser Frühburgunder fast nach Portugal. Ein internationaler Vertreter einer sehr regionalen Sorte.

Christine Pröstler
Obere Hauptstraße 100,
97225 Retzbach
T +49 (0) 9364 8178 895
www.cproestlerweine.de

2019 Retzbacher Sauvignon Blanc „Fumé“

12,80€ · 12,5%

Sponti-Nase, starke grüne Aromen, zurückhaltendes Säurespiel, nicht ganz trocken.

Weingut Reiss

Unterdürrbacher Straße 182,
97080 Würzburg
T +49 (0) 931 94600
www.weingut-reiss.com
Rebfläche 17,5 ha
Produktion 110.000 Flaschen
Verkaufszeiten
Mo–Fr 10–18 Uhr
Sa 10–17 Uhr
und nach Vereinbarung

Würzburg ist eine der wenigen deutschen Städte, die mit dem Weinbau verbunden sind und Weinberglagen im direkten Einzugsgebiet haben. Der engagierte Betrieb von Christian Reiss ist eines dieser Güter, eine renommierte Kaderschmiede für charaktervolle Weißweine, die rund um die Stadt wachsen. Da dürfen natürlich Parzellen in den Paradelagen Würzburger Stein und Würzburger Pfaffenberg nicht fehlen. Vor rund sechs Jahren erfolgte eine komplette Modernisierung des Weingutes, Traubenverarbeitung und Vinifikation wurden neu ausgerichtet und die Vinothek neu ausgestattet. In dem Bewusstsein, der fränkischen Tradition ihren gebührenden Platz einzuräumen, verschließt sich Christian Reiss keineswegs neuen Ideen. So baut er Silvaner auch in kretischen Tonamphoren aus, lässt Weißweine auf der Maische stehen und experimentiert mit dem Muschelkalkfass. Die Philosophie, die hinter seinem Schaffen steckt, erklärt er seinen Gästen gerne bei einem Glas Wein in der stimmungsvollen Vinothek.

2019 Randersackerer Pfülben Riesling „Holzfass“ Spätlese „GG“ trocken

25,00€ · 13%

Einnehmend und kraftvoll, mit Mineralik und markanter Säure ein schönes Match zu Fisch und Meeresfrüchten wie etwa eine Bouillabaisse.

2019 Veitshöchheimer Sonnenschein Weißburgunder Kabinett 1. Lage trocken

10,50€ · 13,5%

Zitrus pur mit ganz feiner Bitternote. Ein Sommerwein par excellence.

2019 Würzburger Pfaffenberg Spätburgunder „Blanc de Noirs" Kabinett 1. Lage trocken
10,50€ · 13,5%
Frisch und zitrisch mit Aromen von Pfirsich, etwas Limette und grünem Apfel, schöne Frische, dabei leicht und kräuterig, schöner Sommerwein, könnte man den ganzen Tag trinken.

2019 Würzburger Pfaffenberg Weißburgunder „Holzfass" Spätlese 1. Lage trocken
22,50€ · 13,5%
Kernig und zupackend, zu rustikaler Küche genießen.

2019 Würzburger Stein Silvaner Kabinett 1. Lage trocken
13,00€ · 13%
Ein Silvaner für Fortgeschrittene. Klare Frucht und dezente Bitternis, dazu eine Note von Marzipan, sehr extraktreich und komplex.

2019 Würzburger Stein Silvaner „Holzfass" Spätlese „GG" trocken
24,00€ · 13,5%
Fein duftiger Wein mit festem Kern. Strukturiert mit Aromen von Quitte, Apfel, etwas Nuss und Orangenblüten.

2016 Silvaner brut
15,00€ · 12%
Das Frühstück am Sonntagmorgen wird hervorragend abgerundet mit einem Schluck dieses verspielten und lebendigen Tropfen. Limettenaromen und ein dezenter mineralischer Geschmack machen den Genuss perfekt.

2016 Weißburgunder extra brut
17,00€ · 12%
Dicht am Gaumen, cremig-buttrig: ein barocker Typ unter den Sekten.

2018 Spätburgunder „Blanc de Noir" brut nature
17,00€ · 12%
Süßes gelbes Steinobst, Gartenkräuter, die Aromatik der roten Trauben des Grundweines schimmern durch und geben der Frische und der Perlage einen stabilen Rückhalt. Saubere Struktur, elegant und leichtfüßig.

♥ **2019** Randersackerer Pfülben Riesling Auslese 1. Lage
18,00€ · 8%
Konzentrierter Nektar, der durch die belebende Säure in feinster Balance gehalten wird.

Markus Schmachtenberger

Klosterstraße 43,
97236 Randersacker
T +49 (0) 931 7078 50
www.weine-mit-charakter.de

Inhaber
Markus Schmachtenberger
Verbände Ecovin, Ethos
Rebfläche 9 ha
Produktion 70.000 Flaschen
Verkaufszeiten
Mo–Fr 9–19 Uhr
Sa 9–17 Uhr

Die Schmachtenberger sind eine der ältesten Winzerfamilie im Maindreieck, bereits seit dem 16. Jahrhundert ist man hier ansässig und beschäftigt sich mit dem Weinbau. Das ist eine lange Zeit, aus der für die Familie immer wieder die Verpflichtung erwächst, auch für die jeweils nächste Generation den Boden zu bereiten. Diese Idee kommt auch in der Symbiose von altem Winzerhaus und dem schicken Neubau zum Ausdruck, in dem die gut sortierte und lichtdurchstrahlte Vinothek untergebracht ist. Damit alles harmonisch zusammenpasst, quasi ein vinologisches Gesamtkunstwerk entsteht, sind auch die Weine von Markus Schmachtenberger auf der modernen Seite und präsentieren sich in klarer Typizität.

2018 Randersacker Sonnenstuhl Silvaner „Greif"
10,50€ · 14%
Mit dem schönen Grip, bedingt durch Maischestandzeit, macht dieser Wein seinem Namen alle Ehre.

2018 Randersacker Sonnenstuhl Silvaner „Caractère"
16,00€ · 14%
Dicht und lang mit einer hohen Konzentration und Komplexität. Feine Holzwürze, etwas helle Pflaume, schöne Cremigkeit und Kontur.

2018 Randersacker Sonnenstuhl Silvaner „Quaderkalk x Quaderkalk"
25,00€ · 14,5%
Viel Muskulatur, die von einem festen Gerbstoff- und Säuregerüst gehalten wird.

Trockene Schmitts

Maingasse 14a / Flecken 1,
97236 Randersacker
T +49 (0) 931 7004 90
www.trockene-schmitts.de

Inhaber Bruno & Lothar Schmitt
Kellermeister Bruno & Lothar Schmitt
Verbände Silvaner Forum
Rebfläche 17 ha
Produktion 125.000 Flaschen

Wer Familie Schmitt kennt weiß, dass sich der etwas sonderbare Name ihres Weingutes nicht auf ihren liebenswerten trockenen Humor bezieht, sondern auf die Stilistik ihrer Weine. Das muss man mögen, zumal fränkisch trocken für einige Verbraucher bis heute wie ein Warnsignal klingt. Doch Bruno und Lothar Schmitt machen im Keller ganze Arbeit und geben ihren trocken ausgebauten und immer durchgegorenen Weinen stets eine gehörige Portion Eleganz mit auf den Weg. Dabei verzichten sie auf jegliche Anreicherung der Weine, die besten aus dem jeweiligen Jahrgang kommen erst nach 24 Monaten Reifezeit in den Verkauf. Probieren kann man die „trockenen Schmitts" in der neuen schicken Vinothek am Mainparkplatz.

2018 Randersacker Sonnenstuhl Rieslaner „Alte Reben" Spätlese trocken
13,50€ · 14%

Verkaufszeiten
Mo–Fr 8–18 Uhr
Sa 9.30–16 Uhr
Vinothek am Mainparkplatz:
So 10–18 Uhr

2018 Randersacker Sonnenstuhl Riesling „R GG"
22,00€ · 13,5%
Schlank, straff, fest und herausfordernd.

2018 Randersacker Sonnenstuhl Silvaner „R GG"
22,00€ · 14%
Burgundische Eleganz trifft auf fränkische Lockerheit. Ein Wein mit Tiefgang und doppeltem Boden, der einen in der Nase noch mit frischer Mineralik verwöhnt und am Gaumen die Falltür in ungeahnte Tiefen öffnet.

2019 Randersacker Ewig Leben Sauvignon Blanc Kabinett trocken
9,80€ · 13%

2019 Randersacker Lämmerberg Gewürztraminer Spätlese trocken
11,50€ · 13,5%

2019 Randersacker Pfülben Silvaner „Universitäts-Wein" Kabinett trocken
9,80€ · 13%
Fränkische Stringenz. Dieser Silvaner weiß, was er will. Ein treuer Begleiter in (fast) allen Lebenslagen.

♥ **2019** Randersacker Sonnenstuhl Silvaner Spätlese trocken
11,90€ · 14%
Geradliniger, erwachsener Wein traditioneller Machart.

2018 Randersacker Sonnenstuhl Rieslaner Beerenauslese
11,00€ · 8,5%
Die gute Säurestruktur sorgt bei der dichten Süße für einen frischen und animierenden Auftritt.

Weingut Schmitts Kinder

Am Sonnenstuhl 45,
97236 Randersacker
T +49 (0) 931 7059 197
www.schmitts-kinder.de

Inhaber Martin Joh. Schmitt
Betriebsleiter Martin Schmitt (jun.) & Karl Schmitt (sen.), Renate Schmitt
Kellermeister Martin Schmitt
Verbände VDP, Trias
Rebfläche 14 ha
Produktion 100.000 Flaschen
Gründung 1712
Verkaufszeiten
Mo–Fr 8–18 Uhr
Sa 9–17 Uhr
und nach Vereinbarung

Was machen eigentlich die Kinder von Schmitts? Natürlich Wein, wie die Generationen vor ihnen, zurückzuverfolgen ist die Weinhistorie der sympathischen Familie bis in das Jahr 1712. Und schon immer hat man sich bei den Schmitts in erster Linie mit Silvaner beschäftigt, dazu ein paar andere klassische Weißweinreben gepflanzt und mit Spätburgunder und Domina die Sortenpalette sinnvoll ergänzt. Die beiden Roten haben gerade ein neues Barrique-Lager bekommen, damit sie in aller Ruhe reifen können, bevor sie auf die Flaschen kommen. Geerdetes Fundament des Traditionsbetriebes sind die renommierten Weinberglagen von Randersacker, deren Böden von Muschelkalk durchzogen sind und die dazu über ein günstiges Kleinklima verfügen, um die Trauben optimal reifen zu lassen. Was die Schmitts daraus machen, hat Klasse und Stil und eröffnet der nächsten Generation die schöne Perspektive, die Tradition der „Schmitts Kinder“ fortzuführen.

♥ **2018** Silvaner „Große Reserve“
46,00€ · 14%
Dieser Wein zeigt viel Kraft und eine anhaltenden Geschmack, aber erst, wenn er viel, viel Luft bekommen hat. In die Karaffe gießen oder noch warten.

2019 Randersackerer Marsberg Silvaner 1. Lage
13,90€ · 13,5%
Wie ein Gang über die Kräuterwiese, vielschichtig und elegant.

2019 Randersackerer Pfülben Riesling GG
27,50€ · 13,5%
Sehr charmant, geradezu großzügig; ein einladender Solist.

2019 Randersackerer Pfülben Silvaner GG
27,00€ · 14%
Eine Brise aus der Kräuterwiese, fein und geschmeidig.

2018 Randersackerer Sonnenstuhl Spätburgunder „Hohenroth“ GG
42,50€ · 14%
Weicher, warmer Wein mit harmonischer Süße und feiner Himbeerfrucht. Dazu feine Holzwürze: Nelke, Zimt, Tabak, Toffee und ein Hauch animierender Animalik.

2018 Randersackerer Sonnenstuhl Rieslaner Beerenauslese 1. Lage
42,00€ · 7,5%
Mit viel kühler Frucht passt er gut zu Desserts mit cremigem Eis.

Weingut Schwab

Bühlstraße 17,
97291 Thüngersheim
T +49 (0) 9364 89183
www.weingut-schwab-franken.de

Inhaber Thomas Schwab
Betriebsleiter Thomas & Martin Schwab
Kellermeister Thomas & Martin Schwab
Verbände VDP, Fränkischer Weinbauverband
Rebfläche 13 ha
Produktion 75.000 Flaschen
Verkaufszeiten
Mo–Fr 9–18 Uhr
Sa–So nach Vereinbarung

Feierbiester und Partylöwen werden ihre helle Freude an dem Weingut in Thüngersheim haben. Denn seit Jahren finden hier stimmungsvolle Feste und Veranstaltungen statt, wie etwa die legendäre Kleinkunstauslese oder das Weinfest im Hof. Die beste Gelegenheit und entspannteste Art, um die Weine des quirligen Familienbetriebes vor Ort zu genießen und dabei zu sein, wenn sich Franken feiert. „Weine mit Seele", so beschreiben Thomas und Martin Schwab ihr vinologisches Angebot, das aus naturnah bewirtschafteten Lagen rund um Thüngersheim kommt und sich vor allem um Riesling und Silvaner dreht. Wichtig sind den Schwabs vor allem Nachhaltigkeit und Ökologie vom Weinberg bis zum Keller, eine Biodiversität, die der Natur, aber auch ihren Weinen und am Ende den Kunden zugute kommt.

2019 Rothlauf Silvaner GG
22,00€ · 14%
Zeigt ordentlich Kraft und einen langen Nachhall.

2019 Thüngersheimer Scharlachberg Riesling 1. Lage
12,50€ · 13,5%
Hat alles, was ein Riesling braucht, passt fast immer.

2018 Thüngersheimer Johannisberg Spätburgunder 1. Lage
15,50€ · 13,5%
Feiner, samtiger und eleganter Wein mit Aromen von Kaffeepulver und Toffee, harmonischer Holzeinsatz, gute Länge.

2018 Thüngersheim Riesling Auslese
12,50€ · 9%
Kräuterig, saftig und elegant zugleich, ein Gentleman.

Schloss Sommerhausen

Hauptstraße 25,
97286 Sommerhausen
T +49 (0) 9333 260
www.sommerhausen.com

Inhaber Martin Steinmann
Betriebsleiter Martin Steinmann
Kellermeister Martin Steinmann
Verbände VDP, Fair'n Green
Rebfläche 20 ha
Produktion 150.000 Flaschen
Gründung 1435
Verkaufszeiten
Mo–Fr 10–18 Uhr
Sa 10–16 Uhr
So, Feiertag 10–14 Uhr
und nach Vereinbarung

Wer wie Familie Steinmann auf 15 Generationen Weinbau zurückschauen kann, darf sich ohne Einschränkung als Winzerdynastie bezeichnen. Nicht ohne Stolz blickt man auf diese eindrucksvolle Tradition, die auf Schloss Sommerhausen immer mit Fortschritt, Innovation und dem richtigen Zeitgeist verbunden war und bis heute ist. Seit rund zehn Jahren werden alle Weinberge streng ökologisch bewirtschaftet, mit der Mitgliedschaft seit 2018 in der Vereinigung Fair'n Green hat sich der 20 Hektar große Betrieb zur umweltverträglichen und nachhaltigen Produktion verpflichtet. Auch im 2019 fertiggestellten neuen Kellergebäude ist der Nachhaltigkeitsgedanke präsent, um die betrieblichen Prozesse und Arbeitsabläufe ökonomisch und ökologisch zu optimieren. Ein hypermodernes Traditionsweingut mit Blick in die Zukunft.

2017 Weißwein-Cuvée „Wo der Himmel die Erde küsst"
19,00€ · 11,5%
Diese Cuvée ist genau das Richtige für Aromafreunde. Da treffen Pfingstrose, Litschi und Muskatblüte zusammen, ohne in überbordende Parfümierung zu münden. Die vitale Säure gibt am Gaumen den gewissen Kick dazu.

♥ **2019** Sommerhäuser Steinbach Silvaner 1. Lage
13,50€ · 12,5%
Eigensinniger Wein: reduktiv und komplex mit pfeffrigen und rauchigen Aromen, jenseits des Mainstreams, passt zu asiatischer Küche.

2012 Riesling „Le Grand" brut
29,00€ · 12,5%
Für Liebhaber gereifter Weine eine große Freude.

2015 Le Grand Blanc brut nature
29,00€ · 12,5%
Deutliche zitrische Aromen und attraktive Bitternoten wie Zedernholz verbinden reife Birne und Birnenconfit, Vanille, Butterkuchen. Die etwas grobe Perlage steht diesem Querkopf gut.

2015 Le Grand Rosé extra brut
29,00€ · 12,5%
Marzipan und Hefegebäck verführen im Anklang, die präzise und leicht angereifte Säure sorgt für den harmonischen Abschluss.

2015 Cuvée „Le Grand Blanc" brut nature
29,00€ · 12,5%
Sehr kräftig, cremig und vollmundig. Dieser Schaumwein kann sogar zu einem Schmorgericht bestehen und wird Ihre Gäste begeistern.

Staatlicher Hofkeller Würzburg

Residenzplatz 3,
97070 Würzburg
T +49 (0) 931 3050 923
www.hofkeller.de

Inhaber Freistaat Bayern
Betriebsleiter Thilo Heuft
Kellermeister Klaus Kuhn
Verbände VDP
Rebfläche 120 ha
Produktion 800.000 Flaschen
Gründung 1128
Verkaufszeiten
Mo–Do 7.30–12 Uhr
und 12.30–17 Uhr
Fr 7.30–14 Uhr
Vinothek:
Mo–Fr 10–18 Uhr
Apr.–Dez.
Sa 10–16 Uhr
Jan.–März
Sa 10–14 Uhr

Der staatliche Hofkeller am Würzburger Residenzplatz ist zugleich ein stattlicher, und das in jeder Beziehung. Die Historie des Weingutes reicht bis ins Jahr 1128 zurück, es ist eines der ältesten Weingüter der Welt. Die aktuelle Rebfläche umfasst stolze 120 Hektar. Silvaner und Rieslinge halten sich im Anbau ungefähr die Waage, die besten Weine kommen aus den renommierten Lagen Würzburger Stein und Innere Leiste.

2019 Hammelburger Trautlestal Silvaner 1. Lage
11,30€ · 13%

2019 Hörsteiner Abtsberg Riesling 1. Lage
11,60€ · 13%

2019 Randersackerer Pfülben Riesling GG
29,90€ · 13,5%
Frisch, elegant und schlank mit Aromen von Zitrone und Melisse, etwas robust und fest, dabei dicht verwoben – fränkischer Stil.

2019 Riesling „Würzburger"
9,60€ · 12,5%
Überzeugt mit einem breit gefächerten Aromenspektrum und zarter Süße im Abgang.

2019 Sauvignon Blanc
7,90€ · 11,5%

2019 Würzburger Innere Leiste Riesling 1. Lage
13,60€ · 13,5%
Reifer Duft, ein Wein, der die Auseinandersetzung wünscht.

2019 Würzburger Innere Leiste Silvaner 1. Lage
13,60€ · 13,5%
Ein Wein für die Sommerterrasse, Antipasti nicht vergessen!

2019 Würzburger Stein Riesling 1. Lage
14,40€ · 13%

2019 Würzburger Stein Riesling GG
29,90€ · 13,5%
Saftig, animierender Wein mit leichter Rauchigkeit: zitronig-frisch mit Pfirsich und Aprikose und frischen Wiesenkräutern. Grapefruit und Pomelo schlingen sich um einen feinen Süßekern.

2019 Würzburger Stein Silvaner 1. Lage
14,40€ · 13,5%
Ein Paradebeispiel für einen Silvaner, feinwürzig, frisch und geschmeidig.

2019 Würzburger Stein Silvaner GG
29,90€ · 13%
Frisch und anregend mit einem Hauch Süße, sehr stimmiger und in sich ruhender Wein.

2019 Würzburger Stein Weißburgunder 1. Lage
14,40€ · 13,5%
Feingliedrige Finesse und unprätentiöse Komplexität. Ein leiser Spaßmacher.

2018 Großheubacher Bischofsberg Spätburgunder GG
38,00€ · 13,5%
Stimmiger, schöner Spätburgunder mit feinen Holznoten, Cassis und Amarenakirsche, filigranes Tannin, rauchig, etwas Zigarrenschachtel. Wein mit Potenzial.

Weingut Am Stein

Mittlerer Steinbergweg 5,
97080 Würzburg
T +49 (0) 931 25808
www.weingut-am-stein.de

Inhaber Ludwig Knoll
Betriebsleiter Ludwig Knoll
Kellermeister Dominik Diefenbach
Verbände VDP, Naturland
Rebfläche 40 ha
Produktion 210.000 Flaschen
Gründung 1890
Verkaufszeiten
Jan–März
Mo–Fr 10–18 Uhr
Sa 10–14 Uhr
April–Dez
Mo–Fr 10–18 Uhr
Sa 10–17 Uhr

Mit Ludwig Knoll über seine Weine, Franken im allgemeinen und die Spitzenlage Würzburger Stein im besonderen zu plaudern, ist immer unterhaltsam und aufschlussreich. Denn der Familienbetrieb mit herrlichem Blick auf Würzburg verfügt über das gewisse Extra: sei es die außergewöhnliche Architektur des Gästehauses, die empfehlenswerte Küche im Gutsrestaurant oder die ausgelassenen Hoffeste bis weit nach Mitternacht. Und natürlich sind Knoll-Weine ebenfalls bemerkenswert und stammen sämtlich aus biologisch-dynamisch bearbeiteten Weinbergen. „Individualisten mit einer guten Seele" nennt sie der sympathische und eloquente Winzer und trifft damit den Nagel auf den Kopf. Dass er hier und da mit dem Ausbau im Betonei oder in Amphoren experimentiert, verleiht seinem Angebot an Würzburger Gewächsen zusätzliche Spannung.

2016 Stettener Stein Silvaner GG
43,00€ · 12,5%
Spannung im Glas: Dieser Silvaner schenkt Üppigkeit und Würze und ist dabei schlank und klar. Ein Großes Gewächs, das auch auf der Terrasse an heißen Sommertagen eine gute Figur macht.

♥ **2016** Traminer „Down to Earth"
60,00€ · 12%
Down to earth? Eher up in the sky. Dazu Sardinen und Oliventapenade und Sie fliegen in Gedanken übers Mittelmeer.

2019 Stettener Stein Riesling GG
39,00€ · 13,5%
Zurückhaltende Nase, am Gaumen dann sanftes Aromenspiel: cremig und sahnig mit Aprikose und Quitte, feiner Grip, sehr lang und salzig-mineralisch.

2019 Stettener Stein Scheurebe „VINZ Alte Reben"

24,00€ · 13%

Scheu für Fortgeschrittene. Da ist nichts mit leicht erschließbaren Aromawelten, dieser Wein will erobert werden. Wem das gelingt, der wird belohnt mit Länge und Tiefgang.

2019 Stettener Stein Silvaner GG

39,00€ · 13,5%

Saftiger und ausgewogener Wein, eine vielseitiger Speisenbegleiter mit schönem Trinkfluss.

2019 Stettener Stein Weißburgunder „MONTONIA"

24,00€ · 13,5%

Ein Wein mit Saft und Kraft, der noch gut reifen kann.

2019 Würzburger Innere Leiste Riesling 1. Lage

17,00€ · 13%

Vielschichtiger Duft, hat Spannung und Tiefgang.

2019 Würzburger Innere Leiste Silvaner 1. Lage

17,00€ · 13%

Fein gewoben, mineralisch, hat eine schöne Spannung.

2019 Weißwein-Cuvée „Pure & Naked"

20,00€ · 12%

Würzig, zupackend und sehr eigenständig.

Weingut Störrlein Krenig

Schulstraße 14,
97236 Randersacker
T +49 (0) 931 7082 81
www.stoerrlein.de

Inhaber Armin Störrlein & Martin Krenig
Betriebsleiter Armin Störrlein & Martin Krenig
Kellermeister Armin Störrlein & Martin Krenig
Verbände VDP
Rebfläche 11,5 ha
Produktion 80.000 Flaschen
Verkaufszeiten
Mo–Fr 9–18 Uhr
Sa 9–16 Uhr

Armin Störrlein war schon immer ein Winzer, der hervorragend mit dem Barriquefass umgehen konnte und seine Weine nicht holzüberladen, dafür filigran und in eleganter Geschmeidigkeit auf die Flaschen brachte. Gemeinsam mit seinem Schwiegersohn Martin Krenig führt er heute den renommierten Familienbetrieb, während sich die beiden Ehefrauen um den Vertrieb kümmern. Eine klassische Arbeitsteilung, die seit vielen Jahren den Erfolg garantiert und das Weingut weiter über die Grenzen Frankens bekannt gemacht hat. Die Gewächse aus der im Barrique ausgebauten Linie „Pure Grapes" haben eine große Fangemeinde über die Region hinaus, und auch ausgewiesene Weinexperten sind sich einig, dass diese komplexen und aromatisch-konzentrierten Weine zu Frankens Weinspitze gehören.

2018 Randersacker Hohenroth Riesling
25,00€ · 13,5%
Riesling endless ist hier die Devise. Großer Riesling ohne Lärm, der mit Seidigkeit und Kühle punktet. So leise kann große Trinkfreude sein.

2018 Randersasacker Hohenroth Silvaner
25,00€ · 14%
Spannende, exotische Würze; feine Gerbstoffe sorgen für zupackendes Mundgefühl.

2019 Randersacker Marsberg Silvaner „Alte Reben" 1. Lage
12,50€ · 13%
Auf leisen Sohlen schleicht sich dieser souveräne Allrounder an, um am Gaumen mit fast schon Gänsehaut-verdächtiger Frische zu begeistern.

2019 Randersacker Marsberg Weißburgunder „Trias" 1. Lage
14,00€ · 13%
Noten von Vanilleplätzchen werden gekonnt durch eine zarte Bitternis ergänzt. Erhaben und zupackend.

2019 Silvaner „mineral pur"
9,50€ · 13%
Kühle Frucht, frisch und elegant, Trinkspaß pur.

2017 Randersacker Marsberg Frühburgunder „Pure Grapes" 1. Lage
32,00€ · 14%
Sanfte Gerbstoffe und angenehme Frische zeichnen diesen Wein aus. Zu geschmortem Fleisch genießen.

Winzergemeinschaft Franken

Alte Reichsstraße 70,
97318 Kitzingen
T +49 (0) 9321 70050
www.gwf-frankenwein.de

Vorstand Andreas Oehm
Betriebsleiter
Cornelius Lauter
Rebfläche 1.280 ha
Produktion
14.500.000 Flaschen
Gründung 1959
Verkaufszeiten
Mo–Fr 9–18 Uhr
Sa 9–14 Uhr

Dass der Genossenschaftsgedanke quicklebendig und für viele kleine Winzer attraktiv ist, beweist die Winzergemeinschaft Franken, die sich vor mehr als 60 Jahren gegründet hat. Rund 1250 Winzer gehören heute dem Zusammenschluss an, der damit über eine Rebfläche von knapp 1300 Hektar verfügt. Eine stolze Zahl, aber auch eine Herkulesaufgabe für Betriebsleiter Cornelius Lauter, alle Individualitäten, speziellen Wünsche, Ansprüche und Hoffnungen in einen Jahrgang und letztendlich in Wein zu packen. Das gelingt ihm und seinem engagierten Team seit Jahren mit Bravour. Das durch und durch solide und gute Sortiment der Winzergemeinschaft bietet sehr individuelle Gewächse genauso wie Alltagsweine für kleines Geld.

2018 Homburger Kallmuth Silvaner Spätlese „GG" trocken
16,30€ · 13,5%
Eleganter Wein mit viel Charakter, steinige Mineralik, dichtgewoben mit gutem Grip, ein Hauch Butter, Apfelkuchen, Lakritze, etwas Haselnuss, komplex und schön.

2018 Sulzfelder Maustal Riesling „Premium 1er Traube" Spätlese „GG" trocken
16,30€ · 13,5%
Dieser Riesling meint es ernst. Balsamische Noten und sehr pikant-scharfe Gewürzaromen treffen auf straffen Zug und saftige Frucht. Der begleitet den ganzen Abend lang.

2019 Sauvignon Blanc „Kellermeisterauswahl"
14,30€ · 13,5%

2019 Scheurebe „Tilman" halbtrocken
6,30€ · 11,5%

2019 Silvaner „Tilman"
6,20€ · 13%

2019 Rödelseer Küchenmeister Silvaner Spätlese trocken
16,30€ · 14%

2019 Rödelseer Küchenmeister Traminer Spätlese 1. Lage
8,80€ · 12%

2019 Stettener Stein Silvaner Kabinett trocken
7,00€ · 13,5%
Dieser Silvaner fährt ohne Halt durch ganz Franken und hält dann in Würzburg. Hat richtig Power, ohne zu überfordern, und macht schon am frühen Nachmittag auf der Terrasse gute Laune.

2020 Müller-Thurgau „Die jungen Frank'n"
5,00€ · 11,5%

♥ **2018** Retzstadter Langenberg Spätburgunder „GG"
16,00€ · 13%
Präsenz und Druck machen diesen Spätburgunder aus. Er ist kraftvoll, rauchig, ein Hauch Chambolle-Musigny liegt in der Luft. Dicht verwoben, mit pfeffrigen Noten, aber auch Amarena-Kirsche und Pflaume.

2018 Wipfelder Zehntgraf Domina 1. Lage
6,71€ · 13%

2017 Cuvée Pinot „edition 59" brut
19,50€ · 12%
Klarapfel, Quitte, Bergamotte, Tee, Aprikose, Mango. Nobler, weiniger Sekt mit schmeichelnder Textur, die auch das stürmische CO_2 verträgt.

2017 edition 59 brut
19,50€ · 12%

2018 Kerner „Glanzstück Winzersekt"
13,45€ · 11,76%
Fein, elegant, dennoch viel Druck, perfekte sahnige Perlage, eine elfengleiche Struktur. Piemonteser Haselnüsse, Quitte und Zuckerwatte.

2018 Scheurebe „Tremotino"
49,00€ · 10%
Verführerischer Wein, der seine feine Süße in einen Hauch Salzigkeit packt. Drumherum aromatische Noten von Maracuja und Blüten, gute Länge und Tiefe.

Essen

GASTHOF ZUM FEHMELBAUER

Hauptstraße 22,
97753 Karlstadt
T + 49 (0) 9353 3320
www.fehmelbauer.de

Brotzeit, Bratwürste, Sonntagsbraten, dazu Wein aus der Region oder eins von acht Bieren: In diesem Lokal in der Altstadt von Karlstadt wird typisch fränkisch gekocht. Das Haus stammt aus dem Jahr 1600 und wurde als Bauernhof von der Familie Fehmel bewirtschaftet. Seit den 1980-er Jahren gibt es in diesem Fachwerkhaus die Gastronomie mit kleinem Hotel.

Empfohlen von
Weingut Höfling

ALTER ESEL

Marktstraße 10,
97340 Marktbreit
T + 49 (0) 9332 594977
www.alteresel-marktbreit.de

Hier sitzt man in einer gemütlichen Gaststube mitten im historischen Ortskern und kann Slowfood-Küche genießen. Das Restaurant im Gebäude aus dem 18. Jahrhundert wird von Ramona und Markus Söder geführt. Auf der Weinkarte stehen vor allem fränkische Tropfen.

Empfohlen von
Weingut Glaser-Himmelstoss

MICHELS STERN

Bahnhofstraße 9,
97340 Marktbreit
T + 49 (0) 9332 1316
www.michelsstern.de

Das familiengeführte Restaurant mit seiner klar-puristischen, nicht überdekorierten Einrichtung bietet einfach eine tolle Küche. Echte fränkische Küche mit einem Schwabentopf, in dem Spätzle und Geschnetzeltes überbacken werden, einem Sauerbraten mit Klößen, Lachsforelle und einer Weinkarte mit 200 Positionen. Übernachtungsgästen stehen zehn Zimmer zur Verfügung.

Empfohlen von
Bürgerspital zum Heiligen Geist

GASTHAUS SPIELBERG

Lurzengasse 3,
97236 Randersacker
T + 49 (0) 931 7083 91
www.weinhaus-zum-spielberg.de

1684 wurde dieses Haus im Zentrum von Randersacker erbaut. Heute kann man seine fränkische Küche mit typisch-regionalen und saisonalen Gerichten im Schankraum, Spiegelzimmer oder auf der Terrasse genießen. Kleine Anekdote: Im Jahr 1950 war die Winzertochter und Tante der heutigen Besitzerin Stefanie Sokoll, Tilly Lurz aus dem Weingut Spielberg, die erste Fränkische Weinkönigin.

Empfohlen von
Weingut Schmitts Kinder

GASTHOF BÄREN

Würzburger Straße 6,
97236 Randersacker
T + 49 (0) 931 70510
www.baeren-randersacker.de

Seit fast 130 Jahren in Familienhand wird in diesem gemütlichen fränkischen Gasthaus traditionell, aber modern gekocht. Basis sind regionale Lebensmittel von heimischen Erzeugern. Forelle und Karpfen schwimmen im eigenen Bassin, es gibt Vegetarisches genauso wie Rinderbäckchen oder Tafelspitz. Wer will, kann beim „Bär-Wirt" auch übernachten und tagen.

Empfohlen von
Weingut Schmitts Kinder

WEINSTUBE KÖRNER

Würzburger Straße 12,
97236 Randersacker
T + 49 (0) 931 708393
www.weinstube-koerner.de

Obst, Gemüse, Eier und Fleisch aus der Umgebung, Kartoffeln und Gemüse vom Demeterhof, Wild aus den nahen Wäldern, Enten aus regionaler Zucht, Forellen aus heimischen Gewässern: Das sind die Grundzutaten für die Gerichte in diesem fränkischen Lokal, das von Familie Schmidt liebevoll mit einem ausgesprochenen Bekenntnis zur Region geführt wird. Dass die Weine ebenfalls nur aus Randersacker kommen, versteht sich fast von selbst.

Empfohlen von
Weingut Göbel

SCHLOSSGASTSTÄTTE RIMPAR

Schlossberg 1, 97222 Rimpar
T + 49 (0) 9365 8975701
www.schlossgaststaette-rimpar.de

In wunderschönem Ambiente kann man hier in der Schlossgaststätte fränkische Spezialitäten wie Sauerbraten, Silvaner-Rahmsuppe oder Zellinger Karpfen genießen. Die Gastgeber bieten zudem Kochkurse mit dem Schwerpunkt Gewürze an.

Empfohlen von
Weingut Schwab

RESTAURANT PHILIPP

16 | 20

Hauptstraße 12,
97286 Sommerhausen
T + 49 (0) 9333 1406
www.restaurant-philipp.de

Fränkisch-historisches Ambiente im Renaissance-Fachwerk mit mehrfach ausgezeichneter Küche erwartet den Gast, der sich auf eine moderne fränkische Küche mit Einflüssen aus Frankreich freuen kann. Das Gourmet-Restaurant gehört mit zu den besten 100 in ganz Deutschland und gilt als kulinarisches Aushängeschild für Franken. Herzliche Gastgeber sind Heike und Michael Philipp, er als Koch, sie als Sommelière, die zu jedem Gang den passenden Tropfen – egal, ob aus Franken oder dem Rest der Welt - auswählt. Es gibt unterschiedliche, überaus aromenreiche und kreative Fine-Dining-Menüs – drei, fünf oder sieben Gänge – die regelmäßig wechseln. Wer übernachten will: Im ersten Stock laden charmant eingerichtete Barock- und Renaissance-Suiten ein, den Aufenthalt in diesem pittoresken Weindorf zu verlängern.

Empfohlen von
Rainer Sauer

GASTHAUS ZUM GOLDENEN LÖWEN

Langengasse 2,
97320 Sulzfeld
T + 49 (0) 9321 4234
www.loewe-sulzfeld.de
www.landgasthof-schwab.de

Seit 200 Jahren wird hier schon fränkisch gekocht. Die Bratwurst (es gibt sie aus einer Tradition heraus sogar am Meter) kommt mit Kraut und Brot auf den Teller, zum Schnitzel gibt es Pommes, Rumpsteak oder Forelle aus dem Breitbachtal stehen ebenfalls auf der Karte von Anna Nitsche. Die Weine werden von Sulzfelder Winzern bezogen.

Empfohlen von
Stefan Bardorf

GASTHAUS ZUM STERN

Peuntgasse 5, 97320 Sulzfeld
T + 49 (0) 9321 13350
www.stern-sulzfeld.de

1877 eröffnet, wird dieses Gasthaus nach wie vor in Familientradition geführt. Und so gibt es dort die Gerichte, die es immer schon gab – modern interpretiert natürlich: Fränkische Leberknödelsuppe mit Schwimmerli, Schäufele mit Kloß oder Rehfilet in Wildrahmsauce. Die Zutaten stammen meistenteils aus der Region. Zum Familienbetrieb gehören auch drei Hektar Weinberge sowie ein Hotel mit 25 Zimmern.

Empfohlen von
Rainer Sauer

LANDGASTHOF ZUM BÄREN

Kirchgasse 1,
97291 Thüngersheim
T +49 (0) 9364 7267
www.landgasthof-zum-baeren-thuengersheim.de

Hier steht mit Dieter Oppel ein echter Grillmeister am Herd. Zum Restaurant gehören Gewölbekeller, Weinstube und Gastraum mit Kaminofen sowie eine Terrasse. Auf der Karte: Schäufele vom Reh, Bratwürste vom Wildschwein und natürlich ein Steak vom Grillmeister zubereitet. Neben den Weinen aus der Region wird auch bayrisches Bier ausgeschenkt.

Empfohlen von
Weingut Geiger und Söhne

SPUNDLOCH

Kirchstraße 19,
97209 Veitshöchheim
T + 49 (0) 931 900840
www.spundloch.com

Eine gemütliche Weinstube in der Nähe des Rokoko-Gartens bietet bodenständige fränkische Küche wie Kartoffelsuppe oder Linseneintopf und original Veitshöchheimer Würzbraten. Dazu werden regionale Weine ausgeschenkt. Übernachtungsgästen stehen neun Weinthemenzimmer zur Verfügung.

Empfohlen von
Weingut Schwab

ALTE MAINMÜHLE

Mainkai 1,
97070 Würzburg
T + 49 (0) 931 16777
www.alte-mainmuehle.de

Direkt an der „Alten Mainbrücke" liegt dieses nicht nur im Sommer beliebte Lokal und bietet einen wunderschönen Blick auf Main, Festung und Käppele. Besonders beliebt ist der Brückenschoppen, den man natürlich auf der Brücke genießt, dazu eine Mühlenbratwurst auf die Hand. Drinnen gibt es Saibling, Wildschweinkeule oder eine fränkische Vesperplatte.

Empfohlen von
Weingut Bürgerspital zum Hl. Geist

BACKÖFELE

Ursulinergasse 2,
97070 Würzburg
T + 49 (0) 931 59059
www.backoefele.de

Die kulinarische Vielfalt Frankens steht in diesem Traditions-Gasthaus im Mittelpunkt – und das seit mehr als 400 Jahren. Fränkische Bratwürste finden sich genauso auf der Karte wie ein Sauerbraten, Fränkische Scheurebensuppe oder Omas Rindsroulade. Das Lokal mit seinem schönen Innenhof eignet sich für ein Treffen mit Freunden auf einen Schoppen genauso wie für ein Geschäftsessen oder eine Familienfeier.

Empfohlen von
Weingut am Stein

BÜRGERSPITAL WEINSTUBEN

Theaterstraße 19,
97070 Würzburg
T + 49 (0) 931 3528 80
www.buergerspital-weinstuben.de

1316 wurde das Haus gebaut, damals wirklich als Spital. Es entwickelte sich über die Jahrhunderte zu einem Weingut und später zur Gastronomie: 1873 wurde die „Gotische Trinkstube" eröffnet, die es übrigens immer noch gibt. Das Lokal ist einer der beliebtesten Weintreffpunkte in Würzburg. Auf der Karte stehen Blaue Zipfel (saure Bratwurst) genauso wie Schäufele, ein Winzerteller oder eine Häckerbrotzeit. Dazu werden eigene Weine ausgeschenkt.

Empfohlen von
der Redaktion

ERKS WEINSTUBE

Georg-Engel-Straße 19,
97076 Würzburg
T + 49 (0) 931 66398159
www.erksstube.de

Fränkische Gemütlichkeit ist das Motto in diesem stimmungsvollen Restaurant mit Kaminzimmer. Kulinarische Spezialität des Hauses: fränkische Bratwürste nach altem Lengfelder Originalrezept. Es wird aber auch typisch fränkisches Hochzeitsessen mit gekochtem Rindfleisch und Meerrettichsauce serviert.

Empfohlen von
Weingut Schmitt

Schlafen

KUNO 1408

15 | 20

Neubaustraße 7,
97070 Würzburg
T + 49 (0) 931 30930
www.rebstock.com

RESTAURANT REISERS AM STEIN

16 | 20

Mittlerer Steinbergweg 5,
97080 Würzburg
T + 49 (0) 931 286901
www.der-reiser.de

Bernhard Reiser stammt aus dem Allgäu, seine Liebe gilt aber schon lange der Region Franken. Der umtriebige, mehrfach ausgezeichnete und hoch-dekorierte Koch ist auch Berater von Profi-Sportlern, Dozent und Autor. Das Besondere in diesem Restaurant auf dem Weingut: Montag bis Mittwoch zeigen die Azubis, was sie können. Donnerstag bis Samstag wird in Restaurant und Weinbar entweder das Best-of-Reiser-Menü oder das Menü Freistil serviert. Reiser steht für ausgezeichnete Handwerksküche.

Empfohlen von
Rainer Sauer

RESTAURANT STACHEL

Gressengasse 1,
97070 Würzburg
T + 49 (0) 931 52770
weinhaus-stachel.de

Bodenständig, ehrlich, fränkisch: Das ist das Motto in diesem gutbürgerlichen Lokal, das mit seiner 600-jährigen Gasthaus-Tradition wohl eines der ältesten Restaurants von Würzburg ist. Auf der Karte: gebratene Blutwurst, Rieslingcremesuppe, Stachel-Schlemmerplatte oder der „Fränkische Gerupfte", ein Camembert.

Empfohlen von
Weingut am Stein

GÄSTEHAUS PENSION HEULER

Am Gebersthal 6,
97776 Eußenheim
T + 49 (0) 9353 983860
www.pension-heuler.de

In dieser Vier-Sterne-Pension wohnt man in idyllischer Lage in der Nähe von Wiesen und Wäldern, mitten im Feriengebiet Main-Spessart direkt am Werntal Radweg. Die unterschiedlichen Zimmer haben Hotel-Komfort, es gibt Schwimmbad und Sauna sowie zwei Ferienwohnungen.

Empfohlen von
Weingut Höfling

HOTEL WEINGUT MEINTZINGER
Babenbergplatz 4,
97252 Frickenhausen
T + 49 (0) 9331 87110
www.hotel-meintzinger.de
Es ist besonders die Herzlichkeit, mit der man in diesem familiengeführten Hotel willkommen geheißen wird. Weingut und Hotel mitsamt gemütlich-stylischem „Esszimmer" sowie Vinothek sind in einem historischen Gebäude aus dem Jahr 1475 untergebracht. Die Zimmer sind stilvoll-modern eingerichtet, es gibt zudem einen kleinen Wellnessbereich.
Empfohlen von
der Redaktion

KIRSCHBERGHOF
Kirschberghof 1,
97286 Sommerhausen
T + 49 (0) 9333 799
www.kirschberghof-sommerhausen.de
Der idyllische Blick über das Maintal ist hier garantiert: Den Gästen stehen entweder im Stammhaus oder im Neubau modern eingerichtete Zimmer, aber auch komfortable Ferienwohnungen zur Verfügung. Bei gutem Wetter können Sommerterrasse und Liegewiese genutzt werden. Das Haus wird in dritter Generation familiengeführt – genauso wie das benachbarte Weingut.
Empfohlen von
der Redaktion

GÄSTEHAUS AM STEIN
Mittlerer Steinbergweg 5,
97080 Würzburg
T + 49 (0) 931 25808
www.weingut-am-stein.de
Wohnen direkt beim Winzer: Das geht in diesem architektonisch-ausgefallenen Appartement von Familie Knoll. Das Gästehaus mit seinen drei Zimmern und der offenen Wohn-Küche soll an einen Monolithen aus Muschelkalk erinnern. Auf dem Gelände des Weinguts befindet sich auch das hochdekorierte Restaurant Reisers am Stein.
Empfohlen von
der Redaktion

REBSTOCK
Neubaustraße 7,
97070 Würzburg
T + 49 (0) 931 30930
www.rebstock.com
Seit 1408 ist dieses Haus bekannt, das hinter denkmalgeschützer Rokokofassade seine Gäste in 71 entweder modern, aber auch rustikal eingerichteten, komfortablen Zimmern willkommen heißt. Im Hof Engelgarten stehen noch einmal 54 Zimmer zur Verfügung. Zum Haus gehört auch das Feinschmeckerrestaurant Kuno 1408, in dem auf hohem Niveau fränkisch-französisch gekocht wird. Kleines Histörchen: Kuno vom Rebstock war im Jahr 1408 einer der ersten Besitzer des Hofes und gehörte dem gleichnamigen Rittergeschlecht an.
Empfohlen von
der Redaktion

SCHLOSSHOTEL STEINBURG
Reußenweg 2,
97080 Würzburg
T + 49 (0) 931 97020
www.steinburg.com
Hoch über Würzburg liegt dieses Schlosshotel – erbaut 1897 – mit seinen historischen Gebäuden und bietet zahlreiche individuell gestaltete Gästezimmer, Suiten, Tagungs- und Veranstaltungsräume, ein Restaurant, das Schlossgewölbe, den Weinkeller im Würzburger Stein sowie Schwimmbad und Sauna. Schon in der dritten Generation betreibt Familie Bezold mitsamt einem großen Team das Schlosshotel.
Empfohlen von
Weingut am Stein

Einkaufen

HOFLADEN BAUERNHOF WOLF
Hofriedgasse 4a,
97776 Eußenheim
T + 49 (0) 9353 6256
www.hofladen-wolf.franken-regio.de
Hier gibt es alles, was ein Bauernhof hergibt: Hähnchen genauso wie Jungbullenfleisch, Hausmacherwurst, Eier, Bauernnudeln und Käse und natürlich Frankenwein.
Empfohlen von
der Redaktion

STEINMANNS HOFMARKT
Ochsenfurter Straße 21,
97286 Sommerhausen
T + 49 (0) 9333 465
www.steinmanns-hofmarkt.de
Hier werden allein 15 verschiedene Apfelsorten verkauft sowie noch mehr Obst aus eigenem Anbau: Birnen, Kirschen, Mirabellen, Beeren oder Pfirsiche. Außerdem im Angebot sind Gemüse, Kartoffeln, viele Säfte, Eier, Wurst und Schinken sowie Fruchtaufstriche und Gewürze. An den Wochenenden ist fränkisches Brot im Angebot.
Empfohlen von
der Redaktion

Empfehlenswerte Metzgereien

Metzgerei Frank Löser
Gössenheim, (Hauptstraße 18)

Metzgerei Hollerbach
Rimpar (Maidbronner Strasse 2)

Metzgerei Schömig
Würzburg (Franz-Ludwig-Straße 1)

Vinothek

MAIN-MÄUERLE
Maingasse 8,
97753 Karlstadt
T + 49 (0) 9353 5019860
www.main-maeuerle.de
Direkt am Main und dem Lügenmäuerle kann man in dieser Weinbar einen schönen fränkischen Wein verkosten. Es gibt einen hauseigenen Mauerschoppen: einen frischen Silvaner vom Weingut Geiger & Söhne. Die Speisekarte hält einige kleine Gerichte wie Kuchen und Torten, Suppen oder ein Mauerfrühstück bereit
Empfohlen von
Weingut Höfling

3
STEIGERWALD

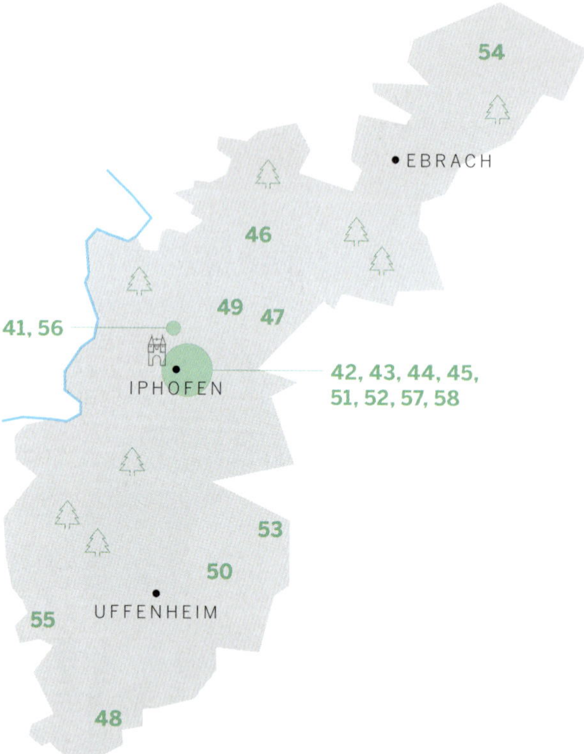

Hier steht die Wiege des Silvaners: In Castell im Steigerwald wurde er im Jahr 1659 zum ersten Mal gepflanzt und trat von dort aus seinen Siegeszug an – nicht nur, aber vor allem in Franken. Die Süd- und Westhänge des Steigerwalds bieten dem Weinbau ein besonderes Mikroklima.

Geographische Lage Dieser Anbaubereich liegt im Osten des Fränkischen Weinlandes, Orte wie Wiesenbronn, Rödelsee, Castell und Bullenheim in Mittelfranken gehören dazu, Weinzentrum ist der malerische Ort Iphofen.

Klima Hier ist es im Sommer wegen der frischen Luft aus dem Steigerwald etwas weniger heiß als im Zentrum des Weinlandes.

Böden Keuper

Rebfläche 1.475 ha, 90% Weißwein, 10% Rotwein

Rebsorten Silvaner, Riesling, Müller-Thurgau, Bacchus, Spätburgunder

Geschichte Im Fürstenhaus von Castell liegt die Urkunde, die den Beginn des Silvaner-Anbaus in Franken dokumentiert. Am 6. April 1659 ließ der Amtmann des Gräflichen Gutes derer zu Castell, Georg Körner, am Fuße des Schlossbergs neue Reben pflanzen. Damals hießen sie „Österreicher Fechser", später wurde der Silvaner daraus.

Besonderheiten Die Weinberge liegen nicht in einem Flusstal, sondern an den Ausläufern des Steigerwalds. Die Kombination aus diesem Mikroklima und den sulfathaltigen Keuperböden prägen die Weine, sodass von einer eigenen Keuper-Stilistik gesprochen wird.

WEINGÜTER

41
WEINMANUFAKTUR 3 ZEILEN
Heinrich-Wiegand-Straße 2
97348 Rödelsee

42
JOHANN ARNOLD
Lange Gasse 26–28
97346 Iphofen

43
BIOWEINGUT BAUSEWEIN
Breite Gasse 1
97346 Iphofen

44
WEINHAUS BOESSNECK
Lange Gasse 26–28
97346 Iphofen

45
WEINGUT EMMERICH
Einersheimer Straße 47
97346 Iphofen

46
WEINGUT FISCHER
Erweinstraße 6
97353 Wiesentheid

47
FÜRSTLICH CASTELL'SCHES DOMÄNENAMT
Schlossplatz 5
97355 Castell

48
SEKTMANUFAKTUR ALBERT HASENSTEIN
Gickelhausen 17
91587 Adelshofen

49
WEINBAU HOFMANN
Schulgasse 2
97355 Wiesenbronn

50
WEINGUT MEIER SCHMIDT
Ulsenheim 114
91478 Ulsenheim-Südfranken

51
WEINKELLEREI MEIMBERG
Ahlintel 51
48282 Emsdetten

52
ERNST POPP
Rödelseer Straße 14–15
97346 Iphofen

53
PROBST WEIN
Markt Nordheim 95a
91478 Markt Nordheim

54
NICO SCHOLTENS
Rieneckstraße 6
97514 Oberaurach

55
WINZERHOF STAHL
Lange Dorfstraße 21
97215 Auernhofen

56
PAUL WELTNER
Wiesenbronner Straße 17
97348 Rödelsee

57
HANS WIRSCHING
Ludwigstraße 16
97346 Iphofen

58
ZEHNTHOF FAMILIE WEICKERT
Bahnhofstraße 12
97346 Iphofen

Weinmanufaktur 3 Zeilen
Heinrich-Wiegand-Straße 2,
97348 Rödelsee
T +49 (0) 9323 8764 54
www.3-zeilen.de

2018 Rödelseer Küchenmeister Sauvignon Blanc
18,50€ · 13%
Spontan im Holzfass vergorener, komplexer Sauvignon mit feiner Frucht und ebenso feinem Säurenerv. Ein idealer Begleiter von sommerlichen Vorspeisen.

Johann Arnold
Lange Gasse 26–28,
97346 Iphofen
T +49 (0) 9323 89833
www.weingut-arnold.de

2017 Riesling halbtrocken
35,00€ · 14%

2019 Weißburgunder
7,50€ · 12,5%
Rund und reif – feine Holznote bei fester Struktur.

Bioweingut Bausewein

Breite Gasse 1,
97346 Iphofen
T +49 (0) 9323 5210
www.biobausewein.de

Inhaber Sabrina Bausewein
Betriebsleiter Sabrina Bausewein & Matthias Popp
Verbände Naturland, Bund Fränkische Ökowinzer
Rebfläche 5 ha
Produktion 25.000 Flaschen
Gründung 1984
Verkaufszeiten
Mo–Sa 8–16 Uhr
So, Feiertag 8–12 Uhr
und nach Vereinbarung

Sabrina Bausewein und Matthias Popp haben schon vor rund 25 Jahren beschlossen, ihr Weingut, das nun rund 5 Hektar umfasst, ökologisch zu bewirtschaften. Damals ein durchaus mutiger, aber weitsichtiger Schritt, die beiden passionierten Winzer gehören zur regionalen Pionier-Generation, die sich im Bund Fränkischer Ökowinzer zusammengeschlossen hat. Mittlerweile gehört ihr Weingut auch zum Bioverband Naturland, was treffender nicht sein könnte. Denn in ihren Weinbergen tummeln sich Grashüpfer, Weinbergschnecken und Hummeln. Das natürliche Refugium kommt auch den Weinen zugute, die allesamt biozertifiziert sind. In einem denkmalgeschützten Haus in der Altstadt von Iphofen betreiben Bausewein und Popp ein kleines, charmantes Weinhotel, das ebenfalls nachhaltig und ökologisch ausgerichtet ist. Ein rundum stimmiges Konzept für eine bessere Umwelt.

2019 Iphöfer Julius Echter Berg Silvaner
14,50€ · 13,5%
Stimmiger, schlanker Wein, der Exotik mit einer feinen Pfeffrigkeit verbindet.

2019 Iphöfer Kronsberg Scheurebe
7,50€ · 13,1%

2018 Iphöfer Kalb Spätburgunder
12,00€ · 14%
Ein zupackender Bursche, dem frische Luft gut bekommt.

Weinhaus Boessneck

Lange Gasse 26–28,
97346 Iphofen
T +49 (0) 175 8225 394
www.boessneck.com

Inhaber Mathias Meimberg & Johannes Arnold
Betriebsleiter Mathias Meimberg & Johannes Arnold
Kellermeister Mathias Meimberg
Verbände Fränkischer Weinbauverband
Rebfläche 0,89 ha
Produktion 2.600 Flaschen
Verkaufszeiten nach Vereinbarung

Seit 2012 erzeugen Mathias Meimberg (Sie wissen, der Münsteraner Quereinsteiger mit Weingut in Franken ...) und Johannes Arnold (aus dem gleichnamigen VDP-Betrieb in Iphofen) unter dem Namen Boessneck eine gemeinsame Linie aus Still- und Schaumweinen. Auf nur knapp einem Hektar Rebfläche erzeugen die beiden eine kleine und exklusive Auswahl an Silvanern und Spätburgundern. Das zweite Standbein des Betriebs sind spannende Schaumweine, die mit geradezu mutiger Würze, Salzigkeit und einer Aromenwelt weg vom Mainstream punkten und für Sekt-Entdecker (noch) ein echter Geheimtipp sind. Dass Meimberg eine Zeit lang bei Taittinger in der Champagne gearbeitet hat, sei hier nur am Rande bemerkt ...

2017 Silvaner
25,00€ · 12,56%
„Trink! Mich! Jetzt!", ruft's aus dem Glas. Ein sehr eigenständiger Wein, der den Genießer herausfordert.

2016 Spätburgunder
34,00€ · 13,59%
Reife Frucht und (Kaffee-)Würze, zupackend am Gaumen.

2013 Boessneck resolut brut nature
59,00€ · 12,5%
Expressiv und ausdrucksstark mit Reife und Erfahrung.

Boessneck Black brut nature
55,00€ · 12,5%

Boessneck resolut Rosé brut
28,00€ · 12,5%
Die breite Aromenpalette von jodigen über karamellige Noten bis hin zur Walderdbeere wird begleitet von prägnanter Säure.

Boessneck resolut brut
28,00€ · 12,5%
Erwachsen und elegant. Die dicht verwobenen Aromen reichen von nussig bis zu getrockneten Früchten.

Boessneck resolut brut nature
28,00€ · 12,5%
Feine Rieslingreife trifft Schwarzbrot. Reifer Apfel, etwas Birne und Steinobst.

Weingut Emmerich
Neueinsteiger
Einersheimer Straße 47,
97346 Iphofen
T +49 (0) 9323 8759 30
www.weingut-emmerich.de

2018 Iphöfer Julius-Echter-Berg Silvaner „Meisterstück N° 5 GG"
24,00€ · 13,5%
Augen zu und – reinriechen! Sehr vielschichtig im Duft, sanft und anhaltend im Abgang.

2018 Seinsheimer Hohenbühl „Alter fränkischer Satz anno 1900" Kabinett 1. Lage trocken
17,50€ · 12%
Eine richtige Samtpfote ist dieser fränkische Satz aus über 100 Jahre alten Reben. Gerne zur fränkischen Brotzeit, bei der es auch etwas deftiger zugehen darf.

Weingut Fischer

Neueinsteiger

Erweinstraße 6,
97353 Wiesentheid
T +49 (0) 9383 377
www.fischer-wein.de

Inhaber Thomas Fischer
Betriebsleiter Thomas Fischer
Kellermeister Thomas Fischer
Verbände Silvaner Forum, Generation Riesling, Rosenhut
Rebfläche 21,5 ha
Produktion 135.000 Flaschen
Gründung 1948
Verkaufszeiten
Mo–Fr 10–12 Uhr
und 13:30–18 Uhr
Sa 10–12 Uhr und 13:30–16 Uhr
So 10–12 Uhr

Thomas Fischer und seine Frau Laura führen den typischen fränkischen Familienbetrieb in dritter Generation und die beiden machen das mit sehr viel Herzblut und spürbarer Leidenschaft. Die gilt den umweltschonend und ökologisch nachhaltig bearbeiteten Weinbergen genauso wie der behutsamen Verarbeitung der Trauben im Keller. Hier stehen blitzende Edelstahltanks und klassische Holzfässer nebeneinander und werden je nach Weintyp und Terroir-Stilistik eingesetzt. Im Jahre 2014 wurde eine neue Vinothek eröffnet, die mit geschickt durchgestyltem Design besticht und architektonische Akzente inmitten des Betriebes setzt. Zum Weingut gehört auch das Gasthaus Krone, in dem herzhafte fränkische Spezialitäten aufgetischt werden, die bestens mit den Fischer-Weinen korrespondieren.

2018 Kammerforster Teufel Gewürztraminer „Flaggschiff" Spätlese trocken
11,00€ · 13,5%
Dieses Flaggschiff segelt direkt an der mediterranen Küste entlang. Der Duft von Kräutern und Zitronenbäumen, dazu eine frische Brise am Gaumen und die leicht salzige Luft. Augen schließen und genießen.

2018 Silvaner „Wildfang Orange Wine"
18,00€ · 13%
Intensiver und kraftvoller Wein mit exotischen Früchten, aber auch einer Idee von Quittenkuchen. Karamell- und Malzaromen runden ab.

2019 Grauburgunder „Wildfang Alte Reben"
16,00€ · 14%
Leicht zugänglich, ein fröhlicher Kamerad.

2019 Rödelseer Schlossberg Riesling „Filetstück" Kabinett trocken
7,50€ · 12,5%
Manchmal muss es nicht der große Auftritt sein. Dieser Wein begleitet charmant und unaufgeregt große Runden fast nebenbei.

2019 Silvaner „Wildfang Alte Reben"
16,00€ · 14%
Quitte, Rosmarin, Kreuzkümmel und Birne spielen ein vielstimmiges Aromenkonzert. Dazu ein Kräutersalat mit Speck und Bohnen und der Feierabend ist perfekt.

♥ **2019** Rödelseer Schlossberg Silvaner „Flaggschiff" Auslese
12,50€ · 12%
Vielschichtige Aromenwelt von exotischer Frucht wie Ananas und Mango bis zur gerösteten Haselnuss. Dieser Süßwein nimmt es sogar mit richtig deftigen Gerichten souverän auf.

Fürstlich Castell'sches Domänenamt

🍇🍇🍇🍇

Schlossplatz 5,
97355 Castell
T +49 (0) 9325 60160
www.castell.de

Inhaber Ferdinand Fürst zu Castell-Castell
Betriebsleiter Peter Geil
Kellermeister Christian Frieß & Reinhard Frinbach
Verbände VDP
Rebfläche 70 ha
Produktion 450.000 Flaschen
Verkaufszeiten
Mo–Fr 8–18 Uhr
Sa 10–16 Uhr
und nach Vereinbarung

Castell – das ist schon fast ein Synonym für Silvaner. Nachweislich wurde hier, in diesem pittoresken Ort in Unterfranken, 1659 der erste Silvaner gepflanzt. Dass sich das Fürstlich Castell'sche Domänenamt mit dieser Rebsorte ganz besonders gut auskennt, ist zum einen in der Tradition verwurzelt, zum anderen bestimmt einer ganz bestimmten Leidenschaft für eben diese Sorte geschuldet. Eine sehr interessante Entscheidung des Weinguts begleitet die Verkostung der beiden Großen Gewächse vom Silvaner. Denn ebendiese werden in Zukunft erst fünf Jahre nach der Ernte auf den Markt kommen. Wir danken schon jetzt dafür, dass sich Castell mit dieser Entscheidung dafür einsetzt, das Reifepotenzial großer Silvaner nach außen viel stärker zu zeigen. Und können diese Langlebigkeit der Weine nur bestätigen. Das GG von 2015 wirkt geradezu jugendlich mit seiner Frische und feinen Raffinesse, der 2008er haut um. Blind würde man nie auf eine Reife von 13 Jahren kommen, dieser Wein ist jetzt voll da und hat noch Zukunft. Auch wir plädieren dafür: Silvaner reifen lassen lohnt sich!

2008 Schlossberg Silvaner GG 🍇🍇🍇🍇
38,50€ · 13,5%
Große Silvaner haben eine ausgezeichnete Reifefähigkeit. Das beweist dieser Wein mit balancierter Weiche und Fülle und mit seiner faszinierenden Eigenständigkeit.

2015 Schlossberg Silvaner GG 🍇🍇🍇🍇
35,00€ · 14,5%
Trotz seiner Reife von sechs Jahren wirkt der Wein jugendlich, fast schüchtern, leise. Ein Wein mit großer Zukunft, der noch Zeit braucht. Er wird es Ihnen danken.

FRANKEN, NAHE & AHR 2021

2016 Silvaner „6. Apriles anno 1659"

26,00€ · 13,5%

Eine hochelegante Balletttänzerin, die von feinen Gerbstoffen getragen wird.

♥ **2018** Weißwein-Cuvée „Granit"

22,00€ · 13%

Puristische Nektarinen- und Mirabellenfrucht, gepaart mit kräftiger frischer Kräuterwürze. Das ist eine tolle Fruchtbombe für die große Runde, die Lebensfreude ausstrahlt.

2019 Hohnart Silvaner 1. Lage

16,50€ · 13,5%

Der perfekte Willkommenswein nach einem langen Auslandsaufenthalt. Gibt Halt und bleibt dabei zurückhaltend. Dazu darf es eine kräftige Brotzeit sein.

2019 Kugelspiel Silvaner 1. Lage

14,50€ · 13,5%

Ein vielgesichtiger Wein. Da spielen Kräuter und Steinfrucht miteinander und nehmen gleich noch den Feuerstein mit. Sehr große Trinkfreude.

2019 Silvaner „Schloss Castell"

8,00€ · 13%

Rustikaler Begleiter zum Kalbsfilet mit Salbei, der durch seine dezenten Gerbstoffe Struktur mitbringt. Ein „echter Franke" eben.

2019 Weißwein-Cuvée „Die Gefährten Fürstin Marie-Louise"

11,00€ · 13%

Ein Schmeichler auf der Terrasse. Dieser Wein drängt sich nicht laut in den Vordergrund und bietet dennoch beste Unterhaltung.

2015 Rotwein-Cuvée „C"

25,00€ · 13,5%

Rund und freundlich heißt einen dieser Wein willkommen. Nicht zu kompliziert verführt er mit Eleganz, feiner Fruchtsüße und Aromen von dunkler Schokolade. Macht Spaß.

2012 Silvaner brut

24,50€ · 12,5%

Die sehr lange Reife resultiert in nussiger Würze und dem Verlangen nach einem herzhaften Essen.

Sektmanufaktur Albert Hasenstein

Neueinsteiger

Gickelhausen 17,
91587 Adelshofen
T +49 (0) 9865 9412 915
www.toppler-sekt.de

Inhaber Albert Hasenstein
Betriebsleiter Albert Hasenstein
Kellermeister Albert Hasenstein
Verbände Ordre Mondial de Gourmets Degustateurs
Gründung 2011
Verkaufszeiten Fr 13–16 Uhr und nach Vereinbarung

Vor zehn Jahren ist Albert Hasenstein seiner Leidenschaft gefolgt und hat seine eigene Sektmanufaktur in Adelshofen gegründet. Im Gepäck hatte er schon eine absolvierte Ausbildung zum Winzer und Weinküfermeister, doch die handwerkliche Produktion von hochwertigen Schaumweinen war sein Traum und sein unbedingtes Ziel. Heute zählt Hasenstein zu den besten Sektmachern im Land, natürlich kommt aus seinem Betrieb kein Schaumwein ohne die traditionelle Flaschengärung auf den Markt. Durch die Kombination von bewährtem Handwerk und modernster Kellertechnik entstehen hier individuelle edle Sekte von höchster Güte und in bester Qualität, gewollt abseits vom einfachen Mainstream-Geschmack. Das Sortiment ist attraktiv breit gefächert, dazu zählen auch reife Raritäten, die bis zu acht Jahre auf der Hefe lagen.

2014 Riesling „Toppler-Sekt" brut
30,00€ · 12,5%
Hier dominiert die Kräuterwürze.

2015 Rotwein-Cuvée „Toppler" brut
14,00€ · 12,5%

2018 Spätburgunder „Pinot Noir" brut
16,00€ · 14%

2018 Weißwein-Cuvée „Toppler-Sekt" brut
16,00€ · 13,5%
Kräuterige Noten kontrastieren mit einer schmeckbaren Süße.

Weinbau Hofmann

Schulgasse 2,
97355 Wiesenbronn
T +49 (0) 9325 6871
www.weinbau-hofmann.de

Inhaber Heinrich & Mario Hofmann
Kellermeister Mario Hofmann
Verbände Fränkisches Gewächs
Rebfläche 4,5 ha
Produktion 36.000 Flaschen

Wiesenbronn, die Heimat des Weinguts von Familie Hofmann, gilt als die fränkische Rotweininsel am Steigerwald. Und tatsächlich hat der Betrieb, dessen Wurzeln bis ins Jahr 1712 zurückreichen, in seinen Lagen rund um den Ort neben klassischen weißen auch eine ganze Reihe an roten Rebsorten im Anbau. Mario Hofmann pflegt seine Weinberge naturnah und umweltverträglich, verzichtet konsequent auf den Einsatz von Herbiziden und Kunstdünger, ganz wie seine Vorfahren. Im Keller setzt der junge Winzer auf die weinbergseigenen Hefen, um in der Spontangärung die Lagen-Typizität zu erhalten, die den Weinen ihren unverwechselbaren individuellen Charakter gibt.

2019 Casteller Kirchberg Silvaner Spätlese trocken
8,00€ · 13,5%
Klar und frisch in der Ansprache, füllig bis mollig am Gaumen.

Verkaufszeiten
Mo–Sa 8–19 Uhr
So, Feiertag 9–12 Uhr
und 13–18 Uhr

2019 Wiesenbronner Geisberg Grauburgunder Spätlese trocken
8,00€ · 14%

2019 Wiesenbronner Geisberg Silvaner Spätlese trocken
8,00€ · 13,5%

2016 Wiesenbronner Wachhügel Blauburger
8,00€ · 13%

2019 Silvaner Auslese
8,50€ · 11,5%
Auf leisen Sohlen kommt die Holunderblüte geschlichen und hat gleich noch die Akazie dabei. Charmant floral, versuchen Sie mal Topfenknödel mit Aprikosenröster dazu.

Weingut Meier Schmidt

Ulsenheim 114,
91478 Ulsenheim
T +49 (0) 9842 2479
www.meier-schmidt.de

Inhaber Markus Meier & Lukas Schmidt
Betriebsleiter Markus Meier & Lukas Schmidt
Kellermeister Markus Meier & Oliver Six
Verbände Ethos, Bioland
Rebfläche 50 ha
Produktion 220.000 Flaschen
Verkaufszeiten
Mo–Fr 13–19 Uhr
Sa 10–18 Uhr
und nach Vereinbarung

Ganz jung und dennoch mit Familientradition. Erst 2019 haben sich die Freunde Markus Meier und Lukas Schmidt zusammengetan und ihre beiden Familienbetriebe aus Ulsenheim und Bullenheim zu einem Betrieb zusammengelegt, der damit über insgesamt stolze 50 Hektar Rebfläche verfügt. Die Leitbilder für die beiden sind Natur, Heimat, Biodiversität und Regionalität. Da passen das Motto „Das Weingut in Südfranken" und die Ausrichtung auf regionaltypische Rebsorten wie Silvaner, Riesling und Scheurebe natürlich perfekt. Auch der neue Bocksbeutel „PS" wurde von beiden gerne angenommen – und mit unglaublich schönen Etiketten verziert, die auch einem zweiten Blick locker standhalten. Das Weingut ist nicht nur biozertifiziert, sondern auch Mitglied beim Verband Ethos, der sich für Nachhaltigkeit im Weinbau einsetzt.

2017 Sommerhäuser Steinbach Chardonnay „GG"
49,00€ · 14%
Kokosnuss und Akazie spielen Dur. Weiche Wuchtbrumme zum Hineinfallenlassen. Für die gemütlichen Abende zu zweit.

2018 Escherndorfer Lump Silvaner „GG"
25,00€ · 13,5%
Mit Noten von Melisse, Papaya und reifer Mango wähnt man sich fast schon in der Wachau. Das ist ein ultimativ fränkischer „Smaragd".

2018 Marktbreiter Sonnenberg Silvaner
9,50€ · 12,5%
Hat viel Kraft und Schmelz und freut sich über ein herzhaftes Essen wie ein Schäufele.

2018 Sommerhäuser Steinbach Riesling „GG"
25,00€ · 13%
GG steht hier für Genial Groß. Ein geradezu eherner Wein mit betörender Zitrusfrucht und Frische, der nie vergisst, dass er eigentlich ein verspielter Typ ist.

2019 Sauvignon Blanc „Aus dem Paradies"
12,50€ · 12,5%
Weich und anschmiegsam mit wahrnehmbarer Süße.

2019 Sommerhäuser Steinbach Riesling
12,50€ · 12,5%
Viel klassische Frucht (Aprikose), griffig-zupackend, nimmt es gut mit Käsespätzle und Gratins auf.

2018 Frankenberger Schlossstück Cabernet „GG"
35,00€ · 14%
Mit reifer Frucht und Muskeln auf seine Art sexy.

Weinkellerei Meimberg

Ahlintel 51,
48282 Emsdetten
T +49 (0) 2572 9593 927
www.weinkellerei-meimberg.de

Inhaber Mathias Meimberg
Betriebsleiter
Mathias Meimberg
Kellermeister
Mathias Meimberg
Verbände
Fränkischer Weinbauverband

Mathias Meimberg hat eine (Wein)Geschichte, die in Deutschland nicht gerade klassisch ist. Eigentlich gelernter Landschaftsgärtner, sattelte der Quereinsteiger auf die Önologie um und gründete 2013 nach weltweiten Stationen in der Champagne, Südafrika und Dänemark und – Achtung wichtig – Iphofen seine eigene Weinkellerei und erzeugt seitdem fränkische Weine für jeden Tag. Und das mit Firmensitz in Emsdetten im Münsterland, aus dem er und seine Frau stammen. Genau hier betreibt er auch noch eine Weinwirtschaft namens „ Das Meimbergs". Und das sind noch nicht seine einzigen Projekte. Zusammen mit seinem einstigen Lehrer Johannes Arnold – aus, ja, Iphofen! – hat er noch das ehrgeizige Schaumweinprojekt Boessneck ins Leben gerufen (siehe dort).

2019 Escherndorfer Fürstenberg Silvaner
10,00€ · 12,49%

2019 Riesling Auslese
15,50€ · 14,83%

2019 Silvaner „Spontanvergoren 2019"
16,50€ · 15,04%

Rebfläche 3 ha
Produktion 18.000 Flaschen
Verkaufszeiten
nach Vereinbarung

2019 Wiesenbronner Wachhügel Silvaner
8,50€ · 13,09%

2019 Wiesenbronner Wachhügel Silvaner „Aus der Perle 2019“
19,50€ · 14,38%
Grüner Apfel meets Papaya, feines Salz auf der Zunge und eine dezente Holznote, feiner Grip und Mineralität.

2019 „Müller Thurgau“
8,50€ · 12,99%

2019 „Weinkellerei Meimberg Rotling 2019“
8,50€ · 13,29%

2019 „Secco Somi Pink“ halbtrocken
8,50€ · 13%

2019 „Secco Somi“ halbtrocken
7,50€ · 12,45%

Ernst Popp

Rödelseer Straße 14–15,
97346 Iphofen
T +49 (0) 9323 3371
www.weingut-popp.de

Inhaber Familie Popp
Rebfläche 40 ha
Produktion 250.000 Flaschen
Gründung 1878

„Wir veredeln Weintrauben“, heißt die Losung der Brüder Ernst und Johannes Popp, die seit rund 20 Jahren im elterlichen Betrieb aktiv sind. Und was im ersten Moment vielleicht lustig klingt, trifft eigentlich den Nagel auf den Kopf. Denn die Popps, ein ambitionierter Familienbetrieb im malerischen Weinort Iphofen, kümmern sich intensiv um ihre Weinberge, um die bestmöglichen Trauben, heißt gesund, reif und aromatisch, zu ernten. Nach der Handlese geht es dann ans Veredeln, im Keller verarbeitet Ernst Popp die Trauben der unterschiedlichen Rebsorten mit viel Fingerspitzengefühl und Können so, dass am Ende bemerkenswerte und charaktervolle Weine herauskommen. Die vielen Auszeichnungen, die das Weingut jedes Jahr für seine fränkischen Gewächse bekommt, machen die Brüder und ihre Mutter zu Recht stolz auf ihre Leistung.

Verkaufszeiten
Mo–Fr 8–18 Uhr
Sa 10–18 Uhr
So und Feiertage 10–12.30 Uhr

2019 Iphöfer Julius-Echter-Berg Silvaner Spätlese trocken
18,00€ · 14%
Ein Silvaner mit Rubensfigur. Elegant und barock, ohne aufdringlich zu werden.

2019 Iphöfer Kronsberg Weißburgunder Kabinett trocken
9,90€ · 13,5%
Fester Strukturwein, reif und rund mit Aromen von Birne.

2018 Iphöfer Kronsberg Domina „R" Spätlese trocken
22,50€ · 15%
Saftig fest kommt dieser Wein daher – mit viel feinem Tannin, Holzwürzigkeit, einem Hauch Vanille und frischen Waldbeeren. Rund und griffig.

Probst Wein
Markt Nordheim 95a,
91478 Markt Nordheim
T +49 (0) 9165 9951 44
www.probst-wein.de

2019 Sauvignon Blanc „P"
11,00€ · 13%
Rundum gut gemachter Sauvignon, der sich als feiner Speisenbegleiter bestens eignet.

Nico Scholtens

Neueinsteiger

Rieneckstraße 6,
97514 Oberaurach
T +49 (0) 9529 326
www.weingut-scholtens.com

Verbände IG Alter fränkischer Satz
Rebfläche 5 ha
Produktion 30.000 Flaschen
Gründung 1974
Verkaufszeiten
Weinverkauf durchgehend

Nico Scholtens nennt sich Winzer aus Leidenschaft und hat sich die Kunst des Weinbaus selber beigebracht. Das funktioniert auf seinen fünf Hektar Rebfläche gut. Schon rund 30 Jahre baut Scholtens Weine aus und folgt dabei konsequent seiner Idee, nur trockene, hundertprozentig sortenreine Weine zu produzieren und dabei immer auf Schönungsmittel zu verzichten. Im Weinberg setzt der engagierte Winzer auf naturnahe und umweltschonende Bewirtschaftung, möglichst viel Handarbeit und natürlich eine traditionelle Lese ohne Maschineneinsatz. Betrachtet man Scholtens Rebsortenspiegel, fällt der Alte fränkische Satz auf, der noch vor hundert Jahren das Rückgrat vieler Kleinbetriebe war, doch heute fast aus den fränkischen Weinbergen verschwunden ist.

♥ **2018** Zeller Schloßberg Alter fränkischer Satz „'drai"
42,00€ · 13,2%

2018 Zeller Schloßberg Weißburgunder „'drai"
6,00€ · 12,6%

2019 Zeller Schloßberg Johanniter „'drai"
10,00€ · 14%

2018 Zeller Schloßberg Spätburgunder „'drai"

12,90€ · 14,2%

Mit süßlich-würzigem Duft (Pfeifentabak) und weichen Gerbstoffen vielleicht nicht ganz typisch, aber gut.

2017 Riesling „'drai" brut nature

13,90€ · 11,8%

Duftig und exotisch, dabei leise zitrisch und hinten am Gaumen ganz dezent bitter.

Winzerhof Stahl

Lange Dorfstraße 21,
97215 Auernhofen
T +49 (0) 9848 96896
www.winzerhof-stahl.de

Inhaber Christian Stahl
Betriebsleiter Maximilian von Dungern
Kellermeister Christian Stahl
Rebfläche 34 ha
Produktion 320.000 Flaschen
Gründung 1984
Verkaufszeiten nach Vereinbarung

Dass einige Weine unter der Bezeichnung „Edelstahl" angeboten werden, ist ein sinniges Wortspiel. Denn tatsächlich steckt in den Gewächsen von Christian Stahl, dessen Betrieb in Auernhofen unweit von Rothenburg ob der Tauber immerhin rund 34 Hektar umfasst, durch die Bank etwas Edles, was gemeinhin mit dem Begriff Komplexität beschrieben wird. Nun ist der Allrounder Stahl nicht nur ein passionierter Winzer, auch seine Kochkünste sind bemerkenswert und im gemütlichen Restaurant auf dem Weingut zu probieren. Fränkische Haute Cuisine nennt Christian Stahl seine bodenständigen, aber auch ausgefallenen Kreationen, die selbstverständlich bestens auf seine Weine abgestimmt sind und ein kulinarisches Gesamtpaket erster Güte bieten.

2018 Chardonnay „Grande Reserve"

auf Anfrage · 14%

Darjeeling und Röstbrot schleichen auf Wildledersohlen in die Nase. Am Gaumen dann das volle Programm aus Seidigkeit, Mineralik und Eleganz. Ein Blockbuster von Chardonnay.

2018 Sauvignon Blanc

38,00€ · 14,5%

Easy Pleasing, ein Sauvignon Blanc, der gefallen will. Schlank, Limette, Superstruktur – bingo.

2018 Scheurebe „Cyriakusberg"

27,00€ · 13,5%

Wolllust pur. Die Scheu könnte kaum lauter schreien, als sie es hier tut. Und dennoch, man hört gebannt zu und nimmt den nächsten Schluck ...

2018 Silvaner „Sonnenstuhl Fass 500"

29,00€ · 14%

Markant, frisch mit schönem Trinkfluss, ein Vorzeigewein.

♥ **2019** Müller Thurgau „Hasennest"

12,50€ · 12,5%

Fast im Jahres-Abo Deutschlands bester Müller-Thurgau vom Muschelkalk aus für diese Rebsorte unüblicher Steilstlage an der Tauber. Hier ist das Beste von beiden Eltern vereint: der Zug und das rassige Säurespiel mit würzigem Nachklang vom Riesling, der burgundische Schmelz und die Fülle, ohne jegliche Opulenz, von der Mutter Madeleine Royale. Outstanding!

2019 Riesling „Best of"
18,00€ · 13,5%
Kühl, elegant und charaktervoll; zu Süßwasserfisch.

2019 Sauvignon Blanc
18,00€ · 13,5%
Zurückhaltend, rustikal, stahlig, straff.

2019 Silvaner „Best of"
18,00€ · 13,5%
Endlos. Dieser Wein ist sofort da und hört nicht auf. Wenn Sie zu Hause immer nur einen Wein da haben wollen – nehmen Sie diesen.

2018 Cuvée brut nature
15,00€ · 12,5%
Pet Nat für Einsteiger: viel Phenolik, saftiger Fruchtkern mit Aprikose und Pfirsich, unkompliziert, Brot.

2018 Pinot brut nature
18,00€ · 12,5%
Strotzt mit molliger Frucht und zarten Tanninen nur so vor Selbstvertrauen.

Paul Weltner

Wiesenbronner Straße 17,
97348 Rödelsee
T +49 (0) 9323 3646
www.weingut-weltner.de

Inhaber Paul Weltner
Kellermeister Paul Weltner
Verbände VDP
Rebfläche 10 ha
Produktion 70.000 Flaschen
Verkaufszeiten
Mo–Fr 9–12 Uhr
und 13.30–17 Uhr
Sa 10–15 Uhr

Als Paul Weltner vor Jahren als Jungwinzer die Bühne des fränkischen Weinbaus betrat, war vielen Kennern klar, dass hier ein neuer Stern am Weinhimmel aufgehen würde. Tatsächlich sind die Weine, die Weltner Jahr für Jahr präsentiert, von besonderer Güte und voller Spannung, und tragen ein immenses Reifepotenzial in sich. Dass ein beträchtlicher Teil der Trauben auf Gipskeuperböden wächst, gibt den Weltner-Weinen eine besondere kühle Würze mit, die keiner so elegant und feingliedrig interpretiert wie der ambitionierte Winzer aus Rödelsee. Kein Wunder, dass man hier schnell zugreifen muss, bevor der Jahrgang ausverkauft ist. Eine sichere Bank für aromatische Spannung am Gaumen, sicher keine Adresse für Pfennigfuchser, aber jeden Cent wert.

2019 Hoheleite Rödelsee Riesling
36,00€ · 13,5%
Zurückhaltender Duft trifft auf einen sehnigen Körper, verlangt geradezu nach einem Essen.

2019 Hoheleite Rödelsee Silvaner
38,00€ · 13,5%
Edler Auftritt mit Leichtigkeit und Finesse; sehr ausgewogen und mit schönem Trinkfluss.

2019 Rödelseer Küchenmeister Riesling 1. Lage
14,50€ · 13%
Kräuterig-wild in der Nase, geradlinig, straff und trocken – ein vielseitiger Essensbegleiter.

♥ **2019** Rödelseer Küchenmeister Silvaner 1. Lage

14,50€ · 13%
Ein richtig guter Begleiter für nebenbei, der noch Platz für Gespräche lässt und dabei so großen Trinkgenuss bietet, dass er bestimmt sehr regelmäßig auf den Tisch kommt.

2019 Sauvignon Blanc

16,00€ · 13%
Sauber, klar, mit schöner Struktur, gefällt jedem.

Hans Wirsching

Ludwigstraße 16,
97346 Iphofen
T +49 (0) 9323 87330
www.wirsching.de

Inhaber Dr. Heinrich Wirsching & Kinder
Betriebsleiter Dr. Uwe Matheus
Kellermeister Dr. Klaus-Peter Heigel
Verbände VDP, Fair'n Green
Rebfläche 85 ha
Produktion 600.000 Flaschen
Verkaufszeiten
Mo–Fr 8–18 Uhr
Sa 9–18 Uhr
So 10–12.30 Uhr

Steht auf einem Bocksbeutel der Name Wirsching, dann hat man die Garantie, einen großen typischen Frankenwein bekommen zu haben. Schon seit fast 400 Jahren ist die Familie dem heimatlichen Weinbau und damit auch dem Silvaner verbunden, Seniorchef Dr. Heinrich Wirsching ist der Grandseigneur der fränkischen Weinwelt. Mit der dem Iphöfer Julius-Echter-Berg verfügt der stattliche Betrieb, rund 85 Hektar stehen im Anbau, über eine exponierte Spitzenlage, aus der in schöner Regelmäßigkeit die besten, weil nachhaltigsten und tiefgründigsten Weine kommen. Das müssen nicht immer klassische Silvaner sein, auch Rieslinge, teils in edelsüßen Varianten, gehören zum empfehlenswerten Portfolio des Ausnahmeweingutes.

2018 Iphöfer Julius-Echter-Berg Riesling GG

34,00€ · 13%
Mit Frucht, Würze und Saftigkeit macht dieser Wein Appetit auf herzhafte Küche.

2018 Iphöfer Julius-Echter-Berg Silvaner GG

34,00€ · 13,5%
Sie wollen zu einem wirklich feierlichen Anlass ein sehr hochwertiges Spargelgericht servieren und suchen noch den richtigen Wein? Hier ist er. Kräuterwürzig, mit großer Klarheit und Frische und dabei richtig viel Substanz werden Ihre Gäste überzeugt.

♥ **2018** Riesling „Sister Act"

18,50€ · 13%
Intensiver Wein mit Kraft, Pfirsich pur von hinten bis vorne, dabei unaufdringlich, schön gemacht, ein Darling.

2019 Iphöfer Julius-Echter-Berg Riesling 1. Lage

14,50€ · 13%
Eleganter, stimmiger Wein, intensiv mit feinem Salz und filigraner Säure, leichte Fruchtsüße, schönes Mundgefühl, Aromen von grünen Früchten, Limette, frische Aprikose, etwas Banane, Quitte und Zwetschge.

2019 Iphöfer Julius-Echter-Berg Silvaner 1. Lage
14,50€ · 13%
Ein moderner Klassiker: vollmundig, elegant und frisch.

2019 Iphöfer Kronsberg Riesling 1. Lage
14,50€ · 13,5%
Duftet fein und vielschichtig, überzeugt mit Eleganz und Finesse.

2019 Iphöfer Kronsberg Scheurebe 1. Lage
17,50€ · 13%
Scheu for freaks. Der hat einen vollen Koffer dabei mit Ananas, Krokant, Schmelz, fester Säure und leiser Bitternis. Packt richtig zu und lässt so schnell nicht los.

2019 Iphöfer Kronsberg Silvaner 1. Lage
14,50€ · 13,5%
Karger Typ, frische Aromatik und grüner Apfel, etwas Heu, Limette, fest und floral mit gutem Grip.

2019 Iphöfer Kronsberg Weißburgunder 1. Lage
16,50€ · 13,5%
Fruchtig und beschwingt, macht einfach Freude.

2019 Iphöfer Silvaner
8,50€ · 12,5%

2017 Silvaner extra brut
13,80€ · 12,5%
Misopaste, Rauch und kandierte Frucht. Ein druckvoller Sekt, dicht verwoben und prägnant.

2019 Iphöfer Julius-Echter-Berg Riesling Trockenbeerenauslese
90,00€ · 6,5%
Hoch konzentriert, dabei fein, elegant und frisch. Ganz großes Format.

2019 Iphöfer Kronsberg Silvaner Beerenauslese
70,00€ · 7%
Sehr reif, süß und intensiv, ein Fest zu festlichen Desserts.

Zehnthof Familie Weickert

Neueinsteiger

Bahnhofstraße 12,
97346 Iphofen
T +49 (0) 9323 8440
www.zehntkeller.de

Inhaber Heinrich Seufert
Kellermeister
Johannes Weickert
Verbände Bioland
Rebfläche 25 ha
Produktion 165.000 Flaschen
Verkaufszeiten
6.30–24 Uhr
Verkauf der Weine
an der Hotel-Rezeption

Johannes Weickert hat ein gutes Händchen für seine Weine und schaffte es, die besonderen Merkmale der Herkunft und das spezifische Terroir so herauszuarbeiten, dass es präsent, aber nicht dominant ist. Harmonie heißt das Zauberwort seiner Gewächse, die seit über zehn Jahren aus den nach den strengen Richtlinien von Bioland ökologisch bewirtschafteten Weinbergen kommen. Natürlich steht Frankens Vorzeigerebsorte in den Weinbergen rund um Iphofen. Doch neben dem klassischen Silvaner werden im rund 25 Hektar großen Familienbetrieb auch Sorten wie Bacchus und Scheurebe angebaut, die leider mehr und mehr an Boden verlieren. Wer Wein auch als Entspannungsmoment genießen kann, ist im gutseigenen Hotel ganz nah dran und bestens aufgehoben.

2019 Iphöfer Julius-Echter-Berg Silvaner Kabinett trocken
8,00€ · 13%
Fester Wein mit viel salziger Mineralität, etwas pudrig, Aromen von Apfel und Birnenschale, schöner Ausdruck.

2019 Iphöfer Julius-Echter-Berg Silvaner Spätlese „GG" trocken
14,00€ · 13%
Die Yellow Submarine, gelenkt von einem Grashüpfer. Der Wein geht schon vormittags und begleitet dann gerne den ganzen Tag über. Spaß im Glas.

2019 Iphöfer Kalb Chardonnay Kabinett trocken
8,50€ · 13%
Zupackend, animierend und fordernd zugleich. Verlangt nach herzhaftem Essen.

2019 Iphöfer Kalb Riesling Kabinett trocken

9,00€ · 13%

Ein ambitionierter Grillbegleiter für die Abende, die einfach nicht enden sollen. Unbedingt in Gesellschaft trinken.

2019 Iphöfer Kronsberg Sauvignon Blanc Spätlese 1. Lage trocken

14,00€ · 13%

Viel, sehr viel Frucht und zarte Süße machen ihn zu einem Schmeichler.

2018 Iphöfer Kalb Spätburgunder 1. Lage

13,00€ · 13%

Tiefe Farbe und Aromen von Brombeerjoghurt und Waldbeeren, fleischig und fruchtig mit einem feinen Tanningerüst.

Essen

WINZERHOF & WEINRESTAURANT STAHL

15 | 20

Lange Dorfstraße 21,
97215 Auernhofen
*T * 49 (0) 9848 96896*
www.winzerhof-stahl.de

Ein mehrfach ausgezeichneter Winzer, der nicht nur guten Wein macht, sondern auch kochen kann und zudem sein eigenes Geflügel und die Lämmer züchtet: Das erwartet den Gast, der im beschaulichen Auernhofen Station auf diesem idyllischen Hof macht. Auf der Karte steht fränkische Haute Cuisine, die entweder in der Weingießerei oder im sanierten Kuhstall, jetzt eine Vinothek, serviert wird. Bei der Auswahl der Gerichte ist dem Küchenteam unter Christian Stahl wichtig, dass das Essen zum Wein gemacht wird. Auf dem Weingut kann auch geheiratet und vor allem gefeiert werden – die Trauungen finden ganz romantisch im Weinberg statt.

Empfohlen von
der Redaktion

AUGUSTINER AM SEE

Klostergasse 6,
97346 Iphofen-Birklingen
T + 49 (0) 9326 9789 50
www.augustiner-am-see.de

Ein geschichtsträchtiges Gebäude, dessen Ursprünge ins Mittelalter zurückreichen, erwartet den Gast bei Familie Schwab. Die Speisekarte orientiert sich an den Jahreszeiten und der fränkischen Region. Und weil gegenüber direkt eine Kirche steht, lassen sich dort viele Paare trauen und feiern dann im Augustiner.

Empfohlen von
Weingut Emmericher

ZEHNTKELLER

Bahnhofstraße 12,
97346 Iphofen
T + 49 (0) 9323 8440
www.zehntkeller.de

ZUR IPHÖFER KAMMER

Marktplatz 24,
97346 Iphofen
T +49 (0) 9323 8772 677
www.kammer-iphofen.com

Einer der schönsten Plätze von Iphofen ist der historische Marktplatz –hier sitzt man auf der Restaurant-Terrasse und genießt die frische regionale Küche, ein Glas Frankenwein und den Blick aufs Treiben.

Empfohlen von
der Redaktion

GASTHAUS ZUR KRONE

Brünnau 4,
97357 Prichsenstadt
T + 49 (0) 9382 1745
www.zur-krone-bruennau.de

Einige Rezepte in diesem 400 Jahre alten Gebäude sind rund 100 Jahre alt und stammen aus Großmutters Küche, wurden aber natürlich kreativ und behutsam modernisiert. So gibt es Schäufele-Sülz mit Schwarten-Popcorn, Brünnauer Schäufele in Kümmel-Bier-Sauce mit Wirsing oder Bauchfleisch mit Bohnengemüse.

Empfohlen von
Weingut Fischer

GASTHOF STORCH

Luitpoldstraße 7,
97357 Prichsenstadt
T + 49 (0) 9383 6587
www.gasthof-storch.de

„Fränkischer geht ned" ist das Motto in den zwei gemütlichen Restaurants, und „saugemütlich" heißt es in dem dazu gehörigen Hotel mit den zwölf Zimmern. Auf der Speisekarte im Gasthof stehen Gerichte vom Wild, das im Steigerwald gelebt hat, die Fische wurden im Main gefangen, die meisten der anderen Zutaten stammen ebenfalls aus der Region.

Empfohlen von
der Redaktion

GASTHAUS HOFMANN Gault&Millau

Schindelsee 1,
96181 Rauhenebrach
T + 49 (0) 9549 98760
www.schindelsee.de

In diesem Gasthaus, das früher ein Bauernhof war, versteht man sich aufs Kochhandwerk mit Liebe zum Produkt: Das fränkische Natursauerteigbrot wird selbst gebacken, Zwetschgenbames (Rinderschinken) vor Ort geräuchert, Obst und Nüsse selbst geerntet. Die Weinkarte ist ein eigenes Buch, Schwerpunkt sind deutsche und vor allem fränkische Weine. Zum Haus gehört ein kleines Hotel.

Empfohlen von
Richard Östreicher

GASTHAUS WINZERSTUBE

Wiesenbronner Straße 2-4,
97348 Rödelsee
T + 49 (0) 9323 5222
www.gasthaus-winzerstube.de

Hier wird eine klassisch-bodenständige Küche versprochen: Bauernente, Winzerstubentöpfle oder – bei der Oma abgeguckt – geräucherte Bauchscheiben mit grünen Bohnen und Mehlkloß. Auch der Sauerbraten wird nach Omas Rezept zubereitet. Für Übernachtungsgäste stehen fünf Zimmer zur Verfügung.

Empfohlen von
Paul Weltner

GASTHAUS KRONE

Erweinstraße 6,
97353 Wiesentheid
T + 49 (0) 9383 9090 080
www.krone-wiesentheid.de

Drinnen wie draußen sitzt es sich hier, am Firmensitz des Weinguts Fischer, äußerst gemütlich. Die Karte ist fränkisch-regional, bietet aber auch einen Burger oder ein Tomahawk-Steak

Empfohlen von
Weingut Fischer

LANDGASTHOF ZUR BRÜCKE

Marienplatz 2,
97353 Wiesentheid
T + 49 (0) 9383 99949
www.landgasthof-zur-bruecke.de

In direkter Nachbarschaft zum Schloss, zentral am Marienplatz, erwartet die Gäste fränkische Gemütlichkeit und ausgesprochen herzliche Gastfreundschaft. Hier wird die gebratene Blutwurst in der Senfkruste serviert, hat das Reh noch bis vor kurzem im Steigerwald gelebt und schmoren die Ochsenbäckchen in Dornfelder-Sauce. Übernachtungsgästen stehen zehn gemütliche Zimmer zur Verfügung.

Empfohlen von
Weingut Fischer

Schlafen

BIO-WEIN-HOTEL BAUSEWEIN
Breite Gasse 1, 97346 Iphofen
T + 49 (0) 9323 5210
www.biobausewein.de/hotel
Zehn großzügige Zimmer, eingerichtet mit Kirschbaummöbeln, stehen für eine Auszeit inmitten von Iphofen, im Schatten der Stadtmauer, bereit. Der biologische Grundgedanke zieht sich durchs ganze Haus – egal, ob bei der Einrichtung, der Stromversorgung, den Putzmitteln oder dem Frühstück mit Bio-Brötchen. Und sogar beim Wein, der unter gleicher Regie angebaut wird.
Empfohlen von
der Redaktion

ZEHNTKELLER
Bahnhofstraße 12, 97346 Iphofen
T + 49 (0) 9323 8440
www.zehntkeller.de
In diesem fränkischen Romantik-Hotel residiert man in einem repräsentativen, fürstbischöflichen Amtshaus in komfortablen Gästezimmern, die mit viel Stil eingerichtet wurden. Im Restaurant wird gehobene-fränkische Küche serviert, die Weine stammen aus dem eigenen Weingut.
Empfohlen von
der Redaktion

ROTHWEINHOTEL
Büttnergasse 8, 97355 Wiesenbronn
T + 49 (0) 9325 9794 080
www.rothweinhotel.de
Das Rothweinhotel mit seinen 29 Zimmern (die Dornfelder, Portugieser oder Traminer heißen) am Fuße des Steigerwalds präsentiert sich als modernes Hotel im Landhausstil. Das ökologisch-betriebene Weingut der Inhaber-Familie liegt direkt nebenan.
Empfohlen von
der Redaktion

Einkaufen

SCHWANFELDER ÖLKERNPRODUKTE
Hauptstraße 24, 97355 Abtswind
T + 49 (0) 9383 9022 332
www.oelkernprodukte.de
Hier werden Öle aus Traubenkernen, Walnüssen, Raps oder Sonnenblumen selbst gepresst – und das Schöne: Man darf sie bei einer Führung durch die Ölmühle verkosten. Im Hofladen wird noch mehr verkauft als Öl: auch Nudeln (aus Traubenkernen), Marmelade, Kosmetik oder Wein. Zur Ölmühle gehören zudem ein Gasthaus und ein Ferienhaus.
Empfohlen von
der Redaktion

KONDITOREI RITTER – PRALINENMANUFAKTUR
Spitalplatz 10, 97215 Uffenheim
T + 49 (0) 9842 456
www.cafe-ritter.de
Schon mal Silvaner-Trüffel probiert? Oder fränkische Rotweintrüffel? In der Pralinenmanufaktur Ritter werden Wein und Schokolade auf kleinstem und zudem süßem Raum vereint – zu Trüffel. Insgesamt sind 15 Sorten im Angebot – von Grand-Marnier- über Williams-, Lavendel-Orange- bis zu Himbeergeist- und Champagnertrüffel. In der Konditorei gibt es eine beeindruckende Auswahl an Torten und Kuchen.
Empfohlen von
der Redaktion

HOFLADEN HAGENMÜHLE
Hagenmühle 1,
97348 Willanzheim
T + 49 (0) 9323 3428
www.hagenmuehle-willanzheim.de
Das Sortiment von Familie Pfannes in ihrem Hofladen auf dem großen Mühlenanwesen ist sehr groß: Es gibt Regenbogen- und Lachsforellen aus dem hauseigenen Teich, Obstbrände aus Zwetschgen, Quitten und Birnen aus eigener Ernte, Weizen-, Roggen- und Dinkelmehl, Futtermittel ohne Gentechnik für Pferde oder Hühner, Kartoffeln aus eigenem Anbau und Eier von hofeigenen Hühnern.
Empfohlen von
der Redaktion

Empfehlenswerte Bäckereien

Iphöfer Franzenbäck
Iphofen (Maxstraße 27)

Vinothek

Viele Winzer laden die ganze Woche über auf ihre Weingüter und in ihre eigenen Vinotheken zum Verkosten der hauseigenen Weine ein. Darüber hinaus gibt es Vinotheken, die als Zusammenschluss mehrerer Winzer eine große Weinvielfalt anbieten. Weitere Infos dazu auch auf www.fraenkisches-weinland.de/vinotheken

VINOTHEK IPHOFEN
Kirchplatz 7, 97346 Iphofen
T 49 (0) 9323 8703 17
In dieser zentral gelegenen Vinothek kann man Weine von rund 20 Winzern aus der direkten Nachbarschaft verkosten. Es gibt auch Winzersekte, Destillate und Liköre. Die Speisekarte ist fränkisch geprägt, man kann sehr schön auch draußen bei einem Snack und einem Glas Wein sitzen und den Tag/Abend genießen.
Empfohlen von
der Redaktion

4 VOLKACHER MAINSCHLEIFE

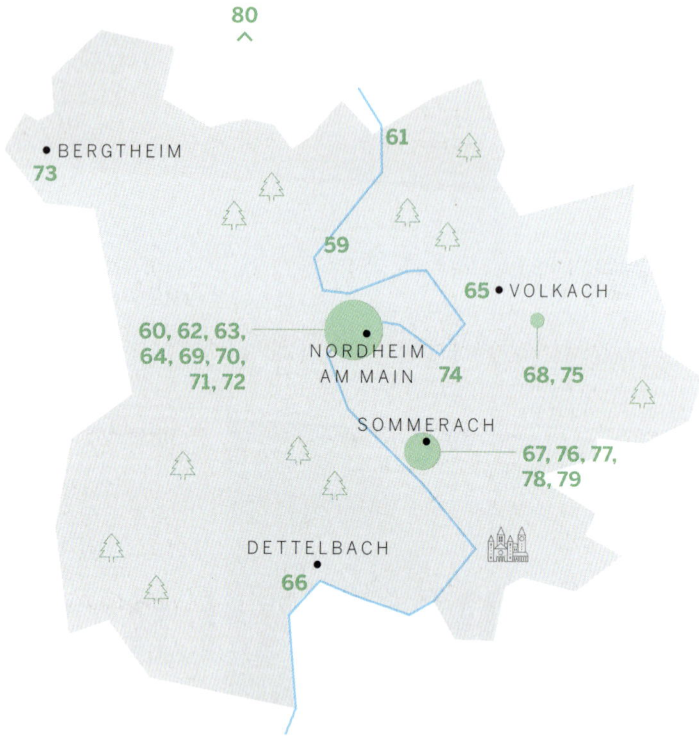

Volkach ist eine bedeutende Weinbaugemeinde und touristisches Zentrum der Region. Der malerische Weinort lockt mit einer Reihe von angesagten Weinbars, Restaurants und Hotels und von hier aus lassen sich wunderschöne Ausflüge in die Region unternehmen. Einen traumhaften Weitblick auf das Umland hat man von der Vogelsburg aus. Diese Landschaft, so sagen Franken-Kenner, sei „von Gott gegeben". Wenn man dort oben steht und einfach den Blick schweifen lässt, spürt man Entschleunigung in allen Zellen.

Geographische Lage Der Anbaubereich Volkacher Mainschleife liegt im Regierungsbezirk Unterfranken zwischen Kitzingen und Schweinfurt rund um die Stadt Volkach. Im Osten schließt der Steigerwald an.
Klima Kontinental geprägt mit heißen Sommern und kühlen Wintern. Aber: Das Klima ändert sich, sodass auch die Winter immer wärmer werden.
Böden Muschelkalk, Keuper, Sand
Rebfläche 1.900 ha, 80% Weißwein, 20% Rotwein
Rebsorten Silvaner, Müller-Thurgau, Bacchus, Riesling, Weißer Burgunder, Scheurebe, Domina, Spätburgunder
Geschichte Die heutige Mainschleife war im Erdmittelalter, vor etwa 250 Millionen Jahren, vollständig von Meer bedeckt. Die gesamte Mainschleife wurde 1969 zum Landschaftsschutzgebiet erklärt.
Besonderheiten Der Silvaner ist das fränkische Alleinstellungsmerkmal Nummer eins. Direkt gefolgt vom Bocksbeutel und dem sensationellen Blick von der Vogelsburg aus weit über die Mainschleife und die so genannte Weininsel mit Sommerach und Nordheim.

WEINGÜTER

59
FAMILIENWEINGUT BRAUN
Blütenstraße 22
97332 Fahr

60
HELMUT CHRIST
Volkacher Straße 6
97334 Nordheim am Main

61
WEINGUT DERESER
Maintalstraße 6
97509 Stammheim

62
DIVINO NORDHEIM THÜNGERSHEIM
Langgasse 33
97334 Nordheim am Main

63
MICHAEL FRÖHLICH
Bocksbeutelstraße 41
97332 Escherndorf

64
WEINGUT GLASER-HIMMELSTOSS
Langgasse 7
97334 Nordheim am Main

65
MAX MÜLLER I
Hauptstraße 46
97332 Volkach

66
WINZERHOF NAGEL
Raiffeisenstraße 1
97337 Dettelbach

67
RICHARD ÖSTREICHER
Hauptstraße 15
97334 Sommerach

68
WEINGUT RÖMMERT
Erlachhof 1
97332 Volkach

69
MANFRED ROTHE
Heerweg 6
97334 Nordheim am Main

70
HORST SAUER
Bocksbeutelstraße 14
97332 Escherndorf

71
RAINER SAUER
Bocksbeutelstraße 15
97332 Escherndorf

72
EGON SCHÄFFER
Astheimer Straße 17
97332 Escherndorf

73
WEINGUT SCHMITT
Am Weinfaß 1
97241 Bergtheim

74
WEINGUT SCHLOSS HALLBURG, GRAF VON SCHÖNBORN
Schloss Hallburg
97332 Volkach

75
ZUR SCHWANE
Erlachhof 7
97332 Volkach

76
WINZER SOMMERACH – DIE GENOSSENSCHAFT
Zum Katzenkopf 1
97334 Sommerach

WEINGÜTER

77
DANIEL THEN

Hauptstraße 1
97334 Sommerach

78
GEORG ZANG

Nordheimer Straße 8
97334 Sommerach

79
OTMAR & JOHANNES ZANG

Zum Katzenkopf 2
97334 Sommerach

80
WEINGUT BALDAUF

Hauptstraße 42
97729 Ramsthal

Familienweingut Braun Neueinsteiger

Blütenstraße 22, 97332 Fahr
T +49 (0) 9381 80730
www.weingut-braun.de

Inhaber Thomas Braun
Kellermeister Kristin Zwiener
Rebfläche 16 ha
Verkaufszeiten
nach Vereinbarung

Der Bär im Weingutlogo hat seine Berechtigung, denn was Thomas und Heike Braun in ihrem sympathischen Familienbetrieb so alles anbieten, ist bärenstark. Gastwirtschaft mit bodenständiger fränkischer Küche, Weinlaube unter freiem Himmel, Urlaub auf dem Winzerhof im eigenen Hotel und natürlich Weine aus Lagen rund um den Winzerort Fahr. Die spannen einen weiteren Bogen vom klassischen und typischen Franken-Silvaner bis zu Global Playern wie Sauvignon Blanc. Unter dem Label „Mutig" sucht das Weingut neue Perspektiven und sorgt für den Wunsch nach mehr Franken und ungewöhnlichen Weinerlebnissen. Wer lieber in Frankens Terroirtiefe eintauchen möchte, greift bei den aromatisch stattlichen „Reif"-Weinen von Thomas Braun zu.

2018 Chardonnay „Mutig" Spätlese trocken
15,00€ · 13%

2018 Sauvignon Blanc „Mutig" Spätlese trocken
15,00€ · 13%
Stellt sich in die Nase mit breiter Holz-Brust. Erobere mich! Ich bin es wert. Ja, ich brauche noch, aber du wirst mich lieben.

2019 Bacchus
5,80€ · 12%

♥ **2019** Muskateller „Mutig"
8,00€ · 12%
Aroma pur – Muskateller wie aus dem Lehrbuch. Dieser Wein ist der geradezu perfekte Apéro für die nächste Sommerparty.

2019 Sauvignon Blanc „Mutig" Kabinett trocken
8,00€ · 12,5%

2019 Sauvignon Blanc „Mutig" Spätlese trocken
15,00€ · 12,5%
Die zarte Lachsfarbe deutet nicht auf Sauvignon Blanc hin, die reife Aromatik führt zu Pilzgerichten, wie etwa einem Risotto.

2016 Merlot „Mutig"
10,00€ · 13,5%
Saftig, rund und weich, macht Freude – auch als Solist.

2018 Rotwein-Cuvée „Mutig"
12,00€ · 13,5%

2018 Rosenmuskateller „Mutig" Beerenauslese
20,00€ · 11,5%
Die Sorte kündigt es an: rosenduftiger, ätherischer Exot, der sich gut zu einer Rhabarbertarte macht.

Helmut Christ

Volkacher Straße 6,
97334 Nordheim am Main
T +49 (0) 9381 2806
www.weingut-helmut-christ.de

Inhaber Helmut & Angelika Christ
Betriebsleiter Michael Christ
Kellermeister Michael Christ
Verbände Demeter
Rebfläche 12,5 ha
Produktion 92.000 Flaschen
Gründung 1974
Verkaufszeiten
Mo–Sa 8–12 Uhr und 13–18 Uhr und nach Vereinbarung

Seit 1974 setzt man im Weingut Helmut Christ in Nordheim auf ökologischen Weinbau. Eine Pionierleistung zu einer Zeit, in der man in Deutschland für „Bio" oft eher noch belächelt als bewundert wurde. Das Motto ist klar: „Mit der Natur zusammenarbeiten." Die Herstellung eines stabilen Ökosystems im Weinberg, Nützlingsförderung und Bodenpflege sind heute vielleicht wichtiger denn je. Sohn Michael folgt seinem Vater, dem Bio-Pionier, in jeder Hinsicht nach und hat seine Überzeugungen quasi von Geburt an mit aufgenommen. Spannend ist, dass Christ auch vor Experimenten keine Angst hat. So ist der „Wilde Wein" eine Orange-Interpretation, die auch Einsteiger nicht überfordert und aufs Angenehmste an das Thema heranführt.

2018 Weißwein-Cuvée „Wilder Wein"
23,00€ · 13%
Das ist ein Orange für Einsteiger, den uns Helmut Christ hier vorstellt. Noten von Quitte und Orangenschale, dazu ein dezentes Tanningerüst, das sich eher an den Gaumen anschmiegt, als hineinzubeißen. Keine Angst vor Orange Wine!

2019 Nordheimer Kreuzberg Müller-Thurgau Kabinett trocken
7,00€ · 12,5%

2019 Nordheimer Vögelein Chardonnay Spätlese trocken
12,50€ · 12,5%
Brioche, dick mit Butter bestrichen. Weicher Schmelz trifft auf finessenreiche Säure. Das gibt Präzision und Kontur.

2019 Nordheimer Vögelein Silvaner Spätlese trocken
10,00€ · 13,5%
Ein wunderbar am Gaumen sanfter, aber dennoch insgesamt zupackender Silvaner von alten Reben mit feinem Spätlese-Charakter. Ein harmonischer Essensbegleiter, sehr schön zu Kalbsblanquette.

2019 Volkacher Ratsherr Riesling Kabinett trocken
9,50€ · 13,5%

2019 Volkacher Ratsherr Silvaner Spätlese „GG" trocken
19,00€ · 13,5%
Klarer floraler Duft nach Kräutern und Heu, macht Druck und zieht durch. Top-Silvaner.

2019 Wipfelder Zehntgraf Johanniter Kabinett trocken
8,00€ · 13%
Exotische Aromen dominieren: reife Maracuja, etwas Cola-Rum, Rosinen, ein Hauch Holz gibt Würze, dazu Zimt, grüner Apfel und Kumquats, gutes Säuregerüst.

2017 Pinot Meunier brut nature
14,50€ · 12%
Ein absoluter Klassiker. Kommt auf leisen Sohlen daher und bringt alles mit: Steinfrucht, Saftigkeit und zart rauchige Noten.

Weingut Dereser

Neueinsteiger

Maintalstraße 6,
97509 Stammheim
T +49 (0) 9381 2187
www.weingut-dereser.de

Inhaber Johannes Dereser
Betriebsleiter Johannes Dereser
Rebfläche 9 ha
Produktion 55.000 Flaschen
Verkaufszeiten nach Vereinbarung

Auf neun Hektar kultiviert Johannes Dereser zehn Rebsorten, von denen natürlich der klassische Franken-Silvaner im Vordergrund steht. Seine Weine hat Dereser in drei Linien eingeteilt, die er Fährmann, Hoch und Oben nennt und die das Sortiment vom unkomplizierten Alltagstropfen über den facettenreichen Wein bis zum hauseigenen Spitzengewächs umfassen. Wer das freundliche Weingut besucht, kann alle Weine in der gemütlichen Vinothek probieren und kommt dann auch in den Genuss eines trocken ausgebauten Acolon und eines halbtrockenen Bacchus, beides Weine, die nur selten im Portfolio der Winzer zu finden sind. Lohnenswert ist der Abstecher zur Familie Dereser zusätzlich, wenn die Heckenwirtschaft offen hat und mit herzhaften fränkischen Spezialitäten lockt.

2019 Stammheimer Eselsberg Riesling
10,00€ · 13,5%
Kraftvoll, geradlinig und trinkfreudig.

2019 Stammheimer Eselsberg Silvaner Kabinett trocken
6,50€ · 12,5%
Klassischer Typ mit Saft und frischem Trinkfluss.

2019 Stammheimer Eselsberg Silvaner „Steinhecke"
9,00€ · 13,5%
Steinig, dezent und elegant mit etwas Salz am Gaumen, zupackend mit gute Länge.

2019 Stammheimer Eselsberg Weißburgunder
10,00€ · 13,5%
Erfrischend und umarmend, tanzt auf dem Gaumen herum und riecht nach Frühling.

2019 Volkacher Ratsherr Sauvignon Blanc
8,00€ · 13,5%
Gut gemachter Trinkspaß.

♥ **2019** Volkacher Ratsherr Silvaner „Wildfang"
10,00€ · 13,5%
Auf diesen Silvaner-Zug kann man nur aufspringen, wenn man mitfahren will, der zieht ohne Halt durch. Wer aufspringt, wird belohnt mit knackigem Grip und zitrisch-bitterer Frucht.

Divino Nordheim Thüngersheim

Langgasse 33,
97334 Nordheim am Main
T +49 (0) 9381 80990
www.divino-wein.de

Geschäftsführer
Wendelin Grass
Kellermeister Felix Reich
Rebfläche 360 ha
Produktion
2.800.000 Flaschen
Verkaufszeiten
Mo–Sa 10–18 Uhr
So und Feiertage 10–18 Uhr

Wer glaubt, dass Genossenschaften immer etwas hinterherhängen, der sollte sich mal das Weinangebot von Divino anschauen. Was der Betrieb unter der Leitung von Wendelin Grass und Kellermeister Felix Reich auf die Beine stellt, ist bemerkenswert und darf für viele Winzervereinigungen als richtungsweisend angesehen werden. Bei Divino schreckt man auch vor großen Namen nicht zurück und hat 2016 mutig und selbstbewusst eine Weinlinie ins Leben gerufen, deren Cuvées sich nach den Vorbildern im Burgund, dem Bordelais und der Champagne richten. Chapeau! Dass man nicht immer und überall an das Original heranreicht, tut der guten Idee keinen Abbruch. Hier geht es auch um einen animierenden Qualitätsgedanken und Motivation für die Mitglieder, die Trauben aus rund 360 Hektar nach strengen Qualitätsvorgaben zu kultivieren.

2016 Weißwein-Cuvée „Primo GG"
48,00€ · 13,72%
Viel Würze, viel Fülle, spürbares Holz – im internationalen Stil toll gemacht.

2018 Chardonnay „GG"
17,50€ · 13,42%
Chardonnay und Holz, das ist einfach ein Traumpaar, wie dieser Wein beweist. Cremiger Schmelz und präzise Säure sind perfekt austariert und schützen vor Überladung.

2018 Escherndorfer Lump Riesling „Charakter F." Spätlese trocken
14,00€ · 13,37%
Würzburger Barock. Eigentlich will dieser Wein nachts auf die Mainbrücke und den Blick schweifen lassen, zur Not tut es aber auch die eigene Terrasse im Abendrot.

2018 Thüngersheimer Johannisberg Silvaner „Charakter F." Spätlese trocken
12,00€ · 13,03%

2018 Weißburgunder „GG"
16,00€ · 13,23%
Zitrus in der Nase, am Gaumen viel Speck, schöne Attacke im Mund mit animierender Säure, elegante Struktur, kühle Stilistik.

2019 Nordheimer Vögelein Riesling „Franconia" Spätlese feinherb
9,90€ · 12,98%
Psst: Dieser Wein ist sehr diskret, in der Nase wie am Gaumen, dabei aber balanciert und eine Einladung zur Apfeltarte.

2019 Nordheimer Vögelein Weißburgunder „Franconia" Spätlese trocken
9,90€ · 13,42%

2016 Frühburgunder „GG"
23,00€ · 13,47%
Sanfter Wein mit feinen Himbeer- und Rauchnoten. Komplex mit leichter Speckigkeit und einer Entwicklung ins Kirschige.

2016 Pinot Noir „GG"
23,00€ · 13,69%
Ein Pinot Noir für Traditionalisten. Ernsthaft, tiefgründig und straff, „old school" im allerbesten Sinne.

2016 Rotwein-Cuvée „Primo GG"
48,00€ · 13,66%
Viel Holz, viel Power, ist klar auf Reife gebaut.

♥ **2018** Pinot Noir „GG"
17,50€ · 13,66%

2016 „Primo" brut nature
27,00€ · 12,04%
Voluminös und mit Anspruch. Eine Diva. Dresscode: Abendgarderobe.

2018 Nordheimer Vögelein Silvaner „Edel & Süß" Eiswein
44,00€ · 6,84%

Michael Fröhlich

Bocksbeutelstraße 41,
97332 Escherndorf
T +49 (0) 9381 2847
www.weingut-michael-froehlich.de

Inhaber Michael Fröhlich
Betriebsleiter Michael Fröhlich
Kellermeister Michael Fröhlich & Maximilian Fröhlich
Verbände VDP, Frank & Frei
Rebfläche 11 ha
Produktion 80.000 Flaschen
Gründung 1985
Verkaufszeiten
Mo–Fr 9–18 Uhr
Sa 10–17 Uhr
So nach Vereinbarung

Wenn Ende August das legendäre Hofschoppen-Weinfest stattfindet, dann ist ganz Escherndorf auf den Beinen und tummelt sich mit den Gästen aus nah und fern im Weingutshof der Familie Fröhlich. Betrieb herrscht aber auch das ganze Jahr über im Weingut, denn die Gewächse von Michael Fröhlich und Sohn Maximilian haben dank ihrer bekannten und allseits geschätzten Qualität immer Konjunktur. Dabei müssen die Weine nicht immer aus der renommierten Spitzenlage Escherndorfer Lump kommen, auch die Trauben aus weniger berühmten Weinbergen sind Qualitätsgaranten in den geschickten Händen der beiden Winzer. Das gesamte Sortiment macht gute Laune und wird dem Familiennamen Fröhlich mit jedem Schluck gerecht. Sie könnten eigentlich auch Glücklich heißen.

2017 Riesling „Escherndorf Am Lumpen 1655"
19,00€ · 13,5%
Die vibrierende Säure und Grapefruit-Bitternis knallen einen aufs Parkett. Ein Wein mit Wucht und Schlagkraft, der einem lange im Gedächtnis bleibt.

♥ **2018** Silvaner „Sarah & Marco"
21,00€ · 13,5%
Frisch und kühl macht er sich am Gaumen deutlich bemerkbar und zeigt insgesamt ein gutes Gerüst.

2019 Escherndorfer Lump Riesling 1. Lage
11,00€ · 13,5%
Schlank, frisch, fröhlich, ein Klassiker für den Trinkspaß mit Niveau.

2019 Escherndorfer Lump Silvaner 1. Lage
11,00€ · 13,5%
Ein knackfrischer Silvaner, der mit gelber Frucht und markanter Säure punktet und einen sehr modernen Stil bedient.

2019 Müller-Thurgau „Frank & Frei"
7,00€ · 12%
Fein ziselierter Wein, filigran, stimmig, passt von vorne bis hinten, animierender Nachhall, dicht, kräuterig, reifer Apfel.

2019 Silvaner „Escherndorf Am Lumpen 1655"
21,00€ · 13,5%
Ein unergründlicher Silvaner mit großer Perspektive. Sehr charmante Old-School-Stilistik für Puristen und echte Silvaner-Liebhaber.

Weingut Glaser-Himmelstoss

Langgasse 7,
97334 Nordheim am Main
T +49 (0) 9381 4602
www.weingut-glaser-himmelstoss.de

Inhaber Wolfgang & Monika Glaser
Betriebsleiter Wolfgang & Monika Glaser
Kellermeister Julia Glaser
Verbände VDP
Rebfläche 14 ha
Produktion 80.000 Flaschen
Verkaufszeiten
Nordheim
Mo, Mi–Sa 13–18 Uhr
So und Feiertage 14–17 Uhr
Dettelbach
(Bambergerstraße 3)
Fr, Sa 13–18 Uhr
So und Feiertag 14–17 Uhr
und nach Vereinbarung

Rund 40 Jahre ist es her, dass Monika Himmelstoss und Wolfgang Glaser aus Liebe ihre Weingüter zusammenführten. Das war der Beginn einer fränkischen weinbaulichen Erfolgsgeschichte, die bis heute anhält und das Familienweingut zu einer empfehlenswerten Adresse im Weinland Franken macht. Mittlerweile ist Tochter Julia in den Betrieb eingestiegen und hat vor allem frischen Wind in den Keller gebracht. Das merkt man den Weinen an, was bei einem relativ umfangreichen Rebsorten-Portfolio nicht ganz einfach ist und viel Fingerspitzengefühl verlangt. Besonders erfreulich ist, dass gerade die Scheurebe, schon immer ein guter Tipp in diesem Betrieb, mit der jungen Kellermeisterin nochmal an Format gewonnen hat.

2019 Dettelbacher Berg-Rondell Grauburgunder „Hecken"
25,00€ · 13%
Schlank und frisch, ein unbeschwerter Genuss.

2019 Dettelbacher Berg-Rondell Scheurebe „Graben"
25,00€ · 13%
Weg von der frischgeschnittenen Wiese, rauf auf den Exotik-Zug. Mango, Vanille und Rauch machen auch richtig kräftige Speisen wie eine gebratene Blutwurst mit.

♥ **2019** Dettelbacher Berg-Rondell Silvaner „Berg"
25,00€ · 13,5%
Hinter dem noch verhaltenen Duft lauert ein kraftvoller, frischer und anhaltender Wein.

2019 Nordheimer Vögelein Weißburgunder „Knorz"
25,00€ · 13%
Klar in der Ansprache, saftig und ausgewogen, macht Lust auf den nächsten Schluck.

Max Müller I

Hauptstraße 46, 97332 Volkach
T +49 (0) 9381 1218
www.max-mueller.de

Inhaber Familie Müller
Betriebsleiter Rainer & Christian Müller
Verbände Frank & Frei
Rebfläche 20,6 ha
Produktion 135.000 Flaschen

Als „Weinfreaks" bezeichnen sich die Müllers und ihr Team und meinen das ganz positiv – die ganze Familie hat sich den Wein zum Lebensinhalt gemacht. Seit 1692 besteht der Gutshof in Volkach, der seit 1991 von Rainer und Monika Müller geführt wird und inzwischen mit Sohn Christian einen Nachfolger gefunden hat. Die „Freaks" in Volkach scheuen weder davor zurück, Neues auszuprobieren – man denke an den Silvaner „Eigenart", ausgebaut im großen Holz –, noch davor, aus Altbewährtem Besonderes zu machen. Hier denken wir besonders an den Alten fränkischen Satz namens „Lump 64" aus einer Parzelle in der Lage Escherndorfer Lump, die 1964 bepflanzt wurde mit einer Mischung aus Riesling, Silvaner und ein wenig Traminer. Das ist großes Kino und eine wichtige Außenwerbung für den fränkischen Gemischten Satz, der bereits seit einigen Jahren eine echte Renaissance erlebt.

Verkaufszeiten
Mo–Fr 9–18 Uhr
Sa 10–16 Uhr

2017 Escherndorfer Lump Alter fränkischer Satz „Lump 64"
27,00€ · 13%
Steinfrucht und Honig gehen hier die ganz große Koalition ein. Saft und Säure spielen wie alte Freunde miteinander. Dieser Gemischte Satz mischt auch jede Party unter Weinfreunden richtig auf und lässt den Abend sehr lang werden.

2017 Volkacher Ratsherr Silvaner
21,00€ · 12,5%
Ein Hauch Orient strömt da aus dem Glas, zeigt Kraft und Balance, ein sehr eigenständiger Wein.

2019 Escherndorfer Lump Silvaner
29,00€ · 13%
Feiner Duft, würzig und saftig, macht Lust; ein sehr stimmiger Wein.

2019 Silvaner „Eigenart"
18,00€ · 13%
Viel Druck und Spannung, präsentes Holz in feiner Balance mit der Struktur des Weines, gute Säurespannung. Wein für ein internationales Publikum mit Aromen von Vanille, Kokos, Apfel, Birne.

2019 Sommeracher Katzenkopf Scheurebe 1. Lage
12,50€ · 12%
Da ist die Steiermark zu Gast in Franken. Für Sauvignon-Fans und Scheurebe-Neulinge der geradezu perfekte Überzeuger.

2019 Sommeracher Katzenkopf Silvaner „Alte Reben"
23,00€ · 12,5%
Klare Frucht, harmonisches Holz, zeigt Körper und Frische.

Winzerhof Nagel
Raiffeisenstraße 1,
97337 Dettelbach
T +49 (0) 9324 2963
www.winzerhof-nagel.de

2019 Sauvignon Blanc „Holznagel"
16,50€ · 12,5%
Macht sich schlanker in der Nase, als es die Amarettini im Mund später glauben lassen. Gibt sich nicht leicht zu erkennen, aber das macht er gut.

Richard Östreicher

Hauptstraße 15,
97334 Sommerach
T +49 (0) 9381 1698
www.weingut-richard-oestreicher.de

Inhaber Richard Östreicher
Betriebsleiter Richard Östreicher
Kellermeister Richard Östreicher
Verbände Naturland
Rebfläche 3,5 ha
Produktion 15.000 Flaschen
Verkaufszeiten nach Vereinbarung

Richard Östreicher ist ein Individualist. Er hält nichts davon, Trends hinterherzulaufen oder dem Motto „höher, schneller, weiter". Er will seine Weine so herstellen, wie er sie sieht. Langstreckenläufer, die sich vielleicht nicht jedem gleich auf den ersten Blick öffnen, die Zeit brauchen und manchmal auch Geduld. Biologische Bearbeitung, Respekt vor dem Terroir des Sommeracher Katzenkopfs mit seinen kargen Muschelkalkböden (die bei Östreicher nie bewässert werden), Spontanvergärung und das Zugeständnis von Individualität an jeden Wein prägen das Sortiment Östreichers bereits seit Jahren. Seine Weine sind bestimmt keine Darlings, keine Allrounder und das wollen sie auch nicht sein. Wer nach dem Besonderen sucht, vielleicht auch nach Herausforderungen, und wer sich gerne Zeit nimmt für den Genuss, dem sei das Sortiment aus diesem kleinen, feinen Betrieb wärmstens ans Herz gelegt.

2018 Sommeracher Katzenkopf Chardonnay „Rossbach GG"

42,00€ · 13,5%

Wozu buttrige Noten von Brioche, wenn es auch so geht? Algen, Salz, Brühe und pikante Würzigkeit bringt dieser Chardonnay im Auftakt mit, um sich dann am Gaumen mit leisem Schmelz elegant und präzise zu verabschieden.

2019 Sommeracher Katzenkopf Chardonnay „Rossbach GG"

48,00€ · 13%

Das ist kein Darling. Dieser Chardonnay hat einen Kern, er ist eigenwillig, charakterstark. Er bleibt im Gedächtnis, fällt auf und will das auch. Dieser Wein ist Selbstbewusstsein in flüssiger Form.

2019 Sommeracher Katzenkopf Silvaner „Augustbaum GG"

25,00€ · 13%

Sehr eigenwilliger Wein mit herbstlicher Aromatik hat viel Kraft, um damit ein herzhaftes Essen zu begleiten.

2019 Sommeracher Katzenkopf Weißburgunder „Hölzlein GG"

32,00€ · 13%

Fordernder Wein: griffig mit viel Salzigkeit und Kräutern. Aromen von Guave und Banane.

2019 Volkacher Katzenkopf Silvaner „Maria im Weingarten GG"

32,00€ · 13%

Frühlingsblüten, Buttercreme und Vanille, dazu etwas Birne. Ein Wein wie ein flüssiges Dessert. Sehr opulent und prallvoll. Haben Sie keine Scheu vor kräftig-fettiger Essensbegleitung.

2016 Sommeracher Katzenkopf Cabernet Sauvignon
38,00€ · 13,5%
Zeigt Kraft ohne Fett und in seiner herben Art durchaus Eleganz.

2016 Sommeracher Katzenkopf Merlot
34,00€ · 13,5%
Etwas schlanker gebaut als die rote Cuvée, zeigt Struktur und Tiefe.

2016 Sommeracher Katzenkopf Cuvée „R"
34,00€ · 13,5%
Süße Frucht und weiches Tannin machen ihn zum Charmeur.

2017 Sommeracher Katzenkopf Spätburgunder „Katzenkopf GG"
45,00€ · 13%
Heller Spätburgunder-Typ mit präsenten Reifenoten. Dazu ein Hauch Spekulatius, Orangenschale und Marzipan.

2017 Sommeracher Katzenkopf Spätburgunder „Rosen GG"
42,00€ · 13%
Straffer Wein mit wenig Frucht. Aromen von schwarzem Tee, etwas Tabak, getrockneten Gojibeeren weisen auf seine Reife hin. Feine, mürbe Tannine.

2018 Sommeracher Katzenkopf Spätburgunder „GG"
45,00€ · 13,5%

2018 Sommeracher Katzenkopf Spätburgunder „Rosen GG"
42,00€ · 13,5%

Weingut Römmert

Erlachhof 1,
97332 Volkach
T +49 (0) 9381 7183 20
www.weingut-roemmert.de

Inhaber Peter Heidecker
Rebfläche 20 ha
Produktion 160.000 Flaschen

Im Weingut Römmert in Volkach hat sich in den vergangenen Jahren viel getan. Der neue Eigentümer Peter Heidecker hat dem im Jahre 1917 gegründeten Betrieb nicht nur eine Verjüngungskur verpasst, sondern auch Teile des Anwesen neu aufgebaut und mit neuester Weinbautechnologie ausgestattet, um das Weingut für die Zukunft fit zu machen. Herzstück des rund 20 Hektar großen Betriebes ist die WeinWelt mit dem sehenswerten WeinSensorikum, in dem die Besucher Weine mit allen Sinnen erleben können und dazu einiges über Franken und seine Weinbaugeschichte erfahren. Gleich gegenüber liegt das neue Sonnenhotel Weingut Römmert, ein schickes, modernes Themenhotel mit Blick über Volkach, im dem sich fast alles um den Wein dreht.

Verkaufszeiten
Mo–Fr 10–18 Uhr
Sa 10–16 Uhr
So und Feiertage 10–16 Uhr
und nach Vereinbarung

2019 Escherndorfer Lump Silvaner Kabinett 1. Lage trocken
14,00€ · 13%
Fester, dichter Strukturwein, reifer Apfel, straff, etwas rauchig.

2019 Scheurebe Kabinett halbtrocken
8,00€ · 13%
Saftig mit guter Länge, schönes Süße-Säure-Spiel, zitrische Aromen von Pomelo, rund, cremig, gutes Säuregerüst.

2019 Weißburgunder Kabinett trocken
8,00€ · 13,5%
Saftig-schlank mit pfeffrigen Noten und duftigem Apfel und Limette. Schöne Länge.

2019 Spätburgunder „XX" Kabinett trocken
22,00€ · 13,5%
Zugängliches Brombeerkompott trifft Mineralität. Der Wein zeigt Würze, aber auch viel Extraktsüße. Insgesamt ein Wein für den Herbst.

Manfred Rothe

Heerweg 6,
97334 Nordheim am Main
T +49 (0) 9381 8479 530
www.weingut-rothe.de

Inhaber Manfred & Christine Rothe
Betriebsleiter Manfred Rothe
Kellermeister Manfred Rothe
Verbände Bioland, Inselweinmacher
Rebfläche 10 ha
Produktion 70.000 Flaschen
Gründung 1982
Verkaufszeiten
Mo–Sa 9–18 Uhr
So 9–12 Uhr

Manfred Rothe hat sich viele Gedanken gemacht, wie er seine Weine nennen könnte, damit sie sich von der herkömmlichen Weinkategorisierung unterscheiden und unabhängig sind. Ein nachvollziehbares Ansinnen, vor allem dann, wenn man wie Rothe wunderbare authentische Naturweine vinifiziert, die in ihrer durchaus eigenwilligen Struktur und Komplexität nicht in das Schema F der bürokratischen Weinwelt passen. Jetzt nennt er sie einfach „Landwein Main", eine geschützte geografische Angabe, mit der alle leben können. Der besonderen Qualität der Weine tut das keinen Abbruch. Die kann man am besten in der modern gestalteten Vinothek vor Ort probieren und eindrucksvoll erleben, welche Facetten Wein haben kann, egal, was auf dem Etikett steht.

2016 Weißwein-Cuvée „Kvevri GS"
45,00€ · 12,5%
Orange Wine für die ganz Mutigen und Erfahrenen. Sherrynoten und Orangenzeste in der Nase, am Gaumen ein fester Griff, der crasht richtig gegen die Zunge und wird nicht so schnell müde.

2018 Nordheimer Vögelein Silvaner „Indigenius"
25,00€ · 13,5%

2018 Nordheimer Vögelein Spätburgunder „Blanc de noir"
10,00€ · 13%

2018	Silvaner „Grande" 12,00€ · 13,5%	
♥ 2019	Escherndorfer Fürstenberg Müller-Thurgau „Grande" 12,00€ · 12,5%	
2019	Nordheim Kreuzberg Scheurebe „Grande" 12,00€ · 13%	
2018	Astheimer Kartäuser Schwarzriesling „Grande" 18,00€ · 12,5%	

Horst Sauer

Bocksbeutelstraße 14,
97332 Escherndorf
T +49 (0) 9381 4364
www.weingut-horst-sauer.de

Inhaber Horst & Magdalena Sauer
Betriebsleiter Horst Sauer
Verbände VDP
Rebfläche 20 ha
Produktion 190.000 Flaschen
Verkaufszeiten
Mo–Fr 9–12 Uhr und 13–18 Uhr
Sa 11–17 Uhr

Als Horst Sauer vor vielen Jahren auf der Bildfläche des fränkischen Weinbaus erschien, hätte kaum jemand gedacht, dass der bescheidene Winzer mit dem Namen, der für fränkische Weine kein Omen sein sollte, einmal Weine von Weltklasse auf die Flaschen bringen würde. Und das vor allem in den restsüßen und edelsüßen Varianten, die immer wieder und immer noch begeistern. Längst ist seine Tochter Sandra in den Betrieb eingestiegen, fand die Fußstapfen des Vaters nicht zu groß und hat sich im Keller zu einer Meisterin ihres Faches entwickelt: Die Weine, die aus den exponierten Escherndorfer Lagen stammen, bringen regelmäßig die Gesichter zum Strahlen, die in ihren Genuss kommen. Wer einen Edelsüßen ins Glas bekommt, darf sich glücklich schätzen und in feinster Aromatik schmecken, was Trauben alles können, wenn sie in die richtigen Hände, respektive in den richtigen Keller gelangen.

♥ **2017** Weißwein-Cuvée „Es ist wie es ist" feinherb

32,00€ · 13,5%

Wuchtige Cremigkeit trifft Würze und Exotik. Man meint, man wäre in Sauternes und ist doch in Franken! Es ist, was es ist – sehr große Trinkfreude. Bitte Salziges dazu reichen – ob Käse oder Gänseleber bleibt ganz Ihnen überlassen.

2019 Escherdorfer Fürstenberg Müller-Thurgau 1. Lage

10,00€ · 13%

2019 Escherndorf am Lumpen 1655 Riesling GG

27,00€ · 13,5%

Sehr saftig und lebendig mit geradezu vibrierender Säure, das Beste kommt noch, also liegen lassen!

2019 Escherndorf am Lumpen 1655 Silvaner GG

27,00€ · 13,5%

Vielschichtiger, eleganter Wein mit schöner Salzigkeit und feiner Textur, sehr schmeichelnd, dezente Säure, offen und duftig.

2019 Escherndorfer Fürstenberg Sauvignon Blanc 1. Lage

18,00€ · 13%

Ehrlicher Sauvignon, kühl und gefällig, nicht laut ...

2019 Escherndorfer Fürstenberg Weißburgunder 1. Lage

16,00€ · 13,5%

2019 Escherndorfer Lump Riesling 1. Lage

13,50€ · 13,5%

Konzentriert, aber nicht fett; sehr saftig und anhaltend, macht Spaß, nicht nur zu Sushi.

2019 Escherndorfer Lump Scheurebe Spätlese feinherb

12,50€ · 12%

2019 Escherndorfer Lump Silvaner 1. Lage

13,50€ · 13%

Moderne feine Silvanerspielart, schönes Süße-Säure-Spiel mit Aromen von Limette, grüner Apfel, offen, fest, mit Grip.

2019 Riesling „Escherndorfer Riesling trocken"

10,00€ · 12%

Klare Ansprache, sehr geradlinig und stimmig, wird von der feinen Säure getragen.

2019 Silvaner „Just Silvaner trocken"

7,50€ · 12%

2019 Silvaner „Sehnsucht"

20,00€ · 13,5%

Duftiger Wein mit schönem Mundgefühl und cremiger Salzigkeit, balanciert, burgundisch im Stil, sehr elegant mit Aromen von Mango, Maracuja, Kirsche und Mandeln.

2018 Silvaner brut 🍇🍇🍇
15,50€ · 13%

2019 Escherndorfer Lump Riesling Beerenauslese 1. Lage 🍇🍇🍇🍇🍇
40,00€ · 7%
Komplexe Aromatik (Minze, grüner Tee, tropische Frucht), etwas fülliger als die Silvaner Trockenbeerenauslese.

2019 Escherndorfer Lump Silvaner Beerenauslese 1. Lage 🍇🍇🍇🍇🍇
40,00€ · 6,5%
Dichte Honigsüße, Quitte, bei aller Konzentration fein und sehr balanciert; zum Apfelstrudel.

2019 Escherndorfer Lump Silvaner Trockenbeerenauslese 1. Lage 🍇🍇🍇🍇🍇
70,00€ · 6%
Zur Hochzeit weglegen, zur Silberhochzeit öffnen – oder zur Goldenen.

Rainer Sauer

Bocksbeutelstraße 15,
97332 Escherndorf
T +49 (0) 9381 2527
www.weingut-rainer-sauer.de

Inhaber Rainer Sauer
Betriebsleiter Rainer Sauer
Kellermeister Daniel Sauer
Verbände VDP
Rebfläche 15 ha
Produktion 135.000 Flaschen
Gründung 1979
Verkaufszeiten
Mo–Fr 9–12 Uhr und 13–18 Uhr
Sa 10–17 Uhr

Franken ist zwar nicht ausschließlich Silvaner, aber das Weingut von Rainer und Helga Sauer ist Silvaner pur, hier überstrahlt die Rebsorte alle anderen um Längen. Das weiß auch Sohn Daniel und hat beim Einstieg in den elterlichen Betrieb keine Bäume ausgerissen, um zu schauen, ob die Wurzeln noch dran sind. Bewährtes bewahren, stetig verbessern und mit Bedacht und Weitblick zukunftsfähig machen: Vater und Sohn ziehen da an einem Strang, ihre Paradelage Escherndorfer Lump ist für ihre Arbeit Fundament und der Garant für außergewöhnliche Silvaner. Jahr für Jahr, regelmäßig. Eine kleine Nische hat Daniel Sauer für sich allein gefunden und baut jährlich einen Silvaner im Betonei aus, der unter dem Namen „Ab Ovo" in den Verkauf kommt. Seit Ende des Jahres 2019 befindet sich der rund 15 Hektar große Betrieb in der Umstellungsphase zum kontrolliert ökologischen Weinbau.

2016 Escherndorfer Lump Silvaner „Am Lumpen 1655" GG

32,00€ · 13%
Üppigerer Silvanertyp mit reifer Frucht, fülligem Auftakt, aber straffer Mitte. Schmeichler mit Zug, steinige Mineralik, guter Grip, exotische Aromen von Honigmelone und Papaya.

2019 Escherndorfer Lump Riesling 1. Lage

13,50€ · 12,5%
Viel Finesse und Kraft, sehr straff und saftig, salzige Mineralik mit Aromen von Zitrus und Aprikose, leichte, spielerische Struktur, etwas reduktiv.

2019 Escherndorfer Lump Riesling „Am Lumpen 1655" GG

29,00€ · 12,5%
Ein Wein mit packendem Zug, da leert sich die Flasche im Nu, obwohl man sie erst mal weglegen sollte, könnte ...

2019 Escherndorfer Lump Silvaner „Alte Reben" 1. Lage

14,50€ · 13%
Ein Silvaner von großer Eleganz und Diskretion. Herbe Noten von Kamille und Mineralik wirken am Gaumen fast staubig. Für Fortgeschrittene.

2019 Escherndorfer Lump Silvaner „Am Lumpen 1655" GG

29,00€ · 13%
Feiner, eleganter, nobler Silvaner, feste Struktur und salzige Mineralik, sehr ansprechend mit süßem Kern. Viel Struktur, wenig Frucht.

2019 Silvaner „Ab Ovo"

24,00€ · 13,5%
Kühle. Würzig, lebendig, ein Klassiker, an dem alles passt.

2019 Silvaner „Rainer Sauer L"
17,00€ · 13%
Ein Empfang mit offenen Armen. Pikante Würze, Saftigkeit ohne Ende, zarter Grip. In Gedanken sieht man den Main vorbeifließen.

Egon Schäffer

Astheimer Straße 17,
97332 Escherndorf
T +49 (0) 9381 9350
www.weingut-schaeffer.de

Inhaber Egon Schäffer
Betriebsleiter Egon Schäffer
Kellermeister Peter Schäffer
Verbände VDP
Rebfläche 4 ha
Produktion 25.000 Flaschen
Gründung 1524
Verkaufszeiten
Mo–Sa 10–17 Uhr

Guter Rat muss nicht teuer sein, gute Weine allerdings auch nicht. Wer durch den idyllischen Weinort Escherndorf schlendert, kommt mit Sicherheit am Weingut der Familie Schäffer in der Astheimer Straße vorbei und sollte tunlichst versuchen, vor Ort ein paar Weine zu probieren. Das lohnt sich immer, denn was Egon und sein Sohn Peter seit Jahren auf die Flaschen bringen, ist großes Geschmackskino zu fairen Eintrittspreisen. Viel Aufhebens machen die beiden Franken nicht um ihre exzellente Arbeit, das Winzerhandwerk ist für die Schäffers landwirtschaftlicher Alltag. Die Weine jedoch, zu gut der Hälfte sind es Silvaner, aber auch Rieslinge, sind bemerkenswert, bringen Festtagsstimmung ins Gemüt und sind für den Durchreisenden ein willkommenes Mitbringsel aus dem weinlaunigen Frankenland.

2018 Escherndorfer Fürstenberg Weißburgunder 1. Lage
16,00€ · 13,5%
Kräuterig-kühl und dabei mit reichlich Power ein vielseitiger Essenbegleiter.

2018 Escherndorfer Lump Riesling „Am Lumpen 1655" GG
27,00€ · 13,5%
Volles Aroma voraus! Noch sehr jung, aber schon elegant.

2018 Escherndorfer Lump Silvaner „Am Lumpen 1655" GG
27,00€ · 14%
Vielschichtiger, charaktervoller Wein, weich, mit präsentem Holz, schöner Druck, duftig, mit Aromen von Aprikose und Pfirsich, offen in der Nase - fein-filigranes Gerüst am Gaumen, tolle Länge.

♥ **2018** Escherndorfer Lump Silvaner „Stairway to Heaven" 1. Lage
18,00€ · 14,5%
Mund voll Wein – mit exotischen Noten, wie reifer Ananas und Mango, kraftvoll, guter Speisenbegleiter, etwas Holzaromen: Toffee und Karamell.

Weingut Schmitt

Neueinsteiger

Am Weinfaß 1,
97241 Bergtheim
T +49 (0) 9367 90910
www.wein-schmitt.de

Inhaber Anja Schmitt-Kraiß
Betriebsleiter Frank Kraiß
Kellermeister Frank Kraiß
Verbände Fränkischer Weinbauverband, Wine in Moderation
Rebfläche 28 ha
Produktion 200.000 Flaschen
Gründung 1944
Verkaufszeiten
Mo–Fr 8–18 Uhr
Sa 9–16 Uhr

Abseits vom touristischen Rummel oder den bekannten Weinorten zu liegen, ist für einen Winzerbetrieb kein Schicksalsschlag. Das Weingut Schmitt im verträumten Dorf Bergtheim ist dafür der beste Beweis, denn der Familienbetrieb steckt trotz seiner Abseitslage voller Schwung und Elan und bringt Jahr für Jahr sehr respektable Weine auf die Flaschen, die längst ihre Fangemeinde haben. Denn echte Weinkenner folgen der Qualität, und die finden sie verlässlich jedes Jahr bei den Schmitts. Zum Beispiel die unkomplizierten und trinkfreudigen Weine aus dem Bergtheimer Harfenspiel, einer Lage, die im Alleinbesitz der Familie ist. Probiert wird in bester Laune in der Vinothek, wer mit dem Wohnmobil anrückt, kann auf einem der schönsten Stellplätze weit und breit sein Lager aufschlagen.

2019 Bergtheimer Harfenspiel Bacchus Kabinett 1. Lage halbtrocken
8,50€ · 11,5%

♥ **2019** Bergtheimer Harfenspiel Gewürztraminer Spätlese
13,50€ · 11,5%
Würzigkeit trifft Frische – ein eigener Wein mit Aromen von Limette und Waldmeister.

2019 Bergtheimer Harfenspiel Silvaner Kabinett 1. Lage trocken
8,50€ · 12%

2019 Bergtheimer Harfenspiel Weißburgunder Kabinett 1. Lage trocken
8,50€ · 12,5%

2019 Thüngersheimer Ravensburg Scheurebe Kabinett 1. Lage halbtrocken
8,50€ · 11%
Eigenwilliger Wein mit vielen floralen Noten, einer guten Säurestruktur und schönem Trinkfluss.

2018 Bergtheimer Harfenspiel Cabernet Dorsa
11,00€ · 12,5%

2018 Bergtheimer Harfenspiel Spätburgunder 1. Lage
9,50€ · 13,5%

2018 Franken Rotwein-Cuvée „Rubinrot" halbtrocken
9,50€ · 13%

Weingut Schloss Hallburg, Graf von Schönborn

Schloss Hallburg,
97332 Volkach
T +49 (0) 9381 2415
www.weingut-schloss-hallburg.de

Inhaber Paul Graf von Schönborn
Betriebsleiter Georg Hünnerkopf
Kellermeister Klaus Wagenbrenner
Rebfläche 35 ha
Produktion 250.000 Flaschen
Gründung 1806
Verkaufszeiten
Weingut:
Mo–Fr 8.30–16 Uhr
Vinothek:
Jan.
Sa, So und Feiertag 11–17 Uhr
Febr.–März
Mi–So und Feiertag 11–17 Uhr
April–Okt.
Mo–So 11–17 Uhr
Nov.–Dez.
Mi–So und Feiertag 11–17 Uhr
und nach Vereinbarung

Mit stolzen 35 Hektar Rebfläche ist Schloss Hallburg unweit von Volkach ein stattliches fränkisches Weingut, das seit mehr als 200 Jahren im Besitz der Grafen von Schönborn-Wiesentheid ist. Hier pflegt man seit 2018 zertifizierten biologischen Weinbau, mittlerweile wird auch die angeschlossene Landwirtschaft nach ökologischen Richtlinien bewirtschaftet. Dreh- und Angelpunkt des adeligen Weinbaubetriebes ist der Hallburger Schlossberg, eine exponierte Lage, aus der die vorwiegend klassisch ausgebauten Weißweine kommen, aber auch Spätburgunder, die im Barriquefass ihren letzten Schliff bekommen. Zum Schloss gehört die Vinothek im Jägerhaus mit ihrer historischen Bausubstanz und der Terrasse, von der aus man einen weiten Blick in die Schönborn'schen Reben hat.

2015 Hallburger Schlossberg Riesling
19,50€ · 13%
Feine Reife mit Aromen von exotischen und getrockneten Früchten und etwas Petrol, feine Süße, schöne Länge, Säure ist balanciert, feine Rauchigkeit, gebratener Speck und Ananas. Schön aromatisch.

2018 Hallburger Weißer Burgunder***
17,60€ · 13%
Schlank und straff gehalten, passt mit seinen feinen Gerbstoffen zu gebratenem Fisch.

2018 Hallburger Schlossberg Riesling
19,50€ · 13,5%
Duftet nach reifen Äpfeln, zupackend und dabei recht zugänglich.

2018 Volkacher Ratsherr Silvaner
19,50€ · 14%
Weich wie ein Daunenbett. Ganz cremige Weichheit mit zarter Fruchtsüße. Zur Kuschelrock-CD.

2019 Silvaner „Alte Reben Gaibach"
9,90€ · 11,5%

2019 Hallburger Schlossberg Silvaner
14,80€ · 13,5%
Ein Show-Silvaner, der den großen Auftritt nicht scheut. Grüne Sommerfrische im Glas, der findet schnell viele Freunde.

2019 Silvaner „Silvaner Hallburg"
9,70€ · 12,5%

♥ Weißburgunder „Komposition 206 Schloss Hallburg"
28,80€ · 13%
Ein sehr ernsthafter Weißburgunder, der sich mit einer gehobenen Speisebegleitung besonders wohl fühlt. Wir denken an Kalbsfilet mit Maronen und Radicchio. Mit seinen buttrig-karamelligen Röstaromen kann dieser Wein locker mithalten.

2011 Schlossberg Spätburgunder „Hallburger Schlossberg***"
28,80€ · 13,5%

Zur Schwane

Erlachhof 7, 97332 Volkach
T +49 (0) 9381 71760
www.schwane-weingut.de

Inhaber Eva Pfaff Düker & Ralph Düker
Betriebsleiter Christian Kallisch
Kellermeister Stefan Ott

Tradition ist ein wichtiger Bestandteil des Weingutes im idyllischen Volkach, rund 600 Jahre Weinbaugeschichte stehen zu Buche. Doch darauf ruht man sich keineswegs aus, ganz im Gegenteil. Betriebsleiter Christian Gallisch und der langjährige Kellermeister Stefan Ott wissen beide um die hohen Ansprüche und Erwartungen, die an die Weine des Schwane-Teams gestellt werden, und sind als eingespieltes Team, unterstützt von den engagierten Inhabern Pfaff-Düker, seit Jahren auf Erfolgskurs. Zurückgreifen kann der Betrieb auf exponierte und renommierte Lagen rund um den Weinort Volkach. Die besten Parzellen, aus denen die klassischen Silvaner des Weingutes kommen, stehen jedoch im weltbekannten Escherndorfer Lump.

Verbände VDP
Rebfläche 30 ha
Produktion 200.000 Flaschen
Gründung 1404
Verkaufszeiten
Mo–Fr 8–16 Uhr
Vinothek im Romantik Hotel, Hauptstraße 12:
Mo–So 8–20 Uhr

2018 Volkacher Ratsherr Silvaner GG
27,00€ · 13,5%
Hochwertige Trinkfreude mit viel Gepäck. Da gibt es Rauch, Schmelz, Zitrusfrüchte und pikante Gewürze zu entdecken. Dieser Wein macht viel mit. Wir empfehlen ein kräftig gewürztes Huhn mit Kardamom dazu.

2019 Escherndorfer Lump Riesling „Am Lumpen 1655" GG
27,00€ · 13%
Tief und komplex klingt dieser Wein, fährt aber noch mit angezogener Handbremse. Man kann sich auf das freuen, was kommt. Jetzt glänzt er mit animierender Säure und einem Exotik-Steinobst-Mix: Mango, Ananas und reifem Pfirsich plus einem Hauch Cremigkeit und Grip.

2019 Escherndorfer Lump Silvaner 1. Lage
16,00€ · 13,5%
Zeigt Frucht und Schmelz, ein Allrounder, der den ganzen Abend begleitet.

2019 Escherndorfer Lump Silvaner „Am Lumpen 1655" GG
27,00€ · 13%
Guter Druck und Spannung, saftig und steinig-mineralisch, duftig mit Aromen von grüner Limette und reifem Apfel.

2019 Volkach Scheurebe
10,00€ · 12,5%
Diese Scheurebe sollte eigentlich in Gartencentern mitverkauft werden für Balkon- und Terrassenfreunde. Am wohlsten fühlt sie sich an sonnigen Standorten draußen, alles ab 20 Grad Außentemperatur ist gerade recht.

2019 Volkach Silvaner „Sylvaner Urtyp"
14,00€ · 13,5%

2019 Volkach Weißburgunder
14,00€ · 13%
Kräuterige Anklänge treffen auf saftige gelbe Früchte. Sehr rund und geschliffener Weißburgunder für Grauburgunder-Fans.

2016 Escherndorfer Lump Spätburgunder 1. Lage
25,00€ · 13,5%
Fein gebaut mit schönem Trinkfluss, zeigt vorbildlich die Leichtigkeit der Sorte.

♥ **2018** Zweigelt „Elementar"
35,00€ · 13,5%
Viel Würze gepaart mit nobler Eleganz, ein Festtagswein, ideal zum Rehrücken.

Winzer Sommerach – Die Genossenschaft

Zum Katzenkopf 1,
97334 Sommerach
T +49 (0) 9381 80610
www.winzer-sommerach.de

Betriebsleiter Frank Dietrich
Kellermeister Stefan Gerhard
Rebfläche 194 ha
Produktion 1.900.000 Flaschen
Verkaufszeiten
Mo–Fr 9–18 Uhr
Sa, So und Feiertag 10–18 Uhr

Sie nennen sich „Winzer Sommerach“ und blicken auf eine 120-jährige Geschichte zurück. Für fränkische Weinverhältnisse nicht besonderes alt, dafür aber seit ihrer Gründung besonders effektiv und immer noch attraktiv. Rund 220 Mitglieder sind aktuell am Start. Dirigiert werden die Winzer von Frank Dietrich, für den Keller ist Stefan Gerhard verantwortlich. Und der bekommt im Herbst Trauben aus rund 194 Hektar Rebfläche in sein Reich angeliefert. Was er daraus macht, kann sich vor den Mitbewerbern sehen, vor allem aber schmecken lassen. In der gutseidenen Vinothek „Weinreich“ findet man durch die Bank empfehlenswerte Weine zu überaus fairen Preisen.

2015 Silvaner „Sommeracher Katzenkopf Supremus“
20,00€ · 14%

2015 Weißburgunder „Katzenkopf Supremus“
22,00€ · 14,5%

♥ **2018** Silvaner „Katzenkopf“
18,00€ · 13,5%

2019 Alter Satz „Sommeracher Katzenkopf“
12,00€ · 13,5%

2019 Blauer Silvaner „Familiengewächs“
9,00€ · 13,5%

2019 Gewürztraminer „Sommeracher Katzenkopf“ Spätlese halbtrocken
12,00€ · 12,5%

2019 Riesling „Sommeracher Katzenkopf“ Spätlese trocken
12,00€ · 12,5%

2019 Riesling „Sommeracher“ Kabinett trocken
8,50€ · 12,5%

2019 Sauvignon Blanc „Sommeracher Katzenkopf“
12,00€ · 13%

2019 Silvaner „Katzenkopf Supremus“
22,00€ · 14%
Vielschichtiges Aroma von Steinobst, Kräutern, Kreide trifft auf feste Struktur und Zugkraft.

2019 Silvaner „Sommeracher Katzenkopf“ Spätlese trocken
11,00€ · 14%

2019 Silvaner „Sommeracher“ Kabinett trocken
8,50€ · 13,5%

2019 Traminer „Katzenkopf Supremus“
25,00€ · 14%

2019 Weißburgunder „Sommeracher Katzenkopf“
12,00€ · 14%

2019 Weißburgunder „Sommeracher“ Kabinett trocken
8,50€ · 13,5%

2017 Spätburgunder „Sommeracher Katzenkopf"
22,00€ · 13,5%

2019 Rieslaner „Katzenkopf" Auslese
15,50€ · 9%
Floral-duftige Trinkfreude mit heller Süße und aromatischem Comeback am Gaumen. Der Wunschpartner heißt hier reifer Parmigiano.

Daniel Then

Hauptstraße 1,
97334 Sommerach
T +49 (0) 9381 9268
www.weingut-then.de

Inhaber Daniel Then
Betriebsleiter Daniel Then
Rebfläche 7 ha
Produktion 35.000 Flaschen
Gründung 1849
Verkaufszeiten
Mo–Fr 8–18 Uhr
Sa 9–15 Uhr
So 10–12 Uhr

Daniel Then ist so etwas wie ein fränkischer Shootingstar in Sachen Wein. Ein Newcomer in einem traditionsreichen Sommeracher Weingut, der bewusst zurückschaut, um den Weg nach vorne zu gehen und zu erkennen, dabei in vielen weinbaulichen Dingen „back to the roots" geht. Und natürlich spielt er mit seinem Namen und nennt eine Weinlinie „au-then-tisch", das bietet sich an und liegt auf der Hand. Dazu passt sein spontan im Betonei vergorener Silvaner, ein Wein, der zwischen Oldschool und Highend balanciert, einfach cool ist, die Weinszene ein wenig aufmischt und letztendlich seine Fangemeinde in allen Generationen findet. Dass man Daniel Then ein besonderes Händchen für Rotweine bescheinigt, können alle bestätigen, die seine Spätburgunder verkostet haben. Elegant und fein und auch ohne Betonei ausgesprochen authentisch burgundisch.

2018 Volkacher Ratsherr Silvaner
21,00€ · 13%
Erdig und dabei mit lockerer Stimmung, die Spaß macht.

♥ **2019** Sommeracher Katzenkopf Silvaner „Alte Reben“ Spätlese 1. Lage trocken
9,00€ · 13%
Animierender Sommerwein. Will draußen getrunken werden, wenn es richtig heiß ist, und bringt dann die nötige Erfrischung.

2019 Sommeracher Katzenkopf Weißburgunder „Am Tiefental“
12,50€ · 13%
Üppiger Wein mit pikanter Säure, straff und fest, saftig mit Aromen von Kräutern, Eisenkraut, Birne und Zitrus, sehr präzise, schöner Abgang.

2016 Sommeracher Katzenkopf Spätburgunder „R“
21,00€ · 13,5%
Ein zart-duftiger Klassiker, der wunderbare Reife zeigt und nicht mit zu kräftigen Speisen überlagert werden will.

2017 Sommeracher Katzenkopf Spätburgunder „Tradition“
12,50€ · 13,5%
Finessenreich und fast schüchtern. Für Fruchtliebhaber, die Eleganz und Zurückhaltung schätzen können.

2016 Sommeracher Katzenkopf Silvaner Eiswein
35,00€ · 8,3%
Spannende Aromatik (Kräuter, Kiefernhonig ...), die sich mit jedem Schluck verändert.

Georg Zang

Nordheimer Straße 8,
97334 Sommerach
T +49 (0) 9381 2888
www.zangwein.de

Inhaber Georg Zang
Betriebsleiter Georg Zang
Kellermeister Georg Zang
Verbände
Fränkischer Weinbauverband, Fränkisches Gewächs

Eine Vinothek in einer bemerkenswerten und sehenswerten modernen Architektur bildet das Herzstück des Familienbetriebes von Georg und Heike Zang, die seit 2005 das Weingut gemeinsam führen. Weinproben können in diesem schicken Ambiente gebucht werden, auf Wunsch gibt es dazu einen fränkischen Brotzeitteller. Fränkisch ist auch das Angebot an Weinen, natürlich hat der klassische Silvaner einen festen Platz im Portfolio. Unter dem Label „Große Lagenweine“ werden die Highlights aus dem Keller vermarktet, die betriebsinternen Spitzenweine sind der ganze Stolz der Winzerfamilie. Aber nicht nur in den süffigen Gewächsen schmeckt man die Freude an der Arbeit mit der Natur und am Weinmachen, der ganze Betrieb versprüht die pure Lust am Leben.

2018 Sommeracher Katzenkopf Riesling „R“
9,00€ · 12%
Breitschultriger Typ mit Hang zum Rampenlicht. Sehr würzig und mächtig, für dunkle Winterabende, an denen man sonst nichts mehr vorhat.

Rebfläche 8 ha
Produktion 55.000 Flaschen
Gründung 1889
Verkaufszeiten
Mo–Sa 9–12 Uhr und 13–17 Uhr
So und Feiertage 10–12 Uhr
und 13–15 Uhr

2019 Sommeracher Katzenkopf Riesling Kabinett trocken
6,00€ · 12%
Die Bleistiftzeichnung eines Rieslings. Der Wein bringt alles mit für einen langen Abend mit Freunden und will dabei nicht im Mittelpunkt stehen.

♥ **2019** Sommeracher Katzenkopf Silvaner „Alte Reben" Spätlese trocken
8,00€ · 13,5%
Saftiger, gelbfruchtiger Wein mit viel Frische und Frucht, hat einen guten Zug, fein duftig mit Aromen von Apfel und Mandarinencreme, etwas pudrig, rund, zugänglich.

2019 Sommeracher Katzenkopf Silvaner „Edition Heimat" Spätlese trocken
11,00€ · 13,5%
Kräuterig und lang mit feiner, zurückhaltender Frucht, komplex und fest, ernst, leichte Rauchnoten, sanft, unaufgeregt.

2019 Sommeracher Katzenkopf Weißburgunder Spätlese trocken
8,50€ · 13%
Trinkiger Wein, stimmig, mit feiner Frucht, Balance und Salzigkeit, weich und zugänglich. Aromen von Apfel und Birne.

2018 Volkacher Kirchberg Domina
9,60€ · 13%

Otmar & Johannes Zang

Zum Katzenkopf 2,
97334 Sommerach
T +49 (0) 9381 9278
www.weingut-zang.de

Inhaber Otmar Zang
Betriebsleiter Otmar & Johannes Zang
Kellermeister Johannes Zang
Verbände
Fränkisches Gewächs, Fränkischer Weinbauverband
Rebfläche 10 ha
Produktion 80.000 Flaschen
Verkaufszeiten
Mo–Sa 8–12 Uhr und 13–18 Uhr
So, Feiertag 9–12 Uhr

Otmar und Johannes Zang sind ein eingespieltes Team und arbeiten Hand in Hand, um die Erfahrung des Vaters mit den jungen Ideen des Sohnes erfolgreich zu verzahnen. Rund zehn Hektar stehen in dem klassischen Familienbetrieb im Anbau, und natürlich hat der fränkische Silvaner im Rebsortenspiegel die Nase vorn. Doch der Betrieb im verträumten Winzerort Sommerach hat auch etwas Besonders im Portfolio, das heute fast gänzlich aus der deutschen Weinwelt verschwunden ist. Unter dem Namen „Alter Satz" werden rund 35 verschiedene, teils unbekannte Rebsorten aus einem Rebhang zu einem Wein ausgebaut und auf Flaschen gefüllt. Ein Wein mit Geschichte, den es zu probieren lohnt. Für Übernachtungen steht auf dem Weingut eine komfortable Ferienwohnung zu Verfügung.

2018 Obervolkacher Landsknecht Silvaner „J40" Spätlese trocken
14,00€ · 13%
Sanfter Wein mit feiner Salzigkeit, festes Silvanergerüst umschließt Birne, Vanille und Apfel, etwas rauchig.

2019 Rimbach Landsknecht Gemischter Satz
13,50€ · 13%
Eine echte Rarität haben Sie hier im Glas: den ältesten bekannten fränkischen Satz. Und dieser Wein ist dann auch noch so schmeichelnd, dass man am liebsten schon um 11 Uhr vormittags das erste Glas möchte.

2019 Sommeracher Katzenkopf Silvaner Spätlese 1. Lage trocken
9,50€ · 13%
Sehr saftiger Klassiker – möchte man aus dem Römer trinken.

2018 Sommeracher Katzenkopf Rieslaner Auslese
15,00€ · 9%
Karamell und Apfel sind die Hauptdarsteller. Und sie bleiben auf der Bühne vom ersten Akt bis zum Schlussvorhang.

Weingut Baldauf

Hauptstraße 42,
97729 Ramsthal
T +49 (0) 9704 1595
www.baldaufwein.de

Inhaber Gerald & Ralf Baldauf
Betriebsleiter
Gerald & Ralf Baldauf
Kellermeister Tom Glass
Verbände Ecovin
Rebfläche 52 ha
Produktion 380.000 Flaschen
Gründung 1966
Verkaufszeiten
Mo–Fr 9–18 Uhr
Sa 9–16 Uhr

Ralf und Gerald Baldauf haben in ihrem Weingut gut zu tun, immerhin umfasst die Rebfläche des 1966 gegründeten Betriebes mittlerweile rund 52 Hektar und jede Menge Rebsorten, von denen der Silvaner und der Müller-Thurgau im Rebsortenspiegel die Nase vorne haben. Umfangreich und gleichsam facettenreich ist auch die Anzahl an unterschiedlichen Stilen und Qualitäten, die die Baldaufs mit jedem Jahrgang aus Neue bieten können. Das macht das Weingut in Ramsthal zusätzlich attraktiv, vinologische Langweile kommt hier nicht auf. Dazu sind vor allem die roten Gewächse aus der Lage Hammelburger Trautlestal ausgesprochen lagerfähig und zeigen ihre wahre Größe erst nach einer gewissen Reifezeit, die man ihnen im eigenen Interesse gönnen sollte.

2018 Ramsthaler Sankt Klausen Silvaner „Pfarrwengert"
21,00€ · 14%
Dezent-würziger Duft nach Fenchel, Anis und Heu – mal zu vegetarischer Küche probieren

2019 Hammelburger Trautlestal Weißburgunder „Clees"
12,00€ · 13,5%
Sehr vielschichtig und stimmig, fulminant und fein, gute Spannung und Druck, reifer Apfel, Birne, feine Würze.

2019 Stettener Stein Silvaner „Clees"
12,00€ · 13%
Guter Trinkfluss, animierender Wein mit feiner Würze, am Gaumen grünfruchtig mit grünem Apfel, Limette, Zitrone und Kräutern, sanft im Abgang

Essen

RESTAURANT HIMMELSTOSS

Bamberger Str. 3,
97337 Dettelbach
T + 49 (0) 9324 4776
www.restaurant-himmelstoss.de

Geschmorte Ochsenbäckchen, Weidekalb von der Rhön oder Wildschwein aus dem Steigerwald: Roman Krückel und Team servieren in direkter Nachbarschaft zum Weingut hinter schönem Fachwerk gehobene fränkische Küche. Dabei stehen regionale Produkte aus der Umgebung im Mittelpunkt; die Weinkarte präsentiert beste Tropfen aus Franken, Deutschland und der großen weiten Welt.

Empfohlen von
Winzerhof Nagel

GASTHAUS ZUM SCHWAN

Semmelstraße 2,
97273 Kürnach
T + 49 (0) 9367 90720
www.schwankuernach.de

In der vierten Generation führt Familie Heeg diesen Gasthof zwischen Nordheim am Main und Würzburg, zu dem Restaurant und elf Hotelzimmer gehören. Die Küche ist fränkisch-bodenständig und bietet zum Beispiel Rehküchli mit Schupfnudeln oder Ochsenbäckchen in Schwarzriesling-Jus.

Empfohlen von
Weingut Schmitt

ZUR SONNE

Hauptstraße 18,
97334 Nordheim
T + 49 (0) 9381 80710
www.franken-sonne.de

Hier ist alles aus einem Guss: Gastgeberin Eva Wittenburg führt Restaurant, Eisladen und Hotel. Das Wild stammt aus heimischen Wäldern, die Kräuter wachsen im Garten, zu trinken gibt es nur Nordheimer Weine.

Empfohlen von
Helmut Christ

SCHWABS LANDGASTHOF

Bamberger Straße 4,
97359 Schwarzach
T + 49 (0) 9324 1251
www.landgasthof-schwab.de

Authentisch-fränkische Gaststuben, gestaltet vom Künstler Theophil Steinbrenner, vermitteln direkt Gemütlichkeit. Bauernstube und Schwabenstube bieten sich an, die regionale Karte, in der das selbst von Joachim Schwab erlegte Wild eine große Rolle spielt, auszuprobieren. Übernachtungsgästen stehen zwei Zimmer zur Verfügung.

Empfohlen von
Rainer Sauer

GRÜNE GANS

Alte Bahnhofstraße 3,
97422 Schweinfurt
+49 (0) 9721 21910
www.gruene-gans-schweinfurt.de

Seit mehr als 120 Jahren gibt es dieses Kneipen-Restaurant schon, in dem es mediterrane Vorspeisen, Flammkuchen, aber auch ein Steak gibt.

Empfohlen von
Weingut Schwab

KINGS & QUEENS

15 | 20

Bauerngasse 101,
97421 Schweinfurt
T + 49 (0) 9721 533242
www.kingsqueens.eu

Klassisch, innovativ, regional, vegetarisch: Die Speisekarte in diesem Lokal in der Innenstadt von Schweinfurt klingt kurzweilig und abwechslungsreich. Die Menüs kommen in Tapas-Variationen auf den Tisch – und so kann es passieren, dass man schon mal 20 verschiedene kleine Gerichte probieren kann.

Empfohlen von
Weingut Glaser-Himmelstoss

RESTAURANT KUGELMÜHLE

Georg-Schäfer-Straße 30,
97421 Schweinfurt
T + 49 (0) 9721 914702
www.restaurant-kugelmuehle.de

GASTHAUS ZUR KRONE

Bocksbeutelstraße 1,
97332 Volkach-Escherndorf
T + 49 (0) 9381 2850
www.krone-escherndorf.de

Inhaberin Carina Pfaff und Küchenchef René Jouy bieten in der Krone einen gehobenen fränkischen Küchenstil, mit dem sie Camper, Escherndorfer und Gäste aus nah und fern gleichermaßen ansprechen. Bekannt ist die Krone für ihre Kalbsleber und den selbst geräucherten Lachs.

Empfohlen von
Michael Fröhlich

HINTERHÖFLE

Hauptstraße 30,
97332 Volkach
T + 49 (0) 9381 718180
www.hinterhoefle.de

Macht seinem Namen alle Ehre: Zauberhafter und sehr beliebter Wein- und Biergarten im Herzen von Volkach. In den Sommermonaten sollte man am besten reservieren. Auch im Winter kann man hier gemütliche Stunden vor oder nach einem Stadtbummel verbringen.

Empfohlen von
Rainer Müller

SCHOPPENHÄUSLE

Weinstraße 21,
97332 Volkach
T + 49 (0) 9381 802337
www.schoppenhaeusle.de

Schinken und Bratwurst werden selbst hergestellt, Käse, Wild und Fisch werden von Partnern und Erzeugern in der Region bestellt: In diesem gemütlichen Restaurant mitten in Volkach wird fränkisch-modern gekocht und spielt der Weingenuss eine große Rolle. Außerdem werden moderierte Weinproben und Weinbergswanderungen angeboten.

Empfohlen von
der Redaktion

WEINSTOCK

15 | 20

Hauptstraße 12,
97332 Volkach
T + 49 (0) 9381 80660
www.schwane.de

Schlafen

HOTEL ROSS AM ALTEN POSTPLATZ

Hohe Brückengasse 4,
97421 Schweinfurt
T + 49 (0) 9721 20010
www.hotel-ross.de

In diesem familiengeführten Stadthotel sollen sich die Gäste auf den ersten Blick und Kontakt wohlfühlen. Ihnen stehen modern-zeitlos eingerichtete Zimmer zur Verfügung, im Haus befindet sich auch das Restaurant Ross-Stuben mit regional-fränkischer sowie internationaler Küche und eine Vinothek.

Empfohlen von
Michael Fröhlich

GASTHOF WEISSES LAMM

Hauptstraße 2,
97334 Sommerach
T + 49 (0) 9381 9377
www.strobel-lamm.de

Hier stehen traditionelle fränkische Gerichte wie Schäufele, Fleischkräpfle oder Zwiebelrostbraten auf der Karte, der Wein wird im hauseigenen Weingut angebaut. Wer in diesem kleinen Ort auf der Weininsel an der Weinschleife übernachten will, kann dies im „Kämmerle", im „Kleinen Glück" oder im „Kirchturmblick" tun: Jedes der Zimmer ist individuell-gemütlich eingerichtet.

Empfohlen von
der Redaktion

VILLA SOMMERACH
Nordheimer Straße 13,
97334 Sommerach
T + 49 (0) 9381 802485
www.villa-sommerach.de
Blaues Zimmer, Kaminzimmer oder doch das Fürstenzimmer? Jeder der sechs Räume in diesem Hotel Garni ist individuell und liebevoll eingerichtet und zeugt von der Passion der Betreiber Toni und Madgalen Müller. Zum Hotel gehört auch eine Vinothek, es finden Musikabende statt, und es kann privat gefeiert werden
Empfohlen von
Rainer Müller

FAHR AWAY
Hauptstraße 27,
97332 Volkach
T + 49 (0) 9381 80730
www.weinbar-fahraway.de
Apartments, Ferienwohnung und klassische Hotelzimmer sind hier, mitten in der Fußgängerzone von Volkach im Angebot. Sie sind schick und gemütlich eingerichtet. Direkt gegenüber kann man in der gleichnamigen Weinbar, ebenfalls unter der Regie von Winzer-Familie Braun, beste Frankenweine genießen.
Empfohlen von
der Redaktion

VIER JAHRESZEITEN
Hauptstraße 31,
97332 Volkach
T + 49 (0) 9381 84840
www.hotel-vierjahreszeiten-volkach.de
Ein nostalgisches Hotel mit knarzenden Holzdielen im Herzen der Altstadt von Volkach: Das ist das charmante Vier Jahreszeiten, in dem die Zimmer zum Teil mit wunderschönen Antiquitäten eingerichtet sind. Der Service – auch im gemütlichen Restaurant – ist ausgesprochen freundlich und zuvorkommend.
Empfohlen von
Manfred Rothe

VOGELSBURG
Vogelsburg 1,
97332 Volkach
T 49 (0) 9381 7108970
www.vogelsburg-volkach.de
28 modern eingerichtete Hotelzimmer, ein Restaurant, ein Weingarten – und ein absolut gigantischer Blick auf die Mainschleife: So präsentiert sich die Vogelsburg hoch über Escherndorf und begeistert schon allein mit dieser Aussicht. Früher war das Gebäude Kloster, Königshaus oder Besinnungshaus, und noch heute steht auf dem Grundstück die Kirche Mariä Schutz aus dem 15. Jahrhundert. Das Ensemble gehört inzwischen zur Stiftung Juliusspital Würzburg.
Empfohlen von
Rainer Müller

ZUR SCHWANE - DER TURMDIEB - GENDARMERIE
Hauptstraße 12,
97332 Volkach
Tel.: +49 (0) 9381 5529641
www.schwane.de
Drei Häuser unter einer Regie: Familie Düker betreibt bereits in der dritten Generation das Romantik-Hotel zur Schwane inklusive mehrfach ausgezeichnetem Restaurant im Herzen von Volkach. Das unkonventionell eingerichtete Haus „Der Turmdieb" gehört ebenso dazu wie neuerdings auch die benachbarte frühere Polizeistation, in der man nach komplettem Umbau in elf Zimmern übernachten kann.
Empfohlen von
Rainer Müller

Einkaufen

Empfehlenswerte Direktvermarkter oder Hofläden in oder rund um Bergtheim:

Spargelhof Strauß
Hollerstocksweg 4
Kürbishof Schneider
Marktplatz 2
Beerenhof Gerhard
Hollerstocksweg 2
Obsthof Göbel
Am Wasserturm 11a
Holzäckerhof Sebastian Sauer
97294 Unterpleichfeld
Empfohlen von
Weingut Schmitt

Weitere Informationen über Direktvermarkter unter **www. fraenkische-obstbauern.de**

HOFLADEN IM KLOSTER MÜNSTERSCHWARZACH

Schweinfurter Straße 40, 97359 Münsterschwarzach
T + 49 (0) 9324 20413
www.abtei-muensterschwarzach.de
Egal, ob Bio-Klosterbrot, Brötchen, fränkische Leberwurst oder Winzersalami: Im Hofladen (und im Onlineshop) des Klosters gibt es von allem etwas, zusätzlich Spezialitäten aus Kellerei und Kräutergarten, Grußkarten, Literatur oder kleine Schmuckstücke.
Empfohlen von
Rainer Müller

Vinothek

Viele Winzer laden die ganze Woche über auf ihre Weingüter und in ihre eigenen Vinotheken zum Verkosten der hauseigenen Weine ein. Darüber hinaus gibt es Vinotheken, die als Zusammenschluss mehrerer Winzer eine große Weinvielfalt anbieten. Weitere Infos dazu auch auf www.fraenkisches-weinland.de/vinotheken

VINOTHEK IM KUK.DETTELBACH

Rathausplatz 6, 97337 Dettelbach
T +49 (0) 9324 3560
www.dettelbach.de
Im Kultur- und Kommunikationszentrum des Ortes ist diese Vinothek untergebracht, in der sich die Winzerbetriebe rund um Dettelbach präsentieren.
Empfohlen von
der Redaktion

DIVINO NORDHEIM

Langgasse 33, 97334 Nordheim am Main
T + 49 (0) 9381 80990
www.divino-wein.de
Die Genossenschaft DIVINO betreibt zwei Standorte in den größten Weinbaugemeinden Frankens: Die Vielfalt der Lagen und Weine erleben die Gäste in den Vinotheken von Nordheim und Thüngersheim.
Empfohlen von
der Redaktion

ÖCHSLE VINOTHEK

Hauptstraße 60, 97199 Ochsenfurt
T + 49 (0) 9331 20255
www.vinothek-ochsenfurt.de
Weine aus dem Main-Süden, fränkische Spezialitäten und Bier aus der Region. Das ist das Angebot in dieser Vinothek in Ochsenfurt, in der sich 19 Winzer n präsentieren.
Empfohlen von
der Redaktion

INFOVINOTHEK SOMMERACH

Kirchplatz 3, 97332 Sommerach
T + 49 (0) 9381 7187 939
www.sommerach.de
20 Winzer sowie der Winzerkeller Sommerach präsentieren im historischen Schul- und Gemeindehaus ihre Weine, aber auch regionale Hausbrände.
Empfohlen von
der Redaktion

VINOTHEK WEINREICH

Zum Katzenkopf 1
97334 Sommerach
T + 49 (0) 9381 80610
www.winzer-sommerach.de
90 Winzerfamilien der Genossenschaft Winzer Sommerach stehen hinter dieser architektonisch ausgefallenen Vinothek. Dazu gehören die Kostbar, die Sommerbar und der Gewölbekeller..
Empfohlen von
der Redaktion

Fotocredit: © Deutsches Weininstitut

Nahe

NAHE

Die Nahe, die im Saarland entspringt und bei Bingen in den Rhein mündet, ist Namensgeberin für dieses Anbaugebiet in Rheinland-Pfalz. Die Weine von der Nahe sind geprägt durch die außergewöhnliche Bodenvielfalt. 180 verschiedene Böden sind bekannt: Die Reben wachsen auf Schiefergestein, vulkanischem Porphyr oder Löss- und Lehmböden. An der Nahe wird vor allem Riesling angebaut. So vielfältig die Weine sind, so abwechslungsreich ist auch die Landschaft mit viel Grün, dramatischen Felsformationen oder romantischen Flusstälern und vielen kleinen hübschen Orten. Der knapp 100 Kilometer lange Weinwanderweg Rhein-Nahe führt von Kirn bis nach Bingen durch den Naturpark Soonwald-Nahe. Wer ihn geht, bekommt einen schönen Einblick in die Weinlandschaft dieses abwechslungsreichen Anbaugebiets.

DIE BESTEN WEINE BIS 10€

Die hier vorgestellten Weine laden ein, die Region, ihre Winzer und Spezialitäten auf unkomplizierte wie köstliche Weise kennenzulernen. Es sind sehr preiswerte Weine **für jeden Tag**, die unsere ganz besondere Wertschätzung haben.

Weißweine

RIESLING

2019 Riesling „Münsterer Dautenpflänzer"
9,80€ · 12,5% · Weingut Göttelmann

2019 Dorsheimer Goldloch Riesling „S"
9,90€ · 13% · Weingut Schömehl

2019 Nahe Riesling
8,30€ · 12,5% · Weingut Hexamer

2019 Laubenheimer Karthäuser Riesling
8,50€ · 13% · Sascha Montigny

2019 Riesling „Grauschiefer"
7,20€ · 12,0% · Jakob Schneider

2019 Riesling „Vom schwarzen Schiefer"
8€ · 12,5% · Weingut Göttelmann

2019 Riesling „Terroirwein vom Rotliegenden"
8€ · 12,5% · Weingut Mathern

2019 Dorsheimer Burgberg Riesling „Alte Reben" Spätlese trocken
8€ · 12,5% · Weingut Schömehl

2019 Riesling „Vom roten Schiefer"
8,90€ · 12,5% · Weingut Göttelmann

2019 Riesling
8,90€ · 12,0% · Weingut Korrell Johanneshof

2019 Monzinger Frühlingsplätzchen Riesling
9,10€ · 13,5% · Weingut Schauß

2019 Meddersheimer Rheingrafenberg Eisendell auf der Südseite Riesling
9,50€ · 12,5% · Weingut Hexamer

2019 Riesling „vom Kies"
9,90€ · 11,5% · Weingut Forsterh

2019 Riesling „Just Riesling"
9,90€ · 11,5% · Gut Hermannsberg

2019 Kreuznacher Riesling
9,90€ · 12,5% · In den Zehn Morgen

WEISSER BURGUNDER

2019 Weißburgunder
9,50€ · 12,5% · Weingut Poss

2019 Weißburgunder
7,90€ · 12,5% · Weingut Forster

2019 Weißburgunder
8€ · 12% · Lindenhof Martin Reimann

2019 Weißburgunder
7,20€ · 12% · Weingut Johanninger

2019 Laubenheimer Hörnchen Grauburgunder „S" Spätlese trocken
9,40€ · 13,5% · Weingut Schömehl

2019 Langenlonsheimer Steinchen Chardonnay „Julian Haas Barrique"
9,50€ · 13,5% · Johannes Haas

2019 Langenlonsheimer Steinchen Grauburgunder „Julian Haas Alte Reben"
9,50€ · 13,5% · Johannes Haas

2019 Waldlaubersheimer Altenburg Grauburgunder „S"
9,50€ · 13% · Weingut Marx

2019 Kreuznacher Rosenberg Chardonnay Spätlese trocken
9,50€ · 12% · Weingut Mees

2019 Kreuznacher Rosenberg Weißburgunder Spätlese trocken
9,50€ · 12,5% · Weingut Mees

2019 Grauburgunder
9,50€ · 12,5% · Weingut Poss

2019 Kreuznacher Grauburgunder
9,90€ · 12,5% · In den Zehn Morgen

SAUVIGNON BLANC

2019 Traisener Sauvignon Blanc 🍇🍇🍇
6,20€ · 12% · Weingut Beisiegel

2019 Sauvignon Blanc 🍇🍇🍇
6,70€ · 12,5% · Weingut Schild

2019 Kreuznacher Rosenberg Sauvignon Blanc 🍇🍇🍇
7,20€ · 13,5% · Weingut Mees

2019 Münsterer Königsschloss Sauvignon Blanc 🍇🍇🍇
9,30€ · 12,5% · Carl Adelseck

2019 Sauvignon Blanc 🍇🍇🍇
9,50€ · 13% · Christian Bamberger Steinhardter Hof

2019 Gutenberger Römerberg Sauvignon Blanc 🍇🍇
9,90€ · 13% · Weingut Genheimer-Kiltz

2019 Langenlonsheimer Steinchen Sauvignon Blanc 🍇🍇
6,90€ · 12,5% · Johannes Haas

2019 Sauvignon Blanc 🍇🍇
7,50€ · 12,5% · Weingut Genheimer-Kiltz

2019 Kreuznacher Rosenberg Sauvignon Blanc 🍇🍇
9,50€ · 13% · Weingut Mees

Fotocredit: © Weingut Dönnhoff

ROTER SANDSTEIN, QUARZIT ODER GRAUER TON:

HIER MACHT DER BODEN DEN UNTERSCHIED

Von Anke Kronemeyer

Das gibt es wohl nirgendwo anders auf der ganzen Welt: alle paar Meter ein anderer Boden, hier noch Sand, nebendran Siltstein, dann Löss, Konglomerat oder wieder ein paar Meter weiter Tonschiefer. Die diversen Bodenarten geben den Weinen ihre individuelle Prägung: So kommt es, dass eine Rebsorte unterschiedliche Aromen ausbildet, weil sie auf einem anderen Boden gewachsen ist. Das schafft unglaublich viel Varianz bei den Weinen.

Und genau das ist auch der Grund, warum es nicht den einen Wein von der Nahe gibt. Okay: Der Riesling ist in der Regel eher mineralisch – er kann aber auch fruchtsüß oder ganz komplex sein. Eines hat der Wein von der Nahe aber auf jeden Fall: Charakter.

Und weil die Weine so charakterstark sind, sind es auch die Winzer und Winzerinnen in diesem Anbaugebiet, das das siebtgrößte der 13 deutschen Anbaugebiete ist. Sie nennen sich seit einer eigens entwickelten Markenkampagne „echte Typen" und stehen auf vielen markanten Fotos Modell für diese Werbung. Diese Kampagne hebt die Kontraste von Landschaft, Winzern und Wein hervor; denn der eine Winzer macht seinen Wein mit den Toten Hosen, der andere hört lieber Mozart, alle leben in diesem ganz eigenen Mikrokosmos mit Vulkangestein und Rotliegendem, machen Riesling und Spätburgunder, die ebenso harmonisch wie kantig sein können. So wie die echten Typen eben auch.

Von den Toten Hosen bis Mozart

Und wie sind die Winzer und all die anderen Naheländer

so – als Typen? Darüber gibt es absolute Einigkeit, egal, wen man fragt: Der Mensch von der Nahe ist gesellig, offen, lebensfroh, gastfreundlich. Und genau darum fühlen sich auch so viele Gäste, egal, ob sie nur für einen Tagesausflug oder Kurzurlaub bleiben, so wohl zwischen Bingen und Meisenheim. Denn es lässt sich wunderbar entspannen im Nahe-Land. Zum einen gibt es in den Kurorten Bad Sobernheim, Bad Kreuznach oder Bad Münster am Stein noch Heilquellen, Bäder oder Salinen, sodass sich dort viel um Gesundheit und Wellness dreht und man sich eine wunderbare Auszeit vom Alltag nehmen kann. Das zweite Thema ist das Wandern und Radfahren – indirekt natürlich auch ein Gesundheitsaspekt. Der Weinwanderweg führt von Kirn nach Bingen, der Naheradweg vom Bostalsee bis nach Bingen. Man kann beide Wege in schönen Etappen mit vielen Besichtigungspunkten am Wegesrand absolvieren. Bei allen Touren sollte man unbedingt den Rotenfels im Blick haben: Das Felsmassiv aus rötlichem Rhyolith liegt zwischen Bad Münster am Stein-Ebernburg und Norheim und ist mit 202 Metern Wanderhöhe die höchste Steilwand zwischen den Alpen und Skandinavien.

Wer etwas Besonderes erleben will, bucht eine Draisinenfahrt. Da geht es in Strecken von 20 oder 40 Kilometern über alte Bahnschienen, vier bis sieben Personen haben auf einer Draisine Platz und treiben sie selbst mittels Pedale an.

Pilgern auf den Spuren der Hildegard

Apropos Wandern: Eine Route ist einer der prominentesten Frauen von der Nahe gewidmet – Hildegard von Bingen (1098-1179). Die Äbtissin, Dichterin, Theologin und Naturheilkundlerin hat auf dem Disibodenberg gewirkt, ein eigenes Frauenkloster gegründet und wurde 2012 heilig gesprochen. Der Hildegard von Bingen Pilgerwanderweg führt über 137 Kilometer von Idar-Oberstein bis nach Bingen, entlang vieler Stationen von „Hildegard", wie sie an der Nahe genannt wird.

Gesundheit, Wellness, Aktivurlaub – fehlt noch der Genuss. Denn auch kulinarisch bietet sich eine große Vielfalt an der Nahe. Straußwirtschaften laden zu Spießbraten, Rumpsteak oder Flammkuchen, Spitzenrestaurants zu Fine-Dining-Menüs und Weingüter direkt auf den Hof, um den Wein

Einfach immer wieder probieren

zu verkosten und dazu ein paar rustikale Häppchen zu essen. Übernachtungsgästen stehen schicke, große und kleine Hotels zur Verfügung, es gibt viele schöne ländliche Ferienwohnungen und eben auch die Möglichkeit, beim Winzer zu wohnen. Pro Jahr werden insgesamt rund 1,5 Millionen Übernachtungen gezählt.

Allen Gästen gemeinsam: die Liebe zum Wein. Der wächst wirklich „an jeder Ecke“, Weinberge und Rebstöcke prägen die wunderbare Naturlandschaft im Nahe-Land. Weingüter wie Dönnhoff, Diel, Jakob Schneider, Emmrich-Schönleber, Gut Hermannsberg haben in den letzten Jahrzehnten die Weine und damit die Region berühmt gemacht – im In- und Ausland. Dabei sind viele Weingüter schon in der Hand der nachfolgenden Jungwinzer und Jungwinzerinnen, die die Tradition ihrer Eltern oder Großeltern übernehmen, aber durchaus eigene Akzente in Weinberg und Keller setzen.

Wie nähert man sich nun am besten dem Nahe-Wein? Darauf gibt es immer nur die eine Antwort: trinken, trinken, trinken. Immer wieder probieren – in Maßen natürlich. Mal den Riesling, mal den Grauburgunder, mal den Dornfelder, mal den Spätburgunder. Immer wieder trinken. Eine gute Gelegenheit bietet sich dafür in Bad Kreuznach in der Nahe-Wein-Vinothek, eine beispielhafte Weinbar, die 2015 eröffnet wurde. So sollte es eigentlich in jedem Anbaugebiet sein: 50 Winzer sind mit jeweils drei Weinen dabei, sodass der Kunde zwischen 150 Weinen wählen kann. Er kann vor Ort verkosten, an den Events dort im zentral gelegenen Dienheimer Hof teilnehmen oder sich immer wieder ein Probepaket mitnehmen. Und so lange probieren, bis der Lieblingswein gefunden ist. Das kann dauern. Macht aber auch Spaß. Vor allem, weil ja nach zwölf Monaten der neue Jahrgang auf die Flasche kommt, den man ja noch gar nicht kennt ...

Oder man nimmt an einer Weinprobe in einem Weingut teil. Die werden regelmäßig auf allen Höfen angeboten. Wie im Weingut Jakob Schneider im beschaulichen Niederhausen. Mit viel Glück ist Oma Liesel dann die Moderatorin dieser Weinprobe. Sie wird bald 90, ist seit 65 Jahren im Betrieb und rezitiert am liebsten Gedichte bei diesen Weinproben. Ihr Lieblingsgedicht ist „Lob auf den Apfel“ von Georg Wilhelm Otto von

Ries. Das liegt immer auf einem Zettel in der Probierstube parat, handgeschrieben in Oma Liesels Schrift. Obwohl sie es auch auswendig vorsagen kann: „Eines musst Du Dir gut merken, wenn Du schwach bist: Äpfel stärken! Äpfel sind die beste Speise, für zu Hause, für die Reise (...) Äpfel glätten Deine Stirn, bringen Phosphor ins Gehirn (...) Darum, Freund, so lass Dir raten, esse frisch, gekocht, gebraten täglich ihrer fünf bis zehn: Wirst nicht dick, doch jung und schön und kriegst Nerven wie ein Strick. Mensch, im Apfel liegt Dein Glück!" Oma Liesel ist halt auch so eine echte Type von der Nahe.

Weinprobe mit Oma Liesel und Luther-Gedicht

Zahlen & Fakten

REBFLÄCHE

4.200 Hektar, 75 % Weißwein, 25 % Rotwein. Damit steht die Nahe an siebter Stelle der 13 deutschen Anbaugebiete.

WINZER

Rund 350 Winzer betreiben Weinbau an der Nahe

WEITERE INFOS ÜBER WEIN, WINZER, TOURISMUS ODER EINKAUFSMÖGLICHKEITEN

www.weinland-nahe.de
www.naheland.net
www.soonahe.de

Fotocredit: © Deutsches Weininstitut

DIE NAHE UND DER RIESLING

Von Jens Pietzonka, Weinzentrale Dresden

Als ich 1992 als gastronomischer Frischling ehrfürchtig im Weinkeller des Schlosshotel Bühlerhöhe die Regale begutachten durfte, staunte ich über die großen deutschen Weine aus den bekannten Regionen Rheingau, Mosel, Pfalz oder Baden. Eine kleine Ecke im Keller gehörte der Region Nahe und wurde fast ausschließlich von Paul Anheuser und Weingut Dönnhoff belegt. Das soll keine Kritik an diesen Weingütern darstellen, ganz im Gegenteil. Aber wenn man sieht, was jetzt in den Weinbars und Restaurants an Nahe-Wein getrunken wird, ist dies schon sinnbildlich für vergangene Zeiten.

Der Rheingau und die Mosel waren zu dieser Zeit das Maß aller Dinge. Und das, obwohl die Weinbaufläche des Rheingaus mit 3.000 um knapp 1.000 Hektar kleiner war als die an der Nahe und die Geschichte der Weinbauregion Nahe mit großem Stolz in den Hausprospekten (den heutigen „Flyern") der Weingüter zu finden war. Wer konnte schon von einer 2000-jährigen Weinbautradition berichten und besaß einst eine Königlich-Preußische-Weindomäne, die im Jahr 1921 mit einem Jahrhundertjahrgang weltweit für Aufsehen sorgte. Die Preise für Nahe-Weine standen zu dieser Zeit sogar über denen aus dem Bordeaux.

Trotzdem führte die Weinregion Nahe bis Anfang der 1990er-Jahre eher ein Schattendasein auf deutschen Weinkarten. Die späte Umbenennung vom profanen „Rheinweine" in „Weinbauregion Nahe" im Jahr 1971 war überfällig. Es brauchte aber Jahrzehnte, um Riesling-Weinkenner aus dem Rheingau oder der Mosel anzulocken. Der erste Aufschwung nach der glorreichen Zeit zu Beginn des 20. Jahrhunderts begann in den 1980ern, als Eckart Witzigmann, Hans Haas und Heinz Winkler zur kulinarischen Revolution aufkochten. Plötzlich schlug auch die Stunde des trockenen Rieslings als perfekter Essensbegleiter. Trotzdem gelang der endgültige Durchbruch erst Mitte der 1990er, als Helmut Dönnhoff mit seiner Oberhäuser Brücke die Preise der Weinwelt abräumte – bis hin zu legendären 100 Parker-Punkten. Das unglaubliche Terroir mit 180 verschiedenen Bodentypen fand endlich die wohlverdiente Anerkennung.

Der Generationswechsel in den Weingütern tat sein Übriges. Der Erfahrungsschatz der Nachkriegsgeneration und die neuen Ideen der heranwachsenden jungen Winzergilde summierte sich zum Aufschwung der Nahe. Auf Weinmessen stellte Nahe-Riesling sogar Pinot Grigio & Co in den Schatten. In dieser Zeit ermöglichten sich in offenen EU-

Märkten viele neue Verkaufskanäle übers Internet. Die Weine erfuhren weltweit Beliebtheit, da ihre schlanke und strahlende Nahe-Riesling Stilistik genau den Zeitgeist und Zeitgeschmack trafen. Und die Erfolgsgeschichte erreichte Stand 2019 ihren Höhepunkt. 350 Weinbetriebe tummelten sich nun in dieser wunderschönen Region, die auch touristisch zu den Top-Adressen in Deutschland zählt.

Einzigartig im Nahe-Riesling-Anbaugebiet ist die Bodenvielfalt. Es treffen Rheinisches Schiefergebirge, Nahe-Hügelland, Nordpfälzer Bergland und Ausläufer des Mainzer Beckens aufeinander und über 400 Millionen Jahre Erderosion hinterließen Tonschiefer, Tonmergel, Porphyr, Quarziten sowie verschiedene Sandsteinarten. Der Hunsrück gilt als Backup der Region und schützt vor kalten Nordwinden und Unwettern. Circa 180 verschiedene Bodentypen auf kleinster Fläche lassen ein Mikroklima entstehen, das es in Deutschland kein zweites Mal gibt. Alle 50 bis 100 Meter ändert sich das Terroir, was jedem Wein eine besondere Struktur verleiht. Den hohen Anteil an Vulkangestein findet man in einer unvergleichlichen Mineralität und Strahlkraft der Weine wieder.

Viele große Namen stehen eng verbunden mit dem Riesling-Boom an der Nahe. Stellvertretend für die Spitze ist das Schlossgut Diel zu nennen, wo inzwischen Caroline Diel ihren Vater Armin abgelöst hat. Ihre Weine sind nie laut, sondern eher fein geschliffene Diamanten. Nicht zu vergessen das Weingut Emrich-Schönleber, dessen Frühlingsplätzchen Riesling GG von Robert Parker als „Extraordinary Wine“ eingestuft wurde. Zu den großen Namen gesellen sich immer wieder aufstrebende Betriebe, was die Region pulsieren lässt. Mit einem Ausrufezeichen versehen möchte ich aktuell die Weingüter Hexamer, Montigny, Poss, Emmerich-Koebernik und Kruger-Rumpf.

Die Stärke der Nahe liegt heute sicher mehr im trockenen Bereich. Generell findet ein deutlicher Wandel hin zu mehr Struktur in den Weinen statt. Riesige Bodenvielfalt, verbunden mit einem kühlen Kleinklima und steilen, schroffen Weinberglagen ergeben eine einzigartige Mischung, die so auf der Welt nicht wieder zu finden ist. Die Rieslinge, die hier wachsen, sind immer geprägt von Finesse, Eleganz und Herkunft. Wer also diese in der heutigen Zeit sehr raren Dinge sucht, sollte unbedingt einen Riesling von der Nahe genießen.

TOP 13 – RIESLING

Schlank, strahlend und fein geschliffen:
Die Rieslinge von der Nahe treffen **Zeitgeist und Zeitgeschmack.**
Eine Bereicherung für die Rieslingwelt!

2019 Schloßböckelheimer Felsenberg „Felsentürmchen" GG

Hermann Dönnhoff, Oberhausen

Ein edler Muntermacher, hat alles, was ein feiner Riesling braucht.

39,50€ · 13%

2018 Hermannsberg Niederhausen GG

Gut Hermannsberg, Niederhausen

Harmonisch, balanciert und ausgewogen. Die Zitrusfrucht ist betörend klar und der Restzucker sorgt für seidigen Schmelz. Die Harmonie will nicht enden – leider ist die Flasche irgendwann leer.

42€ · 12,5%

2019 Traiser „Bastei“ GG

Weingut Dr. Crusius, Traisen

„Die Zukunft gehört mir!“, ruf dieser Wein uns zu und wir glauben ihm. Barocke Wucht und richtig viel Druck am Gaumen. Die Säure spielt ... gerne.

45€ · 13%

2018 Dorsheim Goldloch GG

Schlossgut Diel, Rümmelsheim

Der Wein verströmt warme Exotik und dazu die Nachricht: Da kommt noch was!

34€ · 12,5%

2018 Dorsheim Burgberg GG

Schlossgut Diel, Rümmelsheim

Ernster, noch verschlossener Wein mit Andeutungen von Reife.

45€ · 12,5%

2019 Monzinger Niederberg „1G“ 1. Lage

Weingut Emrich-Schönleber, Monzingen

Würzig, saftig, frisch und beschwingt.

26€ · 12,5%

2015 Kupfergrube Schlossböckelheim GG

Gut Hermannsberg, Niederhausen

Weich und dabei frisch am Gaumen, zeigt würdevolle Reife, ein Charakterwein für Spezialisten.

55€ · 12,5%

2018 Bastei Traisen GG

Gut Hermannsberg, Niederhausen

Dieser Riesling sitzt hoch zu Ross und hat alle Berechtigung dazu. Fein verwobener Klassiker mit großem Potenzial für Traditionalisten, die das Besondere suchen.

48€ · 12,5%

2019 Steinberg Niederhausen GG

Gut Hermannsberg, Niederhausen

Beeindruckendes, kraftvolles, dennoch hochelegantes, fast lineares Großes Gewächs, das bereits im jugendlichen Stadium größtes Vergnügen bereitet, deshalb genügend davon im Keller verstecken.

32€ · 13%

2019 Felsenberg Schlossböckelheim GG

Gut Hermannsberg, Niederhausen

Opulentes Fruchtkörbchen in der Nase, saftig-frisch und finessenreich, macht Lust.

36€ · 13,5%

2019 Im Pitterberg GG

Weingut Kruger-Rumpf, Münster-Sarmsheim

Das ist Nahe pur. Ein absoluter „Wow-Wein“, den man mit den besten Freunden genießen sollte. Kerzengerade mit Wachmacher-Säure und großer Lebensfreude.

37€ · 12,5%

2019 Burgberg GG

Weingut Kruger-Rumpf, Münster-Sarmsheim

Feuerstein und Melone bringen Finesse und Mineralik. Dazu ein Zitronenhuhn und einen ganzen Haufen guter Freunde, das ist Lebensfreude pur.

39€ · 12,5%

2019 Fels „Reserve“

Lindenhof Martin Reimann, Windesheim

Setzen Sie sich in die Nahe-Achterbahn! Aprikosenröster, Schiefer und dann die feine Säure. Da ist richtig was los am Gaumen.

21,50€ · 12,5%

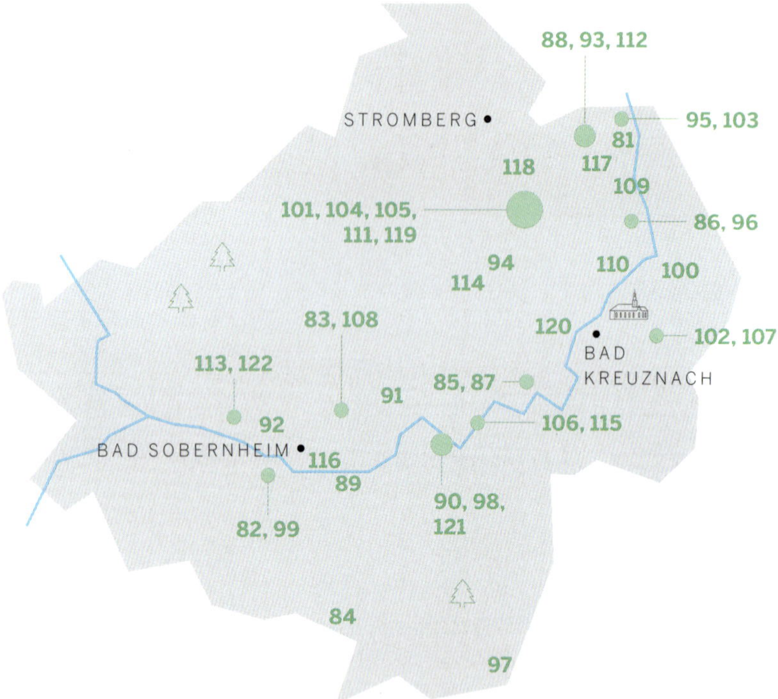

Den Wein von der Nahe zu beschreiben, fällt schwer. Denn 180 verschiedene Böden sorgen für immer neue Aromen. Und so wachsen hier auf Schiefer mineralische Rieslinge ebenso wie samtige Spätburgunder auf Kalkboden. Das Anbaugebiet Nahe ist das siebtgrößte der 13 deutschen Gebiete. Unterteilt wird in die untere Nahe von Bingerbrück bis Bad Kreuznach, die mittlere Nahe von Bad Münster am Stein bis Schlossböckelheim sowie die obere Nahe bis in das westlich gelegene Martinstein.

Geographische Lage Die Nahe entspringt im Saarland südwestlich des Bostalsees und mündet nach 120 Kilometern bei Bingen in den Rhein. Sie trennt den Hunsrück vom Nordpfälzer Bergland und überwindet dabei 322 Höhenmeter. Gemeinsam mit ihren fünf Nebenflüssen ist sie das Herz dieser von Mikroklima und landschaftlichen Reizen geprägten Weinregion.

Klima Ausgeglichen, mild und regenarm ist das Klima in allen Lagen des Anbaugebietes. Die Sonnenscheindauer von April bis Oktober beträgt bis zu 2005 Stunden, die Niederschlagsmenge im Durchschnitt 552.9 mm/m².

Böden Konglomerat, Buntsandstein, Quarzit, Porphyr, Schiefer

Rebfläche 4.231 ha, davon 3.233 ha Weißwein und 998 ha Rotwein

Rebsorten Riesling, Müller-Thurgau, Grau- und Weißburgunder, Dornfelder, Spätburgunder

Geschichte Bereits die Römer haben vor 2.000 Jahren an den Ufern der Nahe Weinreben kultiviert. 1971, durch eine Änderung des Weingesetzes, wurde die Nahe ein eigenständiges Weinanbaugebiet, zuvor wurde der Wein als Rheinwein vermarktet.

Besonderheiten Vulkanausbrüche und mächtige Erdbewegungen mischten den Untergrund an der Nahe so auf, dass mehr als 180 verschiedene Bodenformationen übrig blieben. Diese einmalige Bodenvielfalt findet man im gesamten europäischen Raum nicht noch einmal.

WEINGÜTER

81
CARL ADELSECK
Saarstraße 41
55424 Münster-Sarmsheim

82
WEIN- UND SEKTGUT BAMBERGER
Römerstraße 10
55566 Meddersheim

83
CHRISTIAN BAMBERGER STEINHARDTER HOF
Kreuznacher Straße 2
55566 Bad Sobernheim

84
HOTELWEINGUT BARTH
Lindenallee 23
55590 Meisenheim

85
WEINGUT BEISIEGEL
Hauptstraße 8
55595 Traisen

86
WEINGUT CLOSHEIM
Naheweinstraße 97
55450 Langenlonsheim

87
WEINGUT DR. CRUSIUS
Hauptstraße 2
55595 Traisen

88
SCHLOSSGUT DIEL
Burg Layen 16–17
55452 Rümmelsheim

89
WEINGUT DISIBODENBERG
Am Disibodenberg 1
55571 Odernheim

90
HERMANN DÖNNHOFF
Bahnhofstraße 11
55585 Oberhausen

91
WEINGUT EMMERICH-KOEBERNIK
Hauptstraße 44
55596 Waldböckelheim

92
WEINGUT EMRICH-SCHÖNLEBER
Soonwaldstraße 10a
55569 Monzingen

93
WEINGUT FORSTER
Burg-Layer-Straße 20
55452 Rümmelsheim

94
WEINGUT GENHEIMER-KILTZ
Zum Sportfeld 6
55595 Gutenberg

95
WEINGUT GÖTTELMANN
Rheinstraße 77
55424 Münster-Sarmsheim

96
JOHANNES HAAS
Naheweinstraße 147
55450 Langenlonsheim

97
HAHNMÜHLE
Alsenzstraße 25
67822 Mannweiler-Cölln

98
GUT HERMANNSBERG
Ehemalige Weinbaudomäne
55585 Niederhausen

WEINGÜTER

99
WEINGUT HEXAMER
Sobernheimer Straße 3
55566 Meddersheim

100
WEINGUT JOHANNINGER
Hauptstraße 4–6
55546 Biebelsheim

101
WEINGUT GEBRÜDER KAUER
Bruchgasse 15
55452 Windesheim

102
WEINGUT KORRELL JOHANNESHOF
Görzstraße 7
55545 Bad Kreuznach-Bosenheim

103
WEINGUT KRUGER-RUMPF
Rheinstraße 47
55424 Münster-Sarmsheim

104
LINDENHOF MARTIN REIMANN
Lindenhof 1
55452 Windesheim

105
WEINGUT MARX
Setzling 4–6/Hauptstraße 7
55452 Windesheim

106
WEINGUT MATHERN
Winzerstraße 5–7
55585 Niederhausen

107
WEINGUT MEES
Hackenheimer Straße 21
55545 Bad Kreuznach

108
WEINGUT MICHEL
Kreuznacher Straße 28–32
55566 Bad Sobernheim

109
SASCHA MONTIGNY
Weidenpfad 46
55452 Laubenheim

110
IN DEN ZEHN MORGEN
In den zehn Morgen 41
55559 Bretzenheim

111
WEINGUT POSS
Goldgrube 20–22
55452 Windesheim

112
JOH. BAPT. SCHÄFER
Burg Layen 8
55452 Rümmelsheim

113
WEINGUT SCHAUSS
Römerstraße 12
55569 Monzingen

114
WEINGUT SCHILD
Klosterstraße 7
55595 St. Katharinen

115
JAKOB SCHNEIDER
Winzerstraße 15
55585 Niederhausen

116
K. H. SCHNEIDER
Meddersheimer Straße 29
55566 Bad Sobernheim

WEINGÜTER

117
WEINGUT SCHÖMEHL
Binger Straße 2
55452 Dorsheim

118
SM SEKTMANUFAKTUR
Große Heide 2
55444 Waldlaubersheim

119
WEINGUT SINSS
Hauptstraße 18
55452 Windesheim

120
STAATSWEINGUT BAD KREUZNACH
Rüdesheimer Straße 68
55545 Bad Kreuznach

121
KARL STEIN
Auf dem Stiel 12
55585 Oberhausen

122
UDO WEBER
Soonwaldstraße 41
55569 Monzingen

Carl Adelseck

Neueinsteiger

Saarstraße 41,
55424 Münster-Sarmsheim
T +49 (0) 6721 97440
www.adelseck.de

Inhaber Carl Martin Adelseck
Betriebsleiter
Carl Martin Adelseck
Kellermeister
Carl Martin Adelseck
Verbände Pro Riesling
Rebfläche 14 ha
Produktion 100.000 Flaschen
Verkaufszeiten
nach Vereinbarung

Wenn man, wie die Familie von Carl Martin Adelseck seit Jahrhunderten mit dem Weinbau verbunden ist, dann ist der Wein tatsächlich Lebenselixier im wahrsten Sinne des Wortes. Um die Gewächse jedes Jahr noch ein bisschen besser zu machen, muss man in den Weinberg reinhören und die Arbeit der Individualität der Böden anpassen. Carl Martin Adelseck und seinen Mitarbeitern gelingt das trefflich, das konsequente und dabei kompromisslose Qualitätsstreben zahlt sich am Ende aus, beschert dem Traditionsweingut regelmäßig Lob und Auszeichnungen und den Kunden charaktervolle Weine. Auch in Sachen Sekt und Seccos hat das Weingut attraktive Angebote, ganz klassisch in der Flasche vergoren.

2019 Laubenheimer Karthäuser Grauburgunder feinherb
14,90€ · 13%

2019 Münsterer Königsschloss Sauvignon Blanc
9,30€ · 12,5%
Druck und Frische am Gaumen, tolle Balance.

2019 Münsterer Pittersberg Riesling
9,50€ · 13%
Ein erwachsener und ernsthafter Riesling, geprägt von Schmelz und Weichheit. Für den späten Abend.

2019 Sarmsheimer Liebehöll Weißburgunder „S" feinherb
14,90€ · 13%

2019 Sauvignon Blanc
9,50€ · 12,5%

Wein- und Sektgut Bamberger

Römerstraße 10,
55566 Meddersheim
T +49 (0) 6751 2624
www.weingut-bamberger.de

Inhaber Heiko Bamberger
Kellermeister
Heiko Bamberger
Verbände Fair'n Green,
Verband traditioneller
Sektmacher

Mit seinen Weinen aus 2018 hat Heiko Bamberger bereits den zweiten Fair'n Green zertifizierten Jahrgang auf den Markt gebracht, der ein konsequent ökologisches Arbeiten voraussetzt. Nicht nur bei den jungen Kunden kommt diese Idee gut an, Bamberger sieht in der Kennzeichnung seiner Weine mit dem auffälligen Logo der Vereinigung ein gutes Marketinginstrument, das Natur und Wein sichtbar in Einklang bringt. Neben seinen Weinen hegt der Meddersheimer Winzer auch eine ausgesprochene Passion für Sekte, die aus Rieslingen und weißen und roten Burgunder-Sorten hergestellt werden. Das passiert selbstverständlich nach der traditionellen Flaschengärmethode, für Heiko Bamberger ein unbedingtes Muss, um die Sekte auf das gleiche, hohe Qualitätsniveau seiner Weine zu heben.

2019 Meddersheimer Altenberg Riesling
11,50€ · 12%

2019 Meddersheimer Altenberg Riesling Kabinett
9,50€ · 8,5%

Rebfläche 15 ha
Produktion 100.000 Flaschen
Verkaufszeiten
Mo–Fr 8-12 Uhr und 14–18 Uhr
Sa 9–17 Uhr
und nach Vereinbarung

2019 Meddersheimer Altenberg Riesling „Réserve"
18,50€ · 12,5%
Stattliche Reserve mit markant stolzem Auftritt! Kein Solist, dieser Riesling braucht eine ebenso feine wie selbstbewusste kulinarische Begleitung.

2019 Meddersheimer Rheingrafenberg Grauburgunder
15,00€ · 13%

2019 Meddersheimer Rheingrafenberg Weißburgunder
11,50€ · 12,5%
Da ist richtig was los in Nase und Gaumen. Quitte, Holunder, frischer Dill und dazu eine zackige Säure.

2019 Monzinger Frühlingsplätzchen Riesling
11,50€ · 12%
Saftig, schlank und animierend – Easy Drinking mit Anspruch.

2019 Monzinger Frühlingsplätzchen Riesling Spätlese
11,50€ · 7,5%
Schöner Spätlesetyp, viel Würze, Kraft und Substanz. Dazu kommt Salzigkeit. Pure Eleganz, wirkt nicht süß, weich und fluffig mit Ideen von Apfel, Birne und getrockneten Früchten.

2019 Monzinger Frühlingsplätzchen Riesling „Réserve"
18,50€ · 12,5%
Parade-Rieslingnase, klassischer geht's kaum. Und mit dem Schmelz darf dazu Saltimbocca gereicht werden – eine geradezu naturgewollte Liaison.

2009 Riesling „Decade" brut nature
68,00€ · 12,5%
Dieser Riesling erzählt Geschichten von früher und bringt dabei reife und ölige Aromen mit, die von Waldpilzen und Kräutern begleitet werden.

2012 Riesling „Twenty Five“ brut nature
25,00€ · 12,5%
Ein richtiger Gaumenschmeichler mit expressiver Perlage. Feiertags-Schaumwein für die feierlichen Momente.

2015 Pinot Rosé brut
16,50€ · 13%
Ein kleines Treffen in der Champagne – trotzdem Fruchtfontänen nach Johannisbeere, Blutorange und Waldbeeren. Mit Grip, ein starker Allrounder. Vom Aperitif bis zum Hauptgang.

2016 Riesling brut
14,00€ · 12,5%
Liebe auf den zweiten Blick: Anfangs verschlossen, öffnet er sich und entlässt Apfelkuchen, Limette, Hefezopf. Kühl, straight und mineralisch.

Christian Bamberger Steinhardter Hof

Kreuznacher Straße 2,
55566 Bad Sobernheim
T +49 (0) 6751 6048
www.cb-wein.de

Inhaber
Christian Bamberger
Betriebsleiter
Christian Bamberger
Kellermeister
Christian Bamberger
Rebfläche 24 ha
Produktion 220.000 Flaschen
Gründung 1658
Verkaufszeiten
Mo–Fr 8–12 und 14–18 Uhr
Sa 8–14 Uhr
und nach Vereinbarung

Christian Bamberger würde sich selbst nicht als Rotweinwinzer bezeichnen, dafür hat er zu viele weiße Sorten in seinen Weinbergen rund um Bad Sobernheim stehen. Aber ein ausgewiesener Spezialist in dieser Sparte ist er allemal, die vielen Auszeichnung und Ehrungen für seine Spätburgunder sind der beste Beweis dafür. Grund genug, den Barriquekeller zu erweitern, um etwas mehr Platz für die Premium-Rotweine zu schaffen, die sich einer steigenden Nachfrage erfreuen. Im Sommer 2020 konnte der ambitionierte Winzer auch seine Rebfläche um rund zwei Hektar erweitern. Eine zukunftsträchtige Investition auf über 300 Meter Höhe, die im Zuge des Klimawandels der Cool-Climate-Idee Rechnung trägt und zu den höchsten Lagen des Anbaugebietes zählt.

2018 Grauburgunder „Vulkangestein“
15,00€ · 13,5%
Ein Grauburgunder mit immenser Wucht, der einen auf die Couch geleitet.

2018 Sauvignon Blanc „Fumé“
15,00€ · 13,2%
Der macht auch eine Burgunderprobe mit.

2019 Sauvignon Blanc
9,50€ · 13%
Große Trinkfreude für große Runden.

2019 Sauvignon Blanc „Fumé“
15,00€ · 13%
Attraktiver Wein, elegant und sexy. Viel Würze aus dem Holz: Toffee, Karamell, Sahne, Bratapfel, schöne Säurestruktur, ein Hauch Popcorn. Schön.

2020	Merlot „Merlot ist weiß"	
	8,50€ · 12,5%	
2018	Rotwein-Cuvée „Cuvée R Réserve"	
	30,00€ · 14%	
	Die dunkle Würzigkeit mit Noten von Mokka, Blockschokolade und Schwarzer Johannisbeere schreit geradezu nach dem Grill – gerne auch im Winter.	
2018	Rotwein-Cuvée „Cuvée S Superior"	
	18,00€ · 14%	
2018	Spätburgunder „QX"	
	35,00€ · 13,5%	
	Nicht jeder sucht nach Frucht. Wer anderes sucht, wird hier fündig: Bleistift, Schießpulver und balsamische Kräuterwürze schießen geradezu in die Nase. Laut – aber nicht zu laut.	
2018	Spätburgunder „Vulkangestein"	
	19,50€ · 13%	
	Spätburgunder für (anspruchsvolle) Einsteiger. Von Mandel über Rosmarin bis Wacholder ist aromatisch alles geboten, was die Liebe zur Rebsorte wecken sollte.	
2020	Rotwein-Cuvée „Lichtblick"	
	8,50€ · 12,5%	

Hotelweingut Barth

Lindenallee 23,
55590 Meisenheim
T +49 (0) 6753 5477
www.hotelweingut-barth.de

Inhaber Gregor Barth
Betriebsleiter Gregor Barth
Kellermeister Gregor Barth
Verbände Weinland Nahe
Rebfläche 8,5 ha
Produktion 65.000 Flaschen
Gründung 1985
Verkaufszeiten
Mo–Sa 8–19 Uhr

Weine aus Steil- und Steilstlagen haben ein besonderes Image, aber welche Arbeit und Mühe sich dahinter verbergen, wird oftmals unterschätzt. Gregor Barth und seine Familie wissen davon ein Lied zu singen, denn ihr Betrieb, spezialisiert auf Riesling und Burgunder, bewirtschaftet ausschließlich Parzellen in Steillagen. Bis auf die Weinlese, die natürlich mit der Hand gemacht wird, werden alle anfallenden Arbeiten das Jahr über von Familienmitgliedern verrichtet. In den letzten Jahren hat das Familienweingut rund 2,5 Hektar alte Weinberge im Rehborner Herrenberg und dem Raumbacher Schwalbennest rekultiviert, die teilweise 50 Jahre brach lagen. Die Mühe lohnt, denn Gregor Barths Gewächse sind grundsolide empfehlenswerte Weine. Dazu bietet der Betrieb Winzersekte, produziert nach dem klassischen Flaschengärverfahren.

♥ **2018** Raumbacher Schwalbennest Riesling Spätlese
9,50€ · 9,5%
Zitronige Dichte und straffe Säure, erfrischend mit Kamille und Vanille, spannend, rund, mit Apfelschalen, getrocknete Birne.

2019 Raumbacher Schwalbennest Riesling „S"
11,50€ · 12,5%
Intensive Nase, Kreidigkeit am Gaumen mit Steinobstaromen und einem Hauch Exotik, etwas cremig, rund und schön.

2019 Riesling „Metamorphit"
9,20€ · 12%
Ananas und Zitrusfrüchte werden von ganz leisen Petrolnoten begleitet. Ein fragiler und zarter Wein mit hell klirrender Säure.

2018 Meisenheimer Obere Heimbach Pinot Noir
15,00€ · 14%
Unverstellter Wein mit viel frischen Waldbeeren, etwas Veilchen und einer straffen Tanninstruktur. Ehrliche Haut.

2018 Rehborner Herrenberg Spätburgunder „Nummer 1"
17,00€ · 14%
Würze steht im Vordergrund: Kaffee und Schokolade, darunter feine Him- und Brombeerfrucht und feine, erfrischende Säure, etwas balsamisch am Gaumen.

2019 Rehborner Herrenberg Spätburgunder „Im Barrique gereift"
12,50€ · 13,5%
Viel saftige Frucht von roten und schwarzen Kirschen, dazu Nelkenwürze. Rund und kräftig, ohne kompliziert zu werden.

Weingut Beisiegel
Hauptstraße 8,
55595 Traisen
T +49 (0) 671 34336
www.weingut-beisiegel.de

2019 Traisener Sauvignon Blanc
6,20€ · 12%
Saftige Frische und zitrischer Zug – aber doch kein Riesling.

Weingut Closheim
Naheweinstraße 97,
55450 Langenlonsheim
T +49 (0) 6704 1517
www.anetteclosheim.de

2018 Sauvignon Blanc „Loirista"
16,00€ · 13,5%
Kühlend mit opulenter Kräutrigkeit und sanftem Schmelz.

Weingut Dr. Crusius

Hauptstraße 2,
55595 Traisen
T +49 (0) 671 33953
www.weingut-crusius.de

Inhaber Familie Crusius
Betriebsleiter Peter Crusius & Rebecca Crusius
Kellermeister Peter Crusius & Rebecca Crusius
Verbände VDP, Generation Riesling
Rebfläche 22 ha
Produktion 120.000 Flaschen
Gründung 1576
Verkaufszeiten Mo–Fr 9–12 Uhr und 13.30–17 Uhr
Sa 10–16 Uhr
und nach Vereinbarung

Seit über 400 Jahren lebt und arbeitet Familie Crusius an der mittleren Nahe, deren Landschaft sich noch etwas von ihrer Ursprünglichkeit bewahrt hat. Genauso lange ist man dem Weinbau verbunden, heute gehört der rund 22 Hektar große Familienbetrieb zu den Top-Betrieben Deutschlands. Maßgeblich dafür verantwortlich ist Dr. Peter Crusius, ein promovierter Önologe, der aus seinen renommierten Lagen rund um Traisen bemerkenswerte Weine vinifiziert, zu denen auch beachtliche Edelsüße gehören. Mittlerweile sind beide Töchter in den elterlichen Betrieb eingestiegen und während Rebecca als studierte Önologin vor allem im Keller tätig ist, kümmert sich Tochter Judith um Marketing, Export und Vertrieb.

2019 Schlossböckelheimer Felsenberg, Schlossböckelheimer Kupfergrube Riesling „Von Bergen, Schlössern und Burgen"
12,50€ · 12,5%
Opulente Spätlese im traditionellen Stil mit reifer Frucht.

2019 Schlossböckelheimer Felsenberg, Traiser Rotenfels, Niederhäuser Felsensteyer Riesling „Top of the Rock"
18,00€ · 13%
Nomen est omen, welch schöne Interpretation von kargem Fels, ohne dass man auf feinen Schmelz verzichten muss!

2019 Schloßböckelheimer Kupfergrube Riesling „Kupfergrube" GG
33,00€ · 13%
Seidiger Charme mit Noten von Apfelkompott und Akazie. In seiner Ruhe betörend und sehr gediegen. Für anspruchsvolle Dinner-Gäste.

2019 Traiser Bastei Riesling „Bastei" GG
45,00€ · 13%
„Die Zukunft gehört mir!", ruft dieser Wein uns zu und wir glauben ihm. Barocke Wucht und richtig viel Druck am Gaumen. Die Säure spielt ... gerne.

2019 Traiser Rotenfels Riesling 1. Lage
15,50€ · 12,5%
Fruchtig und fein tänzelt dieser Riesling auf der Zunge.

♥ **2019** Weißburgunder „Kaffel"
15,50€ · 13%
Kühle Ansprache und genau deshalb das Richtige für den Sommernachmittag.

2019 Schlossböckelheimer Felsenberg Riesling Auslese
15,00€ · 8,5%
Die Weinwelt in Apricot-Farben gemalt. Wunderbares Spiel von Süße und Säure, dazu ein klarer Kern. Geschmückte Eleganz.

Schlossgut Diel

Burg Layen 16–17,
55452 Rümmelsheim
T +49 (0) 6721 96950
www.diel.eu

Inhaber Caroline Diel
Betriebsleiter Caroline Diel
Kellermeister Christoph Friedrich

Wenn Kellermeister Christoph Friedrich in sein Reich hinabsteigt, hat er fast immer die genauen Vorstellung seiner Chefin über die Stilistik der Weine im Kopf. Das Duo funktioniert gut, die beiden sind so etwas wie gleichberechtigte Sparringspartner, immer auf der Suche nach dem optimalen Wein in seinen natürlichen Grenzen. Nichts, was aus dem Diel'schen Keller kommt, wirkt getrimmt oder gekünstelt. Wenn im Wein Wahrheit liegt, dann ist es bei Caroline Diel, die 2019 die komplette Verantwortung im Weingut übernommen hat, die nackte: reduziert auf die essenziellen Möglichkeiten der Rebsorte. Vor allem Rieslinge knapp vor der Perfektion. Da staunt selbst Vater Armin, einst streitbarer Protagonist der Weinszene, in welch ungeahnte Riesling-Dimensionen seine Tochter vorgestoßen ist.

Verbände VDP
Rebfläche 25 ha
Produktion 180.000 Flaschen
Gründung 1802
Verkaufszeiten
Mo–Fr 8–17 Uhr
und nach Vereinbarung

♥ **2018** Dorsheim Burgberg Riesling GG
45,00€ · 12,5%
Ernster, noch verschlossener Wein mit Andeutungen von Reife.

2019 Burg Layen Riesling
14,50€ · 12,5%
Kräuter und florale Noten vermengen sich mit reifem Steinobst und feiner Nuss. Zitrus ist im Spiel und spitzt den Wein am Gaumen zu.

2019 Burg Layer Schlossberg Riesling 1. Lage
24,00€ · 12,5%
Ein intensiv zupackender Riesling, der im Gedächtnis bleibt. Zur Kamille kommen fast ölige Noten und leiser Rauch, die Säure vibriert auf der Zunge.

2019 Dorsheim Goldloch Riesling
16,80€ · 8%
Mit ätherischer Würze zeigt der Wein Anspruch.

2019 Dorsheim Goldloch Riesling GG
34,00€ · 12,5%
Der Wein verströmt warme Exotik und dazu die Nachricht: Da kommt noch was!

2019 Dorsheim Pittermännchen Riesling GG
37,00€ · 12,5%
Lebkuchen und Zimt, dazu breit cremiger Schmelz. Ein Verführer und Schmeichler, dem man gerne erliegt.

2009 Riesling extra brut
39,00€ · 12%
In der Nase zeigt der Schaumwein rote Grapefruit und grüne Haselnüsse gefolgt von feinen Bitternoten. Das CO_2 ist animierend wie fordernd. Im Nachhall zeigt sich eine sehr harmonische Reife.

Weingut Disibodenberg

Am Disibodenberg 1,
55571 Odernheim
T +49 (0) 1708 1501 50
www.weingut-disibodenberg.de

Namensgeber des wiederbelebten Weingutes ist der Disibodenberg, eine berühmte historische Rieslingsteillage unmittelbar am Kloster Disibodenberg gelegen, das eng mit der heiligen Hildegard von Bingen verbunden ist. Christian Held, ein erfolgreicher Unternehmer und Quereinsteiger, ist nicht nur Eigentümer des nunmehr 21 Hektar großen Betriebes, sondern auch Motor für eine Qualitätsoffensive, die alle Gutsweine umfasst. Und das sind vor allem Burgunder. Held verfügt in seinem Weinberg „Montfort" über die größte Pinot-Noir-Fläche an der Nahe. Auch für Sekte hat der Unternehmer ein glückliches Händchen, die prickelnden und schäumenden Gewächse gehören zu den besten im Anbaugebiet. Kellermeister Thomas

Inhaber Christian Held
Betriebsleiter Thomas Zenz
Kellermeister Thomas Zenz
Rebfläche 21 ha
Produktion 130.000 Flaschen
Verkaufszeiten
Boos von Waldeckscher Hof,
Obergasse 26,
55590 Meisenheim
Mi–So 10–16 Uhr
und nach Vereinbarung

Lenz widmet sich mit Talent und Gespür den Herausforderungen auf dem Disibodenberg, mit dem jungen Diplom-Ökologen Magnus Blätz wurde erst kürzlich das Team verstärkt.

2018 Kapellenberg Grauburgunder „Alte Reben"
28,00€ · 14,5%
Sehr würziger Vertreter seiner Art, der mit Aromen von Trockenfrüchten, Zimt und Apfelkuchen aufwartet und auch am Gaumen mit seiner Länge überzeugt.

2018 Kloster Disibodenberg Riesling „LvR"
14,90€ · 13%

2018 Kloster Disibodenberg Riesling „ubF"
19,00€ · 13%

2018 Montfort Chardonnay „ubF"
28,00€ · 14%

2019 Kloster Disibodenberg Riesling „Dizzy Beau" Kabinett
8,90€ · 9,5%
Lebendiger, eleganter Wein, offen, etwas süßlich, feiner Holunder tänzelt leicht über die Zunge, dazu etwas Gurke, frischer Apfel.

2018 Montfort Spätburgunder „Alte Reben"
28,00€ · 14,5%
„Vintage"-Spätburgunder für Neugierige. Der Aromenkoffer ist prall gefüllt mit Tee, Eukalyptus, Mon-Chéri-Kirsche und Rumrosinen.

2017 Spätburgunder „Montfort Pinot weiß" brut
13,40€ · 12,5%
Die Aromen variieren von Aprikose, Vanillekipferl zu Tabak. Cremig, geradlinig und spannungsgeladen bleibt der Sekt lange im Mund.

2017 Spätburgunder „Montfort Rosé" brut
13,40€ · 12,5%
Gelbe Exotik und rauchige Noten, eigenständig und selbstbewusst.

2017 Spätburgunder „Montfort" brut
13,90€ · 12,5%

2018 Gewürztraminer „Einmalig" brut
14,90€ · 13%
Feine Perlen, reife Beerenfrucht – ein galanter Begleiter für ein Fisch-Menü.

Montfort Spätburgunder „Monopol Held Pinot Noir 1908 Likörwein"
19,08€ · 19%
Weiche Molligkeit trifft saftige Kirsche und Kandiszucker. Diese feine, fruchtige Süße freut sich über ein Stück Schwarzwälder Kirsch dazu. Wir sind für den Sonntagnachmittagswein!

Hermann Dönnhoff

Bahnhofstraße 11,
55585 Oberhausen
T +49 (0) 6755 263
www.doennhoff.com

Inhaber Cornelius Dönnhoff
Betriebsleiter
Cornelius Dönnhoff
Kellermeister
Cornelius Dönnhoff
Verbände VDP, Fair'n Green
Rebfläche 28 ha
Produktion 180.000 Flaschen
Verkaufszeiten
Mo–Fr 8.30–12 Uhr
und 13.30–17 Uhr
Sa nach Vereinbarung
Weinproben nur nach
Vereinbarung

Wenn der Bergriff Ausnahmeweingut auf einen Betrieb passt, dann sicher auf den von Helmut und Cornelius Dönnhoff. Seit Jahren entstehen in dem Oberhausener Weingut Gewächse von monumentaler Strahlkraft, vinologische Kunstwerke mit Bodenhaftung. Wer glaubte, dass mit dem Rückzug von Helmut Dönnhoff der Höhenflug beendet sei, muss sich eines Besseren belehren lassen. Sohn Cornelius steht seinem Vater in nichts nach, die Rieslinge und Burgunder sind auch unter seiner Regie außergewöhnlich und erstklassig. Immer wieder beeindrucken die Weine aus der Niederhäuser Hermannshöhle, die Helmut Dönnhoff mit seinen imposanten, aber fein eleganten Weinen zu einem der bekanntesten Weinberge Deutschlands gemacht hat. Wer, egal ob im Weingut oder im Fachhandel, eine edelsüßen Dönnhoff'sche Spezialität aus dieser Lage findet, sollte sofort zugreifen und sich darüber freuen, dass er einen Kultwein ergattert hat.

2019 Niederhäuser Klamm Riesling Kabinett
14,50€ · 9%
Elegante Balance von Süße und Säure, sehr belebend.

2019 Oberhäuser Brücke Riesling Spätlese
25,00€ · 8%
Heller Riesling-Typ mit Aromen von Apfel, Pfirsich, getrockneter Aprikose, Kirsche und hellen Blüten, salzige Mineralität und gute Säurespannung. In zehn Jahren nochmal probieren.

2019 Riesling „Tonschiefer"
13,50€ · 12%
Dezent und elegant mit leichter Rauchigkeit, mineralisch und exotisch mit Aromen von Ananas und Mango, sehr fein und filigran, am Gaumen fest.

2019 Roxheimer Höllenpfad Riesling „Höllenpfad" 1. Lage
19,50€ · 12,5%
Einlullende Freude an Tagen, die man eigentlich schon abgeschrieben hatte. Bringt Freude in die Bude und freut sich über einen richtig kräftigen Fischgang als Partner.

2019 Schloßböckelheimer Felsenberg Riesling „Felsentürmchen" GG
39,50€ · 13%
Ein edler Muntermacher, hat alles, was ein feiner Riesling braucht.

2019 Niederhäuser Hermannshöhle Riesling Auslese
25,00€ · 7,5%
Die Nase fasziniert mit Noten von Rauchmandeln und feiner floraler Duftigkeit. Am Gaumen dann feine Eleganz, dunkle Süße mit finessenreicher Säure. Bezaubernd.

Weingut Emmerich-Koebernik

Hauptstraße 44,
55596 Waldböckelheim
T +49 (0) 6758 426
www.emmerich-koebernik.de, www.bock-auf-wein.de

Inhaber Familie Emmerich-Koebernik
Rebfläche 15 ha
Produktion 100.000 Flaschen
Verkaufszeiten Mo–Sa 9–12 Uhr und 13–18 Uhr und nach Vereinbarung

In den vergangenen Jahren ist einiges passiert im Waldböckelheimer Weingut. Doris und Ernst Günter Koebernik haben kräftig in die Zukunft investiert und den Betrieb für die nächsten Jahre fit gemacht. Im Jahre 2016 wurde die moderne schicke Vinothek eröffnet und die neue Kelterhalle in Betrieb genommen, dazu ein Veranstaltungsraum mit Eventküche installiert und der Barriquekeller neu gestaltet. Meilensteine für den sympathischen Familienbetrieb, in dem Tochter Christiane eine wichtige Rolle spielt und mit ihren Weinideen die nächste Generation repräsentiert. Den Löwenanteil in den Weinbergen rund um Waldböckelheim machen die Rieslinge aus, doch auch mit Burgunder-Sorten macht der 15 Hektar große Betrieb eine gute Figur. Hier steckt noch Potenzial, die Weine sollte man auf jeden Fall im Blick behalten.

2018 Waldböckelheimer Kirchberg Grauburgunder „Großes Holz"
18,00€ · 14,85%
Vanilleplunder trifft auf Butterplätzchen und duftigen Flieder. Sehr aromatisch und damit ein optimaler Begleiter zu kräftigen Gerichten. Wir denken an frische Steinpilze mit viel Sahne.

2019 „Bock auf Riesling"
8,80€ · 12,5%
Schiefer trifft auf Aprikose, am Gaumen kommt dann eine straffe Säure und schmeichelnde Mineralität dazu. Bock auf Riesling? Auf jeden Fall!

2019 Schloßböckelheimer Königsfels Riesling „Das Böcklein" Kabinett
9,20€ · 11,69%
Sehr klare Ansprache, balanciert und elegant.

2019 Waldböckelheimer Kronenfels Grauburgunder „Vom Rotliegenden"
8,80€ · 12%

2018 Waldböckelheimer Kronenfels Cuvée „Der Hauptmann"
18,00€ · 14,85%
Himbeere und Erdbeere sind sehr präsent, ob in der Nase oder am Gaumen. Für die, die es richtig fruchtig wollen.

2016 Rotwein-Cuvée „Pinot" brut nature
15,90€ · 12,81%
Der perfekte Begleiter für die ersten lauen Frühlingstage. Auf die Terrasse mitnehmen und abschalten.

Weingut Emrich-Schönleber

Soonwaldstraße 10a,
55569 Monzingen
T +49 (0) 6751 2733
www.emrich-schoenleber.de

Inhaber Frank Schönleber
Kellermeister Frank Schönleber
Verbände VDP
Rebfläche 19 ha
Produktion 130.000 Flaschen
Verkaufszeiten
Mo–Fr 8–12 Uhr
und 13.30–18 Uhr
Sa 9–12 Uhr und 13–16 Uhr

Werner Schönleber hat nicht nur den Weinort Monzingen und seine Lagen in den Fokus der Weinszene gerückt, sondern mit seinen Gewächsen auch das positive Image der Naheweine nachhaltig mitgeprägt. Sein Sohn Frank ist längst, und das ohne Probleme und Startschwierigkeiten, in die großen Fußstapfen seines Vaters getreten und schreibt mit ihm gemeinsam die Erfolgsgeschichte des Betriebes fort. Jahr für Jahr entstehen in dem sympathischen Familienweingut stattliche Rieslinge von außergewöhnlichem Format, die ohne Zweifel in der deutschen „Champions League" spielen. Dabei hält man im Hause Emrich-Schönleber wohltuend den Ball flach und lässt ohne großes Trara die Weine für sich sprechen, die in allen Kategorien ihre besondere Klasse zeigen.

2019 Monzinger Riesling „Monzinger Frühtau"
17,50€ · 12,5%
Leichtfüßig mit feiner Feuersteinnote – dazu gesellt sich intensives, sonnenreifes Steinobst von Pfirsich bis Aprikose, ein Pleaser, der nicht langweilig wird.

♥ **2019** Monzinger Niederberg Riesling „1G" 1. Lage
26,00€ · 12,5%
Würzig, saftig, frisch und beschwingt.

2019 Riesling „Mineral"
14,50€ · 12,5%
Fantastischer „Einstieg" in die beeindruckende Rieslingwelt dieses Ausnahme-Gutes. Der perfekte Allrounder vom Nachmittag bis Mitternacht.

Riesling brut
16,00€ · 12,5%
Elegant, federleichte Riesling-Aromen par excellence, passende Säure sehr frisch, gute Balance, tolle Perlage. Die zweite Flasche steht schon auf Eis.

Weingut Forster

Burg-Layer-Straße 20,
55452 Rümmelsheim
T +49 (0) 6721 45123
www.weingutforster.de

Inhaber Familie Forster
Betriebsleiter Georg & Johannes Forster

Es tut sich etwas im Rümmelsheimer Weingut. Seit Sohn Johannes im Jahre 2012 in den elterlichen Betrieb eingestiegen ist, geht es mit der Weinqualität Jahrgang für Jahrgang ein kleines Stück nach oben. Die war davor auch schon gut und sehr solide, aber mit Johannes Forster ist etwas mehr Mut und Innovation in den Ausbau gekommen, wird mehr in Richtung individuelle Stilistik ausprobiert, auch mal experimentiert und immer wieder an der Qualitätsschraube gedreht. Dazu nimmt der ökologische Gedanke immer mehr Raum in Weinberg und Keller ein, eine lobenswerte, sinnvolle und vor allem zukunftsträchtige Entwicklung, die dem sympathischen Familienbetrieb guttut. Im April 2021 wurde die neue Vinothek eröffnet, die mit ökologischen Materialien gestaltet wurde.

Kellermeister
Johannes Forster
Verbände Ecovin
Rebfläche 23 ha
Produktion 70.000 Flaschen
Verkaufszeiten
Do, Fr 14–18 Uhr
Sa 10–15 Uhr
und nach Vereinbarung

2017 Burg Layer Hölle Riesling
15,50€ · 12,5%
Cremig, Karamell, Toffee, Bratapfel, floral, präsente Säure mit Grip.

2019 Burg Layer Rothenberg Grauburgunder „Réserve"
16,00€ · 13%
Rustikaler Bursche, der Freunde von viel dicker Apfelfrucht, wuchtigem Schmelz und geradezu opulenter Saftigkeit sehr glücklich machen wird. Sehr selbstbewusster Grauburgunder.

2019 Dorsheim Trollberg Riesling „Seefahrer"
12,90€ · 11%
Aromatisch und exotisch mit Ananas, reifer Pfirsich und Liebesapfel, ein Hauch von Toffee, wirkt weich mit feiner Säure.

2019 Dorsheimer Trollberg Riesling „Wüstenwanderer"
12,90€ · 11,5%
Sinnlicher Wein mit Kraft und Größe, energetisch mit leichter Salzigkeit und Creme, Apfel und Zitrus und einer Idee von Holz, macht Spaß.

2019 Laubenheimer Vogelsang Riesling „Bergsteiger"
12,90€ · 13%
Saftig und elegant zugleich. Vielseitiger Essensbegleiter.

2019 Riesling
7,90€ · 12%

2019 Riesling „vom Kies"
9,90€ · 11,5%
Schon recht entwickelte Aromatik, macht Druck am Gaumen und insgesamt Spaß.

2019 Riesling „vom roten Schiefer"
9,90€ · 11,5%

2019 Weißburgunder
7,90€ · 12,5%
Ganz klar: ein Weißburgunder aus einer klassischen Riesling-Gegend. Floraler Tänzer mit Charme.

2018 Burg Layer Johannisberg Frühburgunder
17,50€ · 14%
Portstilistik – kraftvoll mit Süßehinterland und etwas oxidativ, schöne Spannung mit Aromen von Zimt, Vanille und Tabak.

2019 Frühburgunder „vom Quarzit“
9,90€ · 13,5%

2018 Burg Layer Schlossberg Riesling Auslese
15,00€ · 8,5%
Wer die Frucht nicht sucht, wird hier anderweitig fündig. Von Leinöl über Kandiszucker bis zum Bienenwachs ist alles dabei. Und der Abgang ist laaaaang …

Weingut Genheimer-Kiltz

Zum Sportfeld 6,
55595 Gutenberg
T +49 (0) 6706 8633
www.genheimer-kiltz.de

Inhaber Georg, Gerlinde & Harald Kiltz
Betriebsleiter Georg & Harald Kiltz
Kellermeister Harald Kiltz
Rebfläche 12,5 ha
Produktion 100.000 Flaschen
Verkaufszeiten nach Vereinbarung

Mit einem Augenzwinkern führen Harry und Georg im angedeuteten Westernlook durch ihre sehenswerte Homepage, und tatsächlich sind die beiden ambitionierten Winzer so etwas wie Pioniere in der vinologischen Prärie an der Nahe. Denn Vater und Sohn haben sich, wie kaum ein anderes Weingut in Deutschland, dem Sauvignon Blanc verschrieben und knapp die Hälfte ihrer 12,5 Hektar großen Anbaufläche rund um Gutenberg mit der eigenwilligen Rebsorte bestockt, die ursprünglich aus Frankreich stammt, ihre neuerliche Karriere aber in Übersee gemacht hat. Seit fast 20 Jahren gehen Georg und Harald Kiltz diesen vinologischen Weg und sind in dieser Zeit natürlich die ausgewiesenen Sauvignon-Spezialisten geworden. Pioniere im deutschen Weinbau, an der Nahe ist eben vieles möglich.

2018 Gutenberger Felseneck Sauvignon Blanc
17,00€ · 13%

♥ **2018** Gutenberger Felseneck Sauvignon Blanc
17,00€ · 14%
Feiner, dichter Wein mit Eleganz und einem gewissen Kick. Am Gaumen Kräuter, Waldmeister und Estragon und etwas frisch gemähte Wiese, schöne Leichtigkeit, komplex und dichtgewoben, etwas rauchig.

2019 Gutenberger Römerberg Sauvignon Blanc
9,90€ · 13%
Der hüpft auf der Zunge.

2019 Kreuznacher Narrenkappe Sauvignon Blanc
13,00€ · 13,5%

2019 Kreuznacher Narrenkappe Sauvignon Blanc
13,00€ · 13%
Saftig und stylisch.

2019 Sauvignon Blanc
7,50€ · 12,5%

2017 Gutenberger Schlossberg Pinot Noir
26,00€ · 13,5%
Ein Klassiker für anspruchsvolle Runden. Warum nicht mal Freunde einladen zu Rindsrouladen? Mit diesem Wein dazu bleibt es nicht bei einem Mal.

Weingut Göttelmann

Rheinstraße 77,
55424 Münster-Sarmsheim
T +49 (0) 6721 43775
www.goettelmann-wein.de

Inhaber
Ruth Göttelmann-Blessing & Götz Blessing
Betriebsleiter Götz Blessing
Rebfläche 14 ha
Produktion 90.000 Flaschen
Gründung 1870
Verkaufszeiten
nach Vereinbarung

Unweit von Bingen liegt das Städtchen Münster-Sarmsheim, die Heimat von Familie Göttelmann, die seit rund 150 Jahren dort ihr Weingut betreibt. Im Laufe der Jahrzehnte wurde das Lagen-Portfolio behutsam, aber mit bestem Grund und Boden erweitert. Heute verfügt der Betrieb über erstklassige Parzellen, in denen vor allem Riesling steht. Mit viel Erfahrung und einem positiven Langmut werden die Moste im Keller schonend verarbeitet, je nach Jahrgang und Zustand der Trauben wird individuell reagiert und die spontane Gärung in Holzfässern „unplugged" zugelassen. Aber auch High-tech verschließt sich der Traditionsbetrieb nicht, wo es der Kellermeister für angebracht hält, kommen Reinzuchthefen in temperaturkontrollierten Edelstahltanks zum Einsatz.

2019 Kapellenberg Riesling „Le Mur"
12,80€ · 13%
Leichtfüßiger Wein mit Aromen von Apfel, Pfirsich und Zitrus. Wirkt sehr klassisch, leicht mineralisch, balanciert, mit feinem Grip und Rauchigkeit.

2019 Rheinberg Riesling Spätlese
8,90€ · 8%
Karg-mineralisch mit leichter Reduktivität, gute Läge, trinkt man ohne Ende, etwas salzig mit schöner Tiefe. Dazu passt Ziegenkäse.

2019 Riesling „Münsterer Dautenpflänzer"
9,80€ · 12,5%
Die feine Süße sorgt für Charme und Harmonie.

♥ **2019** Riesling „Vom Roten Schiefer"
8,90€ · 12,5%
Sehr geradliniger, eleganter und belebender Wein.

2019 Riesling „Vom Schwarzen Schiefer"
8,00€ · 12,5%
Mit einem charmanten Hauch Süße eher traditionell gehalten.

2019 Rheinberg Riesling Auslese
18,50€ · 7,5%
Zitrus und Minze geben den kühlen Auftakt, am Gaumen spielt dann straffe Säurestruktur die Hauptrolle, die Süße begleitet leise. Pikant-würzig dann im Finale.

Johannes Haas

Naheweinstraße 147,
55450 Langenlonsheim
T +49 (0) 6704 1243
www.weingut-haas.de

Inhaber Thomas Haas
Betriebsleiter Thomas Haas
Kellermeister Julian Haas & Dirk Niedecken
Rebfläche 10 ha
Produktion 80.000 Flaschen
Gründung 1919
Verkaufszeiten nach Vereinbarung

Vor zwei Jahren feierte man in Langenlonsheim das 100-jährige Bestehen des Weingutes, das seit seiner Gründung im Familienbesitz ist. Und die Erfolgsgeschichte geht weiter. Mit Julian Haas ist die vierte Generation in den Betrieb eingestiegen und unterstützt tatkräftig Senior Thomas Haas, der noch lange nicht zum alten Eisen gehört. Vater und Sohn ergänzen sich bestens, für beide sind neue Ideen eine zwingende Notwendigkeit, um am Ball zu bleiben und auf die Veränderungen des Marktes zu reagieren. Deswegen werden die Weine jetzt in einer Qualitätspyramide klassifiziert, vom Gutswein über die Lagenweine bis hin zum Spitzensortiment „Black Label Julian Haas". In dieser Linie wird auch ein Orange Wine angeboten, eine angesagte Stilistik im Geschmack der New Generation.

2019 Langenlonsheimer Königsschild Riesling „Julian Haas vom Muschelkalk"
8,50€ · 13%

2019 Langenlonsheimer Steinchen Chardonnay
7,30€ · 13%

2019 Langenlonsheimer Steinchen Chardonnay „Julian Haas Barrique"
9,50€ · 13,5%

2019 Langenlonsheimer Steinchen Grauburgunder „Julian Haas Alte Reben"
9,50€ · 13,5%

2019 Langenlonsheimer Steinchen Sauvignon Blanc
6,90€ · 12,5%

2019 Langenlonsheimer Steinchen Weißburgunder
6,90€ · 13%

2018 Sauvignon Blanc brut
12,90€ · 13%
Pfirsich und Aprikose geben sich die Hand. Warum nicht mal ein Sekt zum Streuselkuchen?

Hahnmühle

Alsenzstraße 25,
67822 Mannweiler-Cölln
T +49 (0) 6362 9930 99
www.weingut-hahnmuehle.de

Inhaber Peter & Johannes Linxweiler
Betriebsleiter Peter Linxweiler
Verbände Naturland
Rebfläche 15 ha
Produktion 90.000 Flaschen
Verkaufszeiten
Mo–Fr 9–12 Uhr und 14–18 Uhr
Sa 9–15 Uhr

Im Mittelalter als Getreidemühle erbaut, betreibt Familie Linxweiler in dem historischen Gemäuer seit über 100 Jahren ihr Weingut. Schon Anfang der 1990er-Jahre haben Peter und Martina Linxweiler die ersten zwei Hektar ihres Betriebes auf ökologischen Weinbau umgestellt, heute wird die gesamte 16 Hektar große Rebfläche nach den Richtlinien des ökologischen Anbauverbandes „Naturland“ bewirtschaftet. Im Fokus des Weinbaus im Tal der Alsenz stehen die unterschiedlichen Bodenformationen, von Sandsteinverwitterung des Unterrotliegenden, über Tonschiefer bis hin zum vulkanischen Gestein Porphyr ist hier alles zu finden. Das prägt natürlich die Weine und gibt ihnen einen unverwechselbaren und besonderen Terroir-Touch mit. Steckenpferd der Familie Linxweiler ist der Traminer, der auf zwei Parzellen im gemischten Satz mit dem Riesling steht.

2019 Alsenzer Elkersberg Riesling
18,50€ · 13%
Für vinophile Gartenfreunde. Kräuterbeete, frisch gemähtes Gras und taubedeckte Steine tauchen vor dem inneren Auge auf.

2019 Alsenzer Elkersberg Riesling „Alisencia“
13,20€ · 12,5%
Zarte Frucht und Power machen Eindruck.

2019 Ebernburger Schlossberg Riesling
22,50€ · 12,5%
Ein Riesling mit deutlichem Holzeinsatz, der voll aufs Ganze geht. Die cremige Textur und der druckvolle Abgang wollen feine Begleitung, die sich nicht zu sehr zurückhält. Wir sagen: Kalbsbries mit Risotto.

2019 Oberndorfer Aspenberg Riesling
18,50€ · 12,5%
Gleitet wie ein Wellenreiter über die Zunge und schreit dabei „Attacke“! Prägnant und eigenständig.

2019 Oberndorfer Beutelstein Riesling „Sandstein"
11,30€ · 12%
Reife Frucht von Steinobst und Zitrus, dabei etwas floral, ziemlich klassischer Stil, fest mit viel Grip.

2018 Pinot Noir „Tertiär Reserve"
22,50€ · 14,5%
Kühle Eleganz mit dunkler Frucht – Waldbeeren – und feiner Salzigkeit im Zentrum. Schön kompakt, gute Säure und geschliffene Tannine.

2018 Alsenzer Elkersberg Riesling Eiswein
54,00€ · 6%
Eleganz und viel Druck am Gaumen mit Aromen von Limette, frischer Aprikose, und Kräutern. Steckt die Süße gut weg.

Gut Hermannsberg

Ehemalige Weinbaudomäne,
55585 Niederhausen
T +49 (0) 6758 92500
www.gut-hermannsberg.de

Inhaber Jens Reidel & Dr. Christine Dinse
Betriebsleiter Jasper Reidel, Achim Kirchner, Karsten Peter
Kellermeister Karsten Peter
Verbände VDP
Rebfläche 30 ha
Produktion 150.000 Flaschen
Gründung 1902
Verkaufszeiten
April–Okt.
Di–Fr 10–18 Uhr
Sa, So und Feiertage 12–18 Uhr
Nov.–April
Di–Fr 10–18 Uhr
Sa 12–18 Uhr

Das einprägsame Etikett mit dem stilisierten Adler verweist auf die Ursprünge des Weingutes, das vor rund 120 Jahren als königlich-preußische Weinbaudomäne gegründet wurde. Heute ist das sehenswert herausgeputzte Anwesen, das neben einem bodenständigen Restaurant auch ein schick renoviertes Gästehaus umfasst, in privater Hand. Rund 30 Hektar Weinberge, verteilt auf sieben unterschiedliche Terroirs, stehen im Ertrag, exponierte Lagen für Rieslinge und Steilvorlagen für Weine, die mit erfrischend eleganter Fruchtigkeit, begleitet von mineralischen Zwischentönen die Rebsorte adeln. Einzigartig im wahrsten Sinne des Wortes sind die nachhaltigen Rieslinge aus dem Schieferboden der Monopollage Hermannsberg, für Dr. Christine Dinse und Jens Reidel der ganze Stolz ihres Anwesens und der Beweis, dass der preußische Adler auch trocken ausgebauten Rieslingen Flügel verleihen kann.

2015 Kupfergrube Schlossböckelheim Riesling GG
55,00€ · 12,5%
Weich und dabei frisch am Gaumen, zeigt würdevolle Reife, ein Charakterwein für Spezialisten.

2018 Bastei Traisen Riesling GG
48,00€ · 12,5%
Dieser Riesling sitzt hoch zu Ross und hat alle Berechtigung dazu. Fein verwobener Klassiker mit großem Potenzial für Traditionalisten, die das Besondere suchen.

2018 Hermannsberg Niederhausen Riesling GG

42,00€ · 12,5%

Harmonisch, balanciert und ausgewogen. Die Zitrusfrucht ist betörend klar und der Restzucker sorgt für seidigen Schmelz. Die Harmonie will nicht enden – leider ist die Flasche irgendwann leer.

2019 Felsenberg Schlossböckelheim Riesling GG

36,00€ · 13,5%

Opulentes Fruchtkörbchen in der Nase, saftig-frisch und finessenreich, macht Lust.

2019 Riesling „7 Terroirs"

11,90€ · 12,5%

Fest und frisch mit Apfelschale, straffe Säure, am Gaumen öffnet er sich mit viel Zug zu einer guten Länge mit Limette, Blüten, Apfel.

2019 Riesling „Just Riesling"

9,90€ · 11,5%

2019 Riesling „Steinterrassen"

19,90€ · 13%

2019 Riesling „Vom Schiefer"

16,50€ · 13%

2019 Riesling „Vom Vulkan"

16,50€ · 13%

Frisch mit feiner Salzigkeit, etwas Feuerstein, Kargheit, Druck am Gaumen, Pfirsich- und Apfelaromen.

2019 Rotenberg Altenbamberg Riesling GG

28,00€ · 13%

Holunder, weiße Blüten und Nektarine spielen auf zum Aromenkonzert. Die frische und zitrische Säure spielt da eine laute zweite Geige. Das Konzert findet auf der Terrasse statt, hinsetzen und genießen.

2019 Steinberg Niederhausen Riesling GG

32,00€ · 13%

Beeindruckendes, kraftvolles, dennoch hochelegantes, fast lineares Großes Gewächs, das bereits im jugendlichen Stadium größtes Vergnügen bereitet, deshalb genügend davon im Keller verstecken.

2019 Weißburgunder „Halbstück"

19,90€ · 12,5%

Alles steht auf Zitrus. Ein Weißburgunder für Riesling-Trinker. Packt richtig zu!

2014 Riesling „Schlossböckelheimer Kupfergrube" extra brut

79,00€ · 12%

Cremige Textur, feine Fruchtaromatik von reifem Apfel, Litschi.

Weingut Hexamer

Sobernheimer Straße 3,
55566 Meddersheim
T +49 (0) 6751 2269
www.weingut-hexamer.de

Inhaber Harald Hexamer
Betriebsleiter Harald Hexamer
Kellermeister Harald Hexamer & Manuel Eckes
Rebfläche 28,5 ha
Produktion 210.000 Flaschen
Gründung 1968
Verkaufszeiten
Mo–Fr 8–12.30
und 13.30–19 Uhr
Sa 8–12.30 und 13.30–17 Uhr

Hexen kann man auch im Weingut Hexamer nicht, aber die Weinqualität ist Jahrgang für Jahrgang ohne Fehl und Tadel. Und das bei einem breiten Lagen-Portfolio mit unterschiedlichen Bodenformationen, das sich von Meddersheim bis ins enge Nahetal bei Schlossböckelheim erstreckt. Da braucht man ein sicheres Gespür für Terroir und seine Besonderheiten, die beiden talentierten Kellermeister Harald Hexamer und Manuel Eckes bringen ausreichend Erfahrung, aber auch Innovation und Fantasie mit, um ihren Weinen den notwendigen Kick zu geben. Eine nachhaltige und umweltschonende Bewirtschaftung der Weinberge und eine hundertprozentige Lese von Hand sind natürlich gesetzt. Ein Teil der Weine kommt in Stückfässer aus Meddersheimer Eiche, das letzte heimatliche Umfeld, bevor sie auf die Flaschen gefüllt werden. Da die Nachfrage nach Hexamer-Weinen steigt, wird an eine Vergrößerung der Betriebsfläche gedacht.

2019 Meddersheimer Altenberg Riesling Kabinett

10,80€ · 8,5%

2019 Meddersheimer Rheingrafenberg Eisendell auf der Südseite Riesling

9,50€ · 12,5%

Spannung mit süßem Kern, zupackender Wein mit guter Substanz, etwas cremig, Kamille, fest am Gaumen – Strukturwein.

2019 Meddersheimer Rheingrafenberg Riesling Spätlese

18,80€ · 8,5%

Faszinierender, leichter, verspielter Wein, frische Säure, noch etwas verschlossen, Aromen von Apfel und Pfirsich, kandierter Ananas und Safran, schöne Fruchtsüße.

2019 Meddersheimer Rheingrafenberg Riesling „No. 1 GG"

21,50€ · 12%

Duftig, schlank und von tänzerischer Eleganz.

2019 Nahe Riesling

8,30€ · 12,5%

Betörender Charme trifft auf animierende Frische. Dieser Wein will ein Forellenquintett eingehen. Die anderen Mitspieler: Forelle, Kartoffel, Butter und Salat.

2019 Riesling „Porphyr"

8,80€ · 11%

2019 Riesling „Quarzit"

8,30€ · 11%

Minzige Würze, hat Spannung und macht Laune.

2019 Schloßböckelheimer In den Felsen Riesling

11,30€ · 12,5%

Feiner Duft, Sehnigkeit und Frische – alles da und in guten Proportionen.

2019 Schloßböckelheimer Königsfels Riesling

11,00€ · 12,5%

Saftig-dichter Wein mit reifer Säure, sehr ausgewogen.

2019 Meddersheimer Rheingrafenberg Riesling Auslese

32,90€ · 8%

Hyazinthen, Schiefer und exotische Früchte spielen fortissimo – aber leise.

2019 Meddersheimer Rheingrafenberg Riesling Beerenauslese

39,00€ · 7%

Großer Wein – ganz weich und sanft, intensiv, dicht und komplex, mit schöner Säure, die die Süße ausbalanciert, und einer guten Trinkigkeit. Als Aromen finden sich etwa frische Kräuter, Limetten, Apfel und Pfirsichkonzentrat sowie weißer Pfeffer.

2019 Schloßböckelheimer In den Felsen Riesling Auslese

26,50€ · 7,5%

Eine Auslese, wie sie im Buche steht. Barock mit Aromen von Mandarine und Frühlingsblühern.

Weingut Johanninger

Hauptstraße 4–6,
55546 Biebelsheim
T +49 (0) 6701 8321
www.johanninger.de

Inhaber Markus Haas & Oliver Herzer & Gabriel Schmidt
Kellermeister Oliver Herzer
Verbände Ecovin
Rebfläche 23 ha
Produktion 120.000 Flaschen
Gründung 1999
Verkaufszeiten
Mo–Fr 9–17 Uhr
Sa 10–16 Uhr
und nach Vereinbarung

Mitte der 1990er-Jahre unter dem Kunstnamen „Johanninger" gegründet, besitzt der Betrieb in Biebelsheim, einem kleinen Weinort zwischen Bingen und Bad Kreuznach, Weinberge an der Nahe und in Rheinhessen. Ein Grenzgänger-Weingut, das typische Rheinhessenweine genauso sauber vinifiziert wie ausdrucksstarke Gewächse aus den Lagen an der Nahe, in denen teilweise 50 Jahre alte Burgunderreben stehen. Gearbeitet wird in allen Weinbergen nach den strengen Richtlinien des umweltschonenden Weinbaus, mit der Ernte 2013 waren alle Flächen auf ökologische Bewirtschaftung umgestellt. Heute sind alle Weine ökozertifiziert und hundertprozentig vegan produziert. Zum Gutshof gehört auch eine kleine Sektmanufaktur, hochwertige Brände kommen aus der eigenen Destillerie.

♥ **2019** Grauburgunder „Kreuznacher Grauburgunder"
11,00€ · 12,5%
Kraftvoll mit viel Schmelz, harmonisch abgestimmt, ideal zu gebratenen Fischgerichten.

2019 Weißburgunder
7,20€ · 12%
Unaufdringlicher Begleiter für große Runden mit sehr verschiedenen Gästen. Auf diesen Wein werden sich bestimmt alle einigen können.

2015 Kreuznacher Junker Spätburgunder
19,70€ · 14%
Lorbeer und Kandiszucker gehen eine dunkle Liaison mit dem Holz ein. Sehr kräftige Wucht am Gaumen für dunkle Wintertage.

Weingut Gebrüder Kauer

Bruchgasse 15,
55452 Windesheim
T +49 (0) 6707 255
www.kauerwein.de

Inhaber Markus & Christoph Kauer
Betriebsleiter Markus & Christoph Kauer
Kellermeister Christoph Kauer

Das Thema Wein ist bei den Kauers seit Jahrhunderten allgegenwärtig. Seit 1992 ist mit Markus Kauer bereits die 14. Generation am Ruder, acht Jahre später steigt Cousin Christoph in den Familienbetrieb ein und übernimmt die Verantwortung für den Keller. Das funktioniert gut, die beiden Kauers harmonieren und ergänzen sich bestens. Das kann man vor Ort im Weingut spüren und in ihren Weinen schmecken. Harmonisch austariert, charaktervoll mit Zug und süffig, wie es sein sollte, präsentieren sich regelmäßig die kleinen vinologischen Kunstwerke. Dafür brauchen die Kauer-Cousins keine hochtrabende Philosophie, sondern nur den gesunden Winzerverstand und die Idee, die sie konsequent Jahr für Jahr umsetzen.

2019 Grauburgunder „Windesheimer Reserve"
20,00€ · 13,5%
Dufitiger, floraler und schlanker Vertreter seiner Art mit vital flirrender Säure und animierendem Zug.

Rebfläche 11,5 ha
Produktion 90.000 Flaschen
Verkaufszeiten
Do 17–19 Uhr
Sa 10–16 Uhr
und nach Vereinbarung

2019 Riesling „Schweppenhäuser Grauschiefer“
10,00€ · 12,5%
Ein Klassiker für Riesling-Traditionalisten. Expressiver Ausdruck mit kräftigem Zug und straffer Säure.

2019 Schlossböckelheimer Felsenberg Riesling
17,50€ · 13%
Animierend verführerische Nase – am Gaumen viel Apfel und Limette, fein-erfrischende Säure und steinige Mineralität mit Tendenz ins Kräuterige.

2019 Weißburgunder „Windesheimer Reserve“
18,00€ · 13%
Wein mit geschmeidigem Trinkfluss, der richtig Freude macht.

2019 Windesheimer Römerberg Riesling
16,50€ · 13%
Dicht und komplex mit viel grünem Apfel und Mineralität, feine Reife und sortierte Struktur. Perfekt zu gebratener Riesengarnele auf Fenchelsalat.

2019 Windesheimer Weissburgunder „S“
12,00€ · 13%
Traditionell und handfest gehaltener Wein zum Beißen.

Weingut Korrell Johanneshof

Görzstraße 7, 55545 Bad Kreuznach-Bosenheim
T +49 (0) 671 63630
www.korrell.com

Inhaber Britta & Martin Korrell
Betriebsleiter Martin Korrell
Kellermeister Martin Korrell
Rebfläche 27 ha
Produktion 180.000 Flaschen
Gründung 1832
Verkaufszeiten
Mo, Di, Do, Fr 10–12 Uhr und 14–18 Uhr
Sa 10–15 Uhr
und nach Vereinbarung

Jedes Jahr brennt Martin Korrell ein vinologisches Feuerwerk ab und überrascht und erstaunt das geneigte Publikum in seiner ihm eigenen Bescheidenheit mit Weinen, die längst zur Spitze des Anbaugebiets und ganz Deutschland gehören. Ein Winzertalent, das viele lange nicht auf dem Zettel hatten, während Korrell und seine quirlige Frau Britta ihr Weingut erweitert, modernisiert und bestens für die Zukunft gerüstet haben. Der nächste und vielleicht vorerst letzte Schritt ist die komplette Umstellung auf biologischen nachhaltigen Weinbau ab dem Jahrgang 2021. Man darf gespannt sein, denn immerhin bewirtschaftet Martin Korrell rund 27 Hektar, da ist eine Neuausrichtung der Bearbeitung schon eine Herausforderung. Korrell trägt maßgeblich zum Image der Nahe-Weine bei und setzt mit seinen Gewächsen Akzente.

2017 Paradies & In den Felsen Riesling „Etape XXII“
55,00€ · 13%
Ein Bodybuilder, der für den ganz großen Auftritt vorbereitet ist. Da ist Schwere, Süße, Länge und Druck am Gaumen. Hinsetzen und staunen.

2019 Grauburgunder, Weißburgunder & Chardonnay „Steinmauer"

16,00€ · 13,5%

Burgundischer Stil mit leichter Rauchigkeit, Feuerstein, Karamell und Bratapfel, rund am Gaumen mit einem Hauch Extraktsüße, gutes Potenzial.

2019 Kreuznacher Paradies Riesling

22,00€ · 13%

Vielschichtiger Wein, der Kargheit mit einem guten Zug kombiniert, ist noch jung.

2019 Kreuznacher Paradies Riesling Auslese

12,50€ · 7,5%

Elektrisierend. Säure, Frucht und Süße tanzen auf der Zunge Tango. Stromschlag am Gaumen!

2019 Riesling

8,90€ · 12%

Dieser Wein bringt alles mit, was man sich von Riesling wünscht. Pfirsichfrucht, leise Mineralik und dezenter Schmelz, das ist – Verzeihung – „Nahe" am Ideal.

2019 Riesling „Von den großen Lagen"

18,00€ · 13%

Wirkt verspielt, tänzelt mit feiner Exotik und Aromen von Ananas, Litschi und reifer Melone auf der Zunge. Dabei dennoch straff und strukturiert. Eleganter, nobler Wein.

Cuvée brut nature

16,00€ · 12,5%

Grapefruit, Limette, Quitte in der Nase. Im Mund zeigt sich der charmante Rosé-Sekt mit seiner eleganten Robe als stimmig und zum Hefegebäck gut einsetzbar.

2019 Kreuznacher Paradies Riesling Beerenauslese

29,00€ · 6,5%

Schöne Frische, sehr dichter Wein, Kräuter in der Nase, am Gaumen Limette, Mango, Pfirsich. Nicht zu fruchtüppig, ausbalanciert.

Weingut Kruger-Rumpf

Rheinstraße 47,
55424 Münster-Sarmsheim
T +49 (0) 6721 43859
www.kruger-rumpf.com

Familie Rumpf ist in Sachen Genuss seit Langem auf einem erfolgreichen und beachtlich konstanten Weg. Wer sich in das kleine Städtchen Münster-Sarmsheim unweit von Bingen aufmacht, findet in dem denkmalgeschützten Gutshaus der Familie eine urgemütliche Weinstube, in der eine herzhaft verfeinerte Regionalküche aufgetischt wird. Dazu werden hier natürlich die eigene Weine ausgeschenkt, das Portfolio, für das Georg Rumpf im Keller zuständig ist, bietet für jeden Geschmack den richtigen Topfen, und den auch noch in bester Qualität. Denn Familie Rumpf und ihr engagiertes Team arbeiten in Weinberg und Keller akribisch und zielorientiert

Inhaber Georg Rumpf
Betriebsleiter Georg Rumpf
Kellermeister Georg Rumpf
Verbände VDP, Generation Riesling
Rebfläche 40 ha
Produktion 300.000 Flaschen
Gründung 1708
Verkaufszeiten
Mo–Sa 9–19 Uhr
So 16–20 Uhr

an der Optimierung der Qualität ihrer Weine, die jedes Jahr zur Spitze der Anbauregion gehören.

♥ **2019** Bingerbrücker Abtei Riesling „1937 Reserve" 1. Lage 🍇🍇🍇

27,00€ · 12,5%

Ein Bilderbuch-Riesling, der alles mitbringt, was man sich wünschen kann. Kräuter, Würzigkeit und saftige Frucht passen zusammen wie Puzzleteile, der kleine Anklang Karamell im Abgang macht die Harmonie perfekt.

2019 Bingerbrücker Abtei Riesling „1937 (Versteigerungswein)" Spätlese 1. Lage 🍇🍇🍇🍇

62,12€ · 9,5%

Insgesamt ausgewogener Wein, feine Leichtigkeit trotz dichter Struktur, schöne Fruchtsüße, kräuterig, am Gaumen Ananas und Grapefruit.

2019 Burgberg Riesling GG 🍇🍇🍇🍇

39,00€ · 12,5%

Feuerstein und Melone bringen Finesse und Mineralik. Dazu ein Zitronenhuhn und einen ganzen Haufen guter Freunde.

2019 Im Pitterberg Riesling GG 🍇🍇🍇🍇

37,00€ · 12,5%

Das ist Nahe pur. Ein absoluter „Wow-Wein", den man mit den besten Freunden genießen sollte. Kerzengerade mit Wachmacher-Säure und großer Lebensfreude.

2019 Im Pitterberg Riesling Kabinett 🍇🍇🍇

13,00€ · 9,5%

Gute Struktur, die feine Süße spielt mit der ebenso feinen Säure, herrlich zu feinen Fischvorspeisen.

2019 Riesling „Binger" 🍇🍇🍇

10,90€ · 12%

Ein leiser Riesling für Säureverächter. Mit Kraft, Harmonie und Präzision macht er Lust auf das zweite Glas.

2019 Sauvignon Blanc „S" 🍇🍇

18,00€ · 12,5%

Ein Experiment mit feiner Eleganz mit etwas Holz, etwas Zündholzaromen in der Nase, erfrischende Säure – eigensinnig, aber spannend.

Lindenhof Martin Reimann

Lindenhof 1, 55452 Windesheim
T +49 (0) 6707 330
www.weingutlindenhof.de

Rebfläche 10 ha
Produktion 70.000 Flaschen
Verkaufszeiten
Mo–Fr 10–12 Uhr
und 14–18 Uhr
Sa 10–16 Uhr
Weinproben nach Vereinbarung

Wenn es um Burgunder-Sorten geht, dann gilt Martin Reimann an der Nahe als ausgewiesener Experte und Kenner, und das zu Recht. Dabei geht es vornehmlich um Weißburgunder, das Steckenpferd des Windesheimer Winzers. Sein Betrieb kultiviert rund zehn Hektar Rebfläche, knapp die Hälfte davon gehört den Burgundern, die er mit feinem und gekonntem Holzeinsatz zu bemerkenswert charaktervollen Gewächsen macht. Gerade hat Reimann seine gesamten Weinbergfläche auf ökologische Bewirtschaftung umgestellt und die Ausstattung seiner Flaschen farblich in Grau, Weiß und Schwarz modernisiert. Zwar einfarbig, aber dennoch ein Hingucker, sind die Theke und der Boden in der Vinothek, die aus dem Holz früherer Barriquefässer gefertigt wurden.

2018 Sonnenmorgen Weißburgunder „Reserve"
24,50€ · 13,5%
Duftet nach Sommer, Kräuter und Blüten, schlank und frisch.

2019 Fels Riesling
14,50€ · 12,5%
Faszinierender, vielschichtiger Wein mit aromatischen Anklängen von Litschi und grasgrünem Apfel, präsent, aber nicht überladen, duftig und elegant.

2019 Fels Riesling „Reserve"
21,50€ · 12,5%
Setzen Sie sich in die Nahe-Achterbahn! Aprikosenröster, Schiefer und dann die feine Säure. Da ist richtig was los am Gaumen.

2019 Schweppenhausen Riesling „Grauschiefer"
10,50€ · 12,5%
Rassiger Wein mit Kräuternoten wie Zitronengras, fordert den Gaumen heraus.

2019 Weißburgunder
8,00€ · 12%
Das Aroma der Limettenschale bringt die Frische schon im Duft mit und am Gaumen geht es so weiter. Die tolle Bitternote im Abgang rundet dieses Zitruserlebnis perfekt ab.

2019 Windesheim Weißburgunder
10,50€ · 13%
Saftig, lebendig, sommerlich frisch. Zu Salaten und was sonst an warmen Tagen schmeckt.

2017 Rosenberg Spätburgunder „Reserve"
34,50€ · 13,5%
Im Liegen vor dem Kamin zu genießen. Grip und Cremigkeit spielen ein geradezu verführerisches Spiel am Gaumen.

2017 Windesheim Spätburgunder
15,50€ · 13,5%
Rum-Traube-Nuss-Schokolade mit Kokosnuss-Stückchen. Wenn Ihnen jetzt noch nicht das Wasser im Mund zusammenläuft, können wir auch nichts dafür.

Weingut Marx

Setzling 4–6/Hauptstraße 7,
55452 Windesheim
T +49 (0) 6707 316
www.weingutmarx.com

Inhaber Rainer Marx
Betriebsleiter Rainer Marx
Kellermeister Rainer Marx
Rebfläche 10 ha
Produktion 80.000 Flaschen
Gründung 1691
Verkaufszeiten
Mo–Fr 9–12 Uhr und 14–18 Uhr
Sa 9–16 Uhr
und nach Vereinbarung

Wie man die individuelle Klasse seiner Weine am besten auf die Flaschen bringt, weiß Rainer Marx nur zu gut. Denn der Winzer kann auf eine gehörige Portion Erfahrung zurückgreifen, gleichzeitig ist er offen für neue Wege und verspürt immer wieder die Lust am Ausprobieren. Einfach den Trauben mal längere Maischestandzeiten gönnen, später filtrieren und die Reifung auf der Vollhefe zeitlich erweitern. Rainer Marx hat damit gute Erfahrungen gemacht, seine Weine wirken heute komplexer und tiefgründiger. Um seinen Betrieb noch weiter fit zu machen, hat der Winzer nicht nur seinen Keller erweitert, sondern ihn auch mit neuen Halbstück- und Stückfässern ausgestattet. Eine sinnvolle Investition in die Zukunft, die Tochter Victoria gehören soll, die zwar noch in Geisenheim die Schulbank drückt und Internationale Weinwirtschaft studiert, aber ihren ersten Wein schon eigenverantwortlich vinifiziert hat.

2019 Waldlaubersheimer Altenburg Chardonnay „S"
11,00€ · 13%
Gute Länge, schöne Salzigkeit, zerlassene braune Butter und Brioche, Apfel und Melone, schöne Fülle, dabei ist der Wein sanft, verspielt und kühl, sehr typisch für Chardonnay aus kühlerem Klima, eleganter, schöner Wein.

2019	Waldlaubersheimer Altenburg Grauburgunder „S" **9,50€** · 13%	2 Trauben
2019	Windesheimer Fels Riesling „R" **15,00€** · 13% Zupackender, griffiger Essensbegleiter. Mit seinen Zitrusnoten macht er sich gut zum Kalbsschnitzel mit Salbei.	3 Trauben
2019	Windesheimer Rosenberg Weißburgunder „R" **15,00€** · 13% Wie eine Liaison von Muskateller und Chardonnay. Aromatisch, cremig, nussig und floral.	3 Trauben
2019	Windesheimer Rosenberg Weißburgunder „S" **9,50€** · 13%	1 Traube
2019	Windesheimer Römerberg Grauburgunder „R" **16,00€** · 13,5% Arrivederci Pinot Grigio! Bei diesem Exemplar von der Nahe vergisst man fast das italienische Vorbild. Liegend genießen, zum Huhn mit Senfsauce und sich dann fühlen wir Gott in ...	3 Trauben
2016	Windesheimer Rosenberg Pinot Noir „R" **29,00€** · 13,5% Schöne Balance und Trinkigkeit, mit Aromen von Waldbeerkompott. Entspannt und unaufgeregt – im Abgang abschließende Rustikalität.	3 Trauben
2018	Windesheimer Rosenberg Spätburgunder „S" **13,00€** · 13,5% Saftige Kirsche, schokoladige Herbe und geradezu mollige Würze wärmen von innen.	3 Trauben
2017	Weißwein-Cuvée „Pinot" brut **12,50€** · 12,5% Sehr reife Aromatik mit Nüssen und Hefe, verlangt geradezu nach herzhaftem Essen.	2 Trauben

Weingut Mathern

Winzerstraße 5–7,
55585 Niederhausen
T +49 (0) 6758 6714
www.weingut-mathern.de

Inhaber Helmut Mathern Erbengemeinschaft
Betriebsleiter Henning Mathern
Kellermeister Claudia Steinmetz & Henning Mathern
Verbände NaheweinRebellen
Rebfläche 12 ha
Produktion 60.000 Flaschen
Gründung 1906
Verkaufszeiten nach Vereinbarung

Gloria Mathern hat das Weingut nach dem frühen Tod ihres Mannes durch schwierige Zeiten manövriert, eine großartige Leistung mit traurigem Hintergrund. Nun ist die junge Generation am Ruder, Henning Mathern, der noch in Geisenheim Weinbau und Önologie studiert, hat zusammen mit Claudia Steinmetz die aktuellen Weine vinifiziert. Auch das eine großartige Leistung für zwei junge Menschen, die viel Verantwortung für die Arbeit eines ganzen Jahres übernommen haben. Entstanden ist eine Kollektion, deren Weine aus renommierten Lagen mal mit Reinzuchthefen mal spontan vergoren wurden. Zu Recht ist man im Hause Mathern stolz auf diese Arbeit, die dem Familienbetrieb ein neues Fundament gelegt hat und für das sympathische Weingut zukunftsweisend ist.

♥ **2018** Cabernet Blanc
7,00€ · 13,4%

2019 Niederhäuser Felsensteyer Riesling „Von mir. Der Erste." 1. Lage feinherb
13,00€ · 11%

2019 Niederhäuser Hermannshöhle Riesling
13,00€ · 13,1%

2019 Norheimer Dellchen Riesling
13,00€ · 13%
Runder, einladender Wein mit Tiefe und einem Hauch Süße.

2019 Riesling „Terroirwein vom Rotliegenden"
8,00€ · 12,5%
Auf der etwas fülligeren Seite, hat Kraft und macht Spaß.

2019 Niederhäuser Felsensteyer Riesling „Henning" Auslese 1. Lage
18,00€ · 9,2%
Zitrischer Auftakt mit Schiefernote, dann eine sehr lebendige Säure, die die Süße auf Augenhöhe trifft. Animierend mit fast gefährlich gutem Trinkfluss.

2019 Norheimer Kirschheck Riesling „Luisa" Auslese
12,00€ · 8,8%
Ein Modell von Riesling-Auslese. Marzipan und Apfel machen eine perfekte Figur, die frische Zitrusnote balanciert die Süße gekonnt aus.

Weingut Mees

Hackenheimer Straße 21,
55545 Bad Kreuznach
T +49 (0) 671 73244
www.weingut-mees.de

Inhaber Roland & Lukas Mees
Betriebsleiter Roland & Lukas Mees
Kellermeister Roland & Lukas Mees
Rebfläche 15 ha
Produktion 35.000 Flaschen
Gründung 1828
Verkaufszeiten
Mo–Sa 10–19 Uhr

Mit dem frisch gebackenen Winzermeister Lukas Mees hat die achte Generation das Ruder im Weingut übernommen. Für die ganze Familie, die mit vinophiler Begeisterung an Qualität und Stilistik der Weine feilt, ist das ein wichtiger Schritt nach vorne und geradewegs in Richtung Zukunft. Um sich noch besser und vor allem transparenter im Markt zu positionieren, wurde ab Jahrgang 2019 eine Qualitätspyramide eingeführt, die die Weine nach Herkunft einteilt. Eine gute Idee, ebenso wie das neue, modern gestaltete Etikett des Familienbetriebes, das Generationen übergreifend Gefallen findet. Zu dem stattlichen Sortiment an durchwegs empfehlenswerten Weiß- und Rotweinen gesellen sich gute Sekte aus traditioneller Flaschengärung.

2018 Kreuznacher Rosenberg Sauvignon Blanc
7,20€ · 13,5%
Fokussierend, ausgeglichen und nichts für Angsthasen.

2019 Kreuznacher Paradies Riesling Spätlese trocken
9,50€ · 12,5%

2019 Kreuznacher Rosenberg Chardonnay Spätlese trocken
9,50€ · 12%

2019 Kreuznacher Rosenberg Grauburgunder Spätlese trocken
9,50€ · 13%

2019 Kreuznacher Rosenberg Sauvignon Blanc
9,50€ · 13%

2019 Kreuznacher Rosenberg Weißburgunder Spätlese trocken
9,50€ · 12,5%

♥ **2018** Kreuznacher Paradies Blauer Spätburgunder Auslese 1. Lage trocken
14,00€ · 13,5%

2018 Spätburgunder Rosé-Sekt brut
12,00€ · 13%

Weingut Michel

Kreuznacher Straße 28–32,
55566 Bad Sobernheim
T +49 (0) 6751 9913 99
www.michel-wein.com

Inhaber Thomas & Peter Michel
Betriebsleiter Peter Michel
Kellermeister Peter Michel
Rebfläche 21 ha
Produktion 285.000 Flaschen
Gründung 1685
Verkaufszeiten
Mi 14–18 Uhr
Sa 9–12 Uhr
und nach Vereinbarung

Als Peter Michel vor sechs Jahren den elterlichen Betrieb übernahm, war er gerade mal 24 Jahre alt. Eine Herausforderung mit viel Verantwortung, bei der ihn sein Vater Thomas bis heute tatkräftig unterstützt. Die beiden verbindet nicht nur die Leidenschaft zum Winzerhandwerk, sondern auch die Liebe zur Natur und den heimatlichen Gefilden und letztendlich die Idee, konsequent und kompromisslos Qualität in ihren Weinen umzusetzen und für den Kunden schmeckbar zu machen. Das gelingt ihnen jedes Jahr trefflich, die charaktervollen Weine aus dem Nahetal sind von ihrer unterschiedlichen Bodenbeschaffenheit geprägt und bieten in unterschiedlichen Ausbaustilen für jeden Geschmack den passenden Tropfen.

♥ **2018** Bad Sobernheimer Domberg Grauburgunder „S"
18,90€ · 14%
Hier ist man „Nahe" an Italien. Salzige Würzigkeit trifft knackige Granny-Smith-Frische. Im Finale wird es opulent cremig und schmelzig.

2018 Riesling „S" Spätlese trocken
18,90€ · 13,5%
Barocker Typ mit ernsthaften Absichten. Das ist Goldmund – ohne Narziss. Servieren Sie eine Apfeltarte mit Vanilleeis.

2018 Sobernheimer Domberg Chardonnay „S"
18,90€ · 13%
Aromatischer Wein mit Aromen von Zitrus, Limette, Grapefruit und Honig, feine Süße.

2018 Sobernheimer Domberg Muskateller
11,90€ · 10,5%
Frischer und belebender Wein, mit Aromen von Litschi, grünem Apfel, Aprikose und Kräutern, freundlich und unkompliziert.

2019 Spätburgunder Spätlese trocken
10,90€ · 13,5%
Wunderbarer Pasta-Wein, der von Aubergine bis Ragout alles mitmacht. Ein Darling für die große Runde.

2019 Sobernheimer Domberg Merlot „Cabernet Franc"
8,90€ · 12,5%

Sascha Montigny

Weidenpfad 46,
55452 Laubenheim
T +49 (0) 6704 1468
www.montigny.de

Inhaber Sascha Montigny
Betriebsleiter Sascha Montigny
Kellermeister Sascha Montigny
Rebfläche 8 ha
Produktion 55.000 Flaschen
Gründung 1960
Verkaufszeiten
nach Vereinbarung

„Meine Idee von gutem Wein", so beschreibt Sascha Montigny das, was er alljährlich auf die Flaschen füllt. Gedankenlose Routine ist das nicht, eher ein spannendes Spiel mit der Natur, die dem Winzer kein Jahr mit exakt gleichen Bedingungen bringt. Doch Sascha Montigny lebt seine Idee im Weinberg und im Keller, entsprechend sind seine Weine immer wieder Individualisten, die die Handschrift des talentierten Winzers tragen. Rund die Hälfte seiner Rebfläche hat er mit Rotweinreben bestockt, die im traditionellen Maischegärverfahren vinifizierten Weine reifen anschließend in großen Stückfässern oder kleinen Gebinden bis 300 Liter. Unter den Weißweinen finden sich auch fruchtsüße und besonders aromatische Gewächse, Sekte aus klassischer Flaschengärung runden das gute Sortiment des engagierten Nahe-Winzers ab.

2019 Laubenheimer Karthäuser Grauburgunder
11,00€ · 13,5%
Der Ausbau im Holz gibt dem Wein angenehme Fülle.

2019 Laubenheimer Karthäuser Riesling
8,50€ · 13%
Dieser Riesling bringt mit Aromen von Krokantapfel, Brioche und gerösteten Gewürzen richtig viel mit. Ein Essensbegleiter, der von Asien bis Italien so ziemlich jede Küche begleiten kann.

2019 Laubenheimer Krone Riesling
13,50€ · 12,5%

2018 Laubenheimer Frühburgunder
17,50€ · 13,5%

2018 Laubenheimer Krone Saint Laurent „R"
24,50€ · 13,5%
El Gaucho in der Lederjacke. Mollig-saftig am Gaumen und das perfekte Mitbringsel für den Grillabend bei Freunden.

2018 Laubenheimer Krone Spätburgunder
29,50€ · 13,5%

2018 Laubenheimer Krone Spätburgunder „Cuvée Mariage"
19,50€ · 13,5%
Straffer, kräuterig-würziger Vertreter mit einer feinen Tanninstruktur und schöner Würzigkeit. Reife Himbeeren bahnen sich ihren Weg. Schön.

2018 Laubenheimer Merlot
69,00€ · 14%
Kraftvoller und ausgewogener Wein mit Vitalität und Zukunft, ideal zu Lammkoteletts mit Thymian.

In den Zehn Morgen

In den zehn Morgen 41,
55559 Bretzenheim
T +49 (0) 671 4831 3040
www.indenzehnmorgen.de

Inhaber Steffen J. Montigny
Betriebsleiter Steffen J. Montigny
Kellermeister Stefan Schmidt
Verbände Partnerbetrieb Naturschutz
Rebfläche 15 ha
Produktion 40.000 Flaschen
Verkaufszeiten Mo–Fr 9–12 Uhr und 14–17 Uhr und nach Vereinbarung

Ein Großteil der Kreuznacher Weinberge, auf die das 15 Hektar große Weingut Zugriff hat, galt bereits in der legendären Preußischen Lagenklassifikation von 1901 als ausgewiesene Spitzenlage und wurde mit der Höchstnote bewertet. Ein gutes Fundament für charaktervolle Weine, die Kellermeister Stefan Schmidt verantwortet. Im Produktionsfokus steht der Riesling, der in diesen Weinbergen schon seit rund einem Jahrhundert beheimatet ist. Seit fünf Jahren werden die Parzellen naturnah bewirtschaftet, seit dem Jahre 2019 befindet sich der gesamte Betrieb in der Umstellungsphase auf zertifizierten ökologischen Weinbau. Damit einher geht auch die Weiterentwicklung der Stilistik, die den aufstrebenden Betrieb zu einer verlässlichen und sicheren Bank für erstklassige Qualität machen soll.

2019 Kahlenberg Riesling
17,50€ · 12,5%
Hocheleganter Charmeur mit lockendem Duft. Balanciert und frisch, da haben auch große Runden viel Spaß.

2019 Kreuznacher Grauburgunder
9,90€ · 12,5%

2019 Kreuznacher Riesling
9,90€ · 12,5%
Klare Eleganz, dazu Druck am Gaumen und ein langer Abgang. Pur und ungeschminkt, dieser Wein ist sehr bei sich.

2019 Kreuznacher Rosenheck Riesling Kabinett feinherb
9,90€ · 10%
Frisch und belebend, gut gekühlt zum Apéro.

2019 Krötenpfuhl Riesling
20,00€ · 12,5%
Kühl und steinig, macht einen langen Bogen, exotische Nase mit Aromen nach Mango, Maracuja und Limette, am Gaumen Mandarine und reifer Pfirsich.

2019 Pastorei „Bretzenheimer Chardonnay"
15,00€ · 12,5%

2019 Steinberg Riesling „Monopol"
18,50€ · 12,5%
Wuchtiger Schmelz trifft charmante Bitternis. Ein echter Alleskönner, der obendrauf noch mit Frische und Saftigkeit punkten kann.

2019 Cuvée „Sand & Kalkstein"
9,90€ · 12,5%
Ausdrucksstarker Wein mit Grip am Gaumen, zupackend und elegant zugleich.

Weingut Poss

Goldgrube 20–22,
55452 Windesheim
T +49 (0) 6707 342
www.weingut-poss.de

Inhaber Karl-Hans & Harald Poss
Betriebsleiter Karl-Hans & Harald Poss
Kellermeister Karl-Hans Poss
Rebfläche 13 ha
Produktion 70.000 Flaschen
Gründung 1889
Verkaufszeiten
Mo–Sa 10–17 Uhr
und nach Vereinbarung

Die stimmungsvollen Weinproben im Römerkeller haben längst Kultstatus. Denn der beste Einstieg in das Weingut, das seit mehr als 100 Jahren existiert, ist die Vinothek „Pinoteca", von der aus man einen direkten Zugang zum original römischen Keller einer ehemaligen Villa Rustica aus dem 3. Jahrhundert hat. Weingeschichte als Live-Event, im Windesheimer Familienbetrieb ist das möglich. Was an Weinen aus Windesheimer und Winzenheimer Lagen kredenzt wird, haben die Brüder Karl-Hans und Harald Poss gemeinsam auf die Flaschen gebracht. Wer den charaktervollen Gewächsen Zeit gibt und ihnen noch etwas Reife gönnt, wird mit kraftvoll aromatischen Weinen, die vorwiegend aus der Burgunderfamilie kommen, belohnt.

♥ **2016** Chardonnay „Euphoros"
42,90€ · 13,5%

2016 Windesheimer Fels Grauburgunder
24,90€ · 14%
Opulentes Bukett von Birnenkompott und Marzipan. Sehr muskulös und kräftig gebaut, ein richtiger Macho. Dieser Wein wird Ihnen bei großen Runden zum kräftigen ersten Gang ein sehr guter Begleiter sein.

2018 Grauburgunder „vogelfrei“
34,10€ · 14%
Ein roséfarbener Grauburgunder, der im ersten Moment fast wie ein ganz leichter Pinot Meunier wirkt. Am Gaumen kommt zur Johannisbeere eine würzige Rosmarin-Note hinzu. Ein Wein mit Spannung, der sich perfekt als Apéro zu salzigen Sardinen macht.

2018 Windesheimer Römerberg Weißburgunder
19,40€ · 14%
Pikante Schärfe und kräftige Würze bringen Stimmung auf die Cocktailparty. Conversation starter at its best!

2019 Grauburgunder
9,50€ · 12,5%

2019 Grauburgunder „ vogelfrei“
22,40€ · 13,5%
Noten von Johannisbeere und Walderdbeere im Bukett. Am Gaumen sehr elegant und dennoch unprätentiös. Wir empfehlen dazu eine „Luxus-Pizza“ mit Spargel, Parmigiano und Speck.

2019 Weißburgunder
9,50€ · 12,5%
Wer Frucht sucht, wird hier fündig. Nektarine, Pfirsich und Mandarine bringen den Sommer ins Glas.

2019 Weißburgunder „vogelfrei“
22,40€ · 12,5%
Dezente Frucht, viel Struktur vom Ausbau im Holz, vielseitiger Essensbegleiter.

2016 Spätburgunder „S“
42,90€ · 14%
Noten von Leder, Rauch und Speck dürfen gerne Geräuchertes begleiten. Die schmeichelhafte Süße am Gaumen gleicht das wunderbar aus.

Joh. Bapt. Schäfer

Burg Layen 8,
55452 Rümmelsheim
T +49 (0) 6721 43552
www.jbs-wein.de

Inhaber Sebastian Schäfer
Verbände VDP

Über mangelnde Aufmerksamkeit kann sich Sebastian Schäfer wahrlich nicht beklagen, die einschlägige Presse ist regelmäßig voll des Lobes für die Weine des ambitionierten Winzers. Bereits seit 20 Jahren führt er den Familienbetrieb in Burg Layen und hat ein Stück weit die Eleganz in den Nahe-Weinen neu definiert. Dass er mit jedem Jahrgang noch besser werden möchte, ist kein Lippenbekenntnis, sondern in den Weinen erlebbare Realität. Denn immer mehr verfügen Schäfers Gewächse über eine Terroir-Aura, die ein exaktes sensorisches Abbild des Geburtsortes des Weines ist. Vor allem die Weine aus den Dorsheimer Lagen sind Schäfers Aushängeschilder, vinologische Visitenkarten für einen Winzer, der in aller Bescheidenheit und Zurückhaltung seinen Weg geht, der immer weiter nach oben führt.

Rebfläche 8 ha
Produktion 60.000 Flaschen
Verkaufszeiten
nach Vereinbarung

♥ **2019** Burg Layer Schlossberg Riesling 1. Lage
19,50€ · 13%
Einladender, ausdrucksstarker Wein mit Fülle und Kraft.

2019 Dorsheim Pittermännchen Riesling GG
33,00€ · 13%
Hat Charme und Spannung und das verstärkt sich spürbar mit Luftzufuhr.

2019 Dorsheim Riesling
15,50€ · 12,5%
Schöner Auftakt, verspielt, nicht zu fruchtig, schön straff – zum so Trinken, kräuterig, Maracuja in der Nase, dabei zurückhaltend, zitrisch und etwas cremig, guter Druck, einfach schön.

Weingut Schauß

Römerstraße 12,
55569 Monzingen
T +49 (0) 6751 2882
www.weingut-schauss.de

Inhaber Elmar Schauß
Betriebsleiter Elmar Schauß
Kellermeister Elmar Schauß
Rebfläche 17,5 ha
Produktion 100.000 Flaschen
Gründung 1800
Verkaufszeiten
Mo–Fr 8–19 Uhr
Sa 9–18 Uhr
und nach Vereinbarung

Wenn Elmar Schauß aus seinem Keller eine Flasche Wein holt, dann ist es meistens ein Riesling, denn der klassischen Rebsorte gilt sein Hauptaugenmerk. Gewachsen sind die Reben in den exponierten Monzinger Lagen Halenberg und Frühlingsplätzchen, mit ihren geologischen Schieferanteilen unzweifelhafte Garanten für charaktervolle, individuelle Weine. Grund genug, 2019 im Herzstück des Monzinger Frühlingsplätzchen rund zwei Hektar in Terrassenform wieder zu bepflanzen, nachdem dort 20 Jahre lang kein Weinstock stand. Man darf gespannt sein, wann der Jungfernwein aus dieser Parzelle auf die Flaschen kommt. Wer das Weingut besuchen möchte, kann im gutseigenen, 2019 eröffneten Hotel Stadtmühle bequem und komfortabel übernachten. Das hoteleigene Restaurant bietet herzhafte bodenständige Küche zu fairen Preisen.

2019 Grauburgunder
8,30€ · 13%

♥ **2019** Monzinger Frühlingsplätzchen Riesling
9,10€ · 13,5%
Weich und charmant, macht vielen Freude.

2016 Riesling „de Chaussier“ brut
10,90€ · 12,5%
Breitbeinig, duftet wie eine Hand voll feuchter Erde, karamellisierte Nussaromen und kandierte Orangenzeste, das CO_2 ist gut eingebunden. Auftakt für eine feine Gartenparty.

2019 Weilerer Herrenzehntel Riesling Spätlese
14,70€ · 9,5%
Schöne Komplexität, sehr elegante Spätlese, gute Dichte, kräuterige Würze, schöne Länge, ausgewogen – nicht zu breit mit Aromen von Mango, Vanille und getrockneter Aprikose.

Weingut Schild

Klosterstraße 7,
55595 St. Katharinen
T +49 (0) 6706 447
www.schild-weingut.de

Inhaber Johannes & Thomas Schild
Betriebsleiter Johannes & Thomas Schild
Kellermeister Johannes & Thomas Schild
Rebfläche 12,5 ha
Produktion 90.000 Flaschen
Verkaufszeiten nach Vereinbarung

Was Thomas und Sohn Johannes im Schilde führen, ist eine Phalanx stattlicher Weine aus Lagen rund um St. Katharinen und Bad Kreuznach. Rund zwölf Hektar umfasst der Familienbetrieb mittlerweile, umweltschonender naturnaher Anbau und die intensive Pflege der Weinberge gehören ebenso zur Philosophie des Weingutes wie die Handlese im Herbst. Man ist nahe dran an seinen Rebstöcken, Thomas und Johannes Schild ist es besonderes wichtig, die langsame Entstehung eines Weines weitgehend ohne große Eingriffe zu begleiten. Neben einem relativ breiten Angebot an sehr soliden Weinen zu fairen Preisen sind auch die Sekte aus traditioneller Flaschengärung empfehlenswert, die lange auf der Hefe reifen und für unkomplizierten, prickelnden Trinkspaß sorgen.

2019 Mandeler Schlossberg Muscaris „Orange“
12,50€ · 13,2%

2019 Sauvignon Blanc
6,70€ · 12,5%
Der Wein ist ein Party-Tier!

2019 Sauvignon Blanc „Sweetie“
6,70€ · 9,5%

2018 Braunweiler Hellenpfad Cabernet Dorsa & Spätburgunder
10,00€ · 14,1%
Vanille trifft auf Holunderblüte. Frühlingshaft, schmeichelnd und cremig. Damit kriegt man auch Weißweintrinker überzeugt.

2018 Portugieser „Halbstück“
9,00€ · 13,9%
Leder, Kokos und Brombeere in der Nase, wuchtige und konzentrierte Frucht am Gaumen. Eine Wuchtbrumme.

Jakob Schneider

Winzerstraße 15,
55585 Niederhausen
T +49 (0) 6758 93533
www.schneider-wein.com

Inhaber Jakob Schneider
Betriebsleiter Jakob Schneider
Kellermeister Jakob Schneider & Christian Staab
Rebfläche 25 ha
Produktion 220.000 Flaschen
Gründung 1575
Verkaufszeiten
Mo–Fr 9.30–11.30 Uhr
und 13–17.30 Uhr
Sa 10–16.30 Uhr
und nach Vereinbarung

Wenn ein Weingut 446 Jahre besteht, dann hat es alle Höhen und Tiefen durchlebt, unendlich viele Weine vinifiziert und einen Erfahrungsschatz angehäuft, der durch nichts ersetzt werden kann. Jakob Schneider junior weiß um dieses Erbe und hält den sympathischen Familienbetrieb mit Bedacht und Weitblick auf Erfolgskurs. Dafür stehen ihm auch exponierte Lagen wie die Niederhäuser Hermannshöhle und das Norheimer Dellchen zu Verfügung, dazu konzentriert sich Schneider in seinem 25 Hektar großen Betrieb weitgehend auf den Riesling, den er in all seinen Varianten ausbaut. Manche Rieslinge lässt Schneider spontan vergären, was den Weinen eine individuelle Terroir-Note verleiht, die dem Riesling gut ansteht.

2019 Niederhäuser Felsensteyer Riesling
13,00€ · 12,5%
Noch sehr jugendlich im Auftritt mit klarer Frucht und kompaktem Bau. Auf Reife angelegt.

2019 Niederhäuser Hermannshöhle Riesling Spätlese
13,00€ · 9%
Saftiger, frischer Wein mit guter Dichte, viel Zug und fordernder Säure – dazu kommen Aromen von Pfirsich, Apfel, feine Süße ist da.

2019 Niederhäuser Hermannshöhle Riesling „Magnus“
19,50€ · 13%
Charakterwein mit viel Finesse und langem Nachhall, kraftvoll, mineralisch interessant.

2019 Norheimer Dellchen Riesling
17,00€ · 13%
Zupackend, salzig und komplex mit viel Finesse und Spannung, am Gaumen Mirabelle, Gurke und Kräuter, vielschichtig mit feinem, leicht rauchigem Finale.

2019 Riesling „Grauschiefer"
7,20€ · 12%
Kommt wie ein Zitronenfalter angeflogen. Wer es trocken und leicht mag, den begleitet dieser Wein den ganzen Tag lang.

♥ **2019** Niederhäuser Hermannshöhle Riesling „Junior" Auslese
13,00€ · 8%
Den herben Anfang macht der Estragon. Am Gaumen gesellt sich sofort eine schwere Honigsüße hinzu und beide gehen auf in einer Essenz des Glücks. Ein echtes Happy End.

K. H. Schneider
Meddersheimer Straße 29,
55566 Bad Sobernheim
T +49 (0) 6751 2505
www.weingut-schneider.com

2019 Sobernheimer Sauvignon Blanc
11,00€ · 12,5%
Das ist Easy Drinking mit Spaß!

Weingut Schömehl

Binger Straße 2, 55452
Dorsheim
T +49 (0) 6721 45675
www.schoemehl.de

Inhaber
Hartmut Hahn & Elke Schömehl-Hahn
Verbände
Generation Riesling
Rebfläche 15 ha
Produktion 90.000 Flaschen
Gründung 1957
Verkaufszeiten
Mo–Sa 9–12 und 13–18 Uhr und nach Vereinbarung

Dorsheim ist zwar nicht der Nabel des Anbaugebietes, aber das kleine Winzerdorf in einem reizvollen Seitental der Nahe hat viel Charme und lohnt einen kleinen Abstecher. Bei der Gelegenheit sollte man das Weingut Schömehl besuchen, einen rund 15 Hektar großen sympathischen Familienbetrieb, der ganz konventionell und mit viel Leidenschaft arbeitet, aufwendige Handarbeit in seine Weinberge investiert und die gesunden Trauben im Keller schonend wie rohe Eier behandelt. Das Resultat sind fruchtige und aromatisch zupackenden Weine, je nach Herkunft mit mineralischer Lagentypizität ausgestattet, wie etwa die Gewächse aus den Spitzenlagen Pittermännchen und Goldloch. „Herkunft muss man schmecken", heißt denn auch das Motto von Hartmut Hahn und Elke Schömehl-Hahn, das die beiden ausgebildeten Önologen gekonnt in ihre Weine packen.

2019 Dorsheimer Burgberg Riesling „Alte Reben" Spätlese trocken
8,00€ · 12,5%
Säure und Frische in schöner Harmonie, duftig, kräuterig mit Limette, etwas floralen Noten plus Apfel und Aprikose, gute Dichte am Gaumen, saftig.

2019 Dorsheimer Goldloch Riesling Spätlese
9,90€ · 7,5%
Superfeiner Wein, schöne Rauchgkeit, zurückhaltend in der Nase. Schöne Frucht von Apfel, Pfirsich, etwas Quitte.

♥ **2019** Dorsheimer Goldloch Riesling „S"
9,90€ · 13%
Sehr kompakter Wein, der sich erst mit der Luft öffnet. Schlank und elegant.

2019 Laubenheimer Hörnchen Grauburgunder „S" Spätlese trocken
9,40€ · 13,5%
Kühle Frucht, rauchige Noten, erfrischend.

2019 Laubenheimer Hörnchen Grauburgunder „R Visium" Spätlese trocken
12,90€ · 13,5%
Die reife Frucht harmoniert mit den dezenten Holznoten, guter Essensbegleiter.

SM Sektmanufaktur

Neueinsteiger

Große Heide 2,
55444 Waldlaubersheim
T +49 (0) 6707 9141 820
www.sm-sektmanufaktur.de

Betriebsleiter
Kai Maschtschenko
Kellermeister
Kai Maschtschenko
Verbände Verband traditioneller Sektmacher
Rebfläche 6 ha
Produktion 9.000 Flaschen
Gründung 2015
Verkaufszeiten
Mo–Fr 6.30–15 Uhr

Ob Sekt das Faszinierendste und Edelste ist, was man aus Trauben machen kann, mag dahingestellt sein. Für Kai Maschtschenko jedenfalls ist Sekt Lebenselixier und Mittelpunkt seiner engagierten Arbeit. Schließlich betreibt er das einzige reine Sekthaus an der Nahe, eine Manufaktur, die sich ganz der traditionellen Methode der Flaschengärung verschrieben hat. Die vielen Ehrungen und Auszeichnungen bestätigen Kai Maschtschenko auf seinem erfolgreichen Weg und ermutigen ihn, weiter im Sinne der prickelnden Faszination zu arbeiten. Dazu gehört auch das Kombinieren von Weinen aus dem Barrique, aus Edelstahlgebinden und dem großen Holzfass, um am Ende ein harmonisches Produkt auf die Flaschen füllen zu können, das die Handschrift des Sektmachers trägt.

2016 Grand Cuvée Reserve brut nature
35,00€ · 12,5%
Im Duft Honigmelone mit Speck, schöne Mineralik, dicht verwoben.

2017 Chardonnay brut
17,00€ · 12,5%
Willkommen in der guten alten deutschen Sektwelt, eine Aromabombe. Mirabelle, gelbe exotische Früchte und Muskatnuss. Dazu passend kräftige Säure und ein ausgeprägtes CO_2.

2017 Schwarzriesling „Pinot Meunier" brut

14,00€ · 12,5%

Kräftige Perlage, rauchig, würzig, herb, voluminös.

2017 Weißburgunder „Dosage Zero"

15,00€ · 12,5%

In sich ruhend, klar und elegant. Lädt zum Entspannen ein.

Weingut Sinß

Hauptstraße 18,
55452 Windesheim
T +49 (0) 6707 253
www.sinss.de

Inhaber Familie Sinß
Betriebsleiter Johannes & Markus Sinß
Kellermeister Johannes Sinß
Rebfläche 13 ha
Produktion 80.000 Flaschen
Gründung 1791
Verkaufszeiten
Mo–Sa 9–17 Uhr
und nach Vereinbarung

Das idyllisch gelegene Windesheim hat es in sich, zumindest wenn man sich die Böden rund um den Ort anschaut. Die bestehen vor allem aus roter Sandsteinverwitterung und sandigem Lehm mit Kieselsteinen. Da bietet sich die Kultivierung von roten und weißen Burgunder-Sorten an, aber auch der Riesling kann sich durchaus mit diesen Bodenstrukturen anfreunden. Die Brüder Johannes und Markus Sinß haben ihr rund 13 Hektar großes Weingut entsprechend ausgerichtet, geplant sind weitere Anpflanzungen vor allem von Spätburgunder-Reben. Ihren Masterplan, biozertifizierte Weine zu produzieren, haben sie nach drei Jahren Umstellungsphase umgesetzt und mit dem Jahrgang 2019 ihren ersten Bio-Wein auf den Markt gebracht.

2018 Windesheimer Rosenberg Chardonnay „Reserve"

24,00€ · 14%

Wuchtiges Holz – hinterlässt Speck, Rauch, Rum, Vanille und Lakritznoten und etwas Sahnekaramell –, darin eingeschlossen sind gelbe Früchte, etwas Grip im Abgang.

2019 Windesheimer Römerberg Riesling „R"

18,00€ · 12,5%

Dieser Riesling begleitet charmant und geradlinig vom Nachmittag in den Abend. Leichter Schmelz und zitrische Frische gehen eine angenehme Harmonie am Gaumen ein.

2015 Spätburgunder „Pinot Noir"

35,00€ · 13,5%

Ein charmanter und gemütlicher Begleiter für den Abend zu zweit. Einlullend und weich.

2016 Windesheimer Rosenberg Spätburgunder „R"

20,00€ · 13%

Duftiger Lavendel und weihnachtliche Gewürze lassen Parallelen ziehen zu Nebbiolo. Überraschungsgeschenk für Italienfreunde.

Staatsweingut Bad Kreuznach

Rüdesheimer Straße 68,
55545 Bad Kreuznach
T +49 (0) 671 8203 30
www.staatsweingut.de

Inhaber Land Rheinland-Pfalz
Betriebsleiter Gunter Schenkel
Kellermeister Rainer Gies
Rebfläche 20 ha
Produktion 120.000 Flaschen
Gründung 1900
Verkaufszeiten
Mo–Do 9.30–12.30 Uhr
und 14–16.30 Uhr
Fr 9.30–16.30 Uhr

Auch wenn die Bezeichnung „Staatsweingut", davon gibt es in Deutschland einige, immer etwas privilegiert klingt, handelt es sich dabei um normale Weingüter, die sich wie alle anderen nicht nur den gleichen Witterungsbedingungen, sondern auch den gleichen Marktbedingungen stellen müssen. Betriebsleiter Gunter Schenkel und Kellermeister Rainer Gies haben das seit Jahren gut im Griff und führen das rund 20 Hektar große Weingut mit Umsicht und Geschick. Vor einigen Jahren wurde der Betrieb auf zertifizierte ökologische Bewirtschaftung umgestellt. Dreh- und Angelpunkt im Staatsweingut ist der Riesling, der in exponierten Lagen rund um Bad Kreuznach kultiviert wird, in guten Jahren seinen Facettenreichtum ausspielt und alle Weinqualitäten bis in die edelsüße Kategorie hervorbringt.

2019 Kreuznacher Kahlenberg Riesling Spätlese halbtrocken
7,50€ · 12,5%

2019 Norheimer Kafels Riesling „S"
10,50€ · 13,5%
Hat Wumms, saftig, fast opulent am Gaumen.

2018 Kreuznacher Hinkelstein Spätburgunder Auslese trocken
15,00€ · 15,5%
Sanfter, runder Wein der sich über Süße öffnet. Dunkle Beeren und weiche Tannine.

♥ **2019** Norheimer Kafels Riesling „Centum XX" Auslese
29,50€ · 8%
Glasklar mit einer Fernsicht, die nur durch die Erdkrümmung begrenzt wird. Holunderblüte und Akazie spielen ein animierendes Spiel aus Süße und Säure.

Karl Stein

Auf dem Stiel 12,
55585 Oberhausen
T +49 (0) 6755 242
www.steinwein.de

Inhaber Edith & Karl Rainer Schneider
Betriebsleiter Edith & Karl Rainer Schneider

Dass sich Edith und Karl Rainer Schneider in Zukunft noch mehr auf die Produktion von Sekten konzentrieren möchten, kommt nicht von ungefähr. Seit Jahren ist das Weingut in Oberhausen nicht nur eine sehr gute Adresse für Rieslinge und Burgunder. Der rund 13 Hektar große Betrieb ist auch weit über die Grenzen der Nahe als Produzent von hauseigenen Sekten bekannt, die mit einem ausgewogenen Spiel von Frucht und Säure punkten und im Glas über eine feine Perlage verfügen. Da die Grundlage für beste Weine und Sekte in einem guten und gesunden Boden steckt, geht man in den Weinbergen behutsam und naturnah zur Sache und bewirtschaftet die Rebhänge nachhaltig und voller Respekt als Partner, der am Ende auch die Wirtschaftlichkeit des Weingutes sichert.

Kellermeister
Karl Rainer Schneider
Rebfläche 13 ha
Verkaufszeiten
Mo–Sa 8–17 Uhr
und nach Vereinbarung

2019 Niederhäuser Felsensteyer Riesling Auslese
16,00€ · 8%
Akazienhonig trifft Pfingstrose. Ein Langläufer, dem die Luft so schnell nicht ausgeht.

2019 Oberhäuser Kieselberg Chardonnay
12,00€ · 13%

Weißwein-Cuvée brut
16,00€ · 13%
Knackig, klar und viel Esprit.

Udo Weber

Soonwaldstraße 41,
55569 Monzingen
T +49 (0) 6751 3278
www.weingut-udo-weber.de

Inhaber Laura & Udo Weber
Betriebsleiter Laura & Udo Weber
Kellermeister Laura & Udo Weber
Verbände Naheweinrebellen
Rebfläche 15 ha
Produktion 80.000 Flaschen
Gründung 1732
Verkaufszeiten
Mo–Sa 9–18 Uhr

Bevor Laura Weber in den elterlichen Betrieb einstieg, hat sie das ganze Programm absolviert, das die Branche zu bieten hat: Studium Weinbau und Önologie, Auslandsaufenthalt und ein Jahr Weinkönigin. Zurück zu den Wurzeln, brachte die junge ambitionierte Winzerin neuen Schwung in das Familienweingut und hat unter dem Label „Edition-L" ihre eigene Weinlinie aus der Taufe gehoben. Lauras unkomplizierte Weine und das gesamte Portfolio des Monzinger Betriebes kann man in aller Ruhe in der schönen, neu gestalteten Vinothek probieren. Dazu bietet Familie Weber ihren Kunden auch die Möglichkeit, sich als Pate für Wildbienen zu engagieren, um damit ihr Überleben zu sichern. Eine gute Idee und eine Herzensangelegenheit von Laura.

2019 Monzinger Frühlingsplätzchen Chardonnay „No.5"
11,90€ · 13,5%
Schöne Frische, in der sich Zitrus und Cremigkeit vereinen, etwas Holz puscht den Wein, viel gelbe Frucht und Apfel, filigraner Wein mit schöner Länge.

2019 Monzinger Frühlingsplätzchen Riesling „Auf der Ley GG"
auf Anfrage · 12,5%
Elektrisch aufgeladen. Die Säure hat in etwa die gleiche Wirkung wie ein Finger in der Steckdose. Wachmacher-Riesling für müde Abende, die nicht enden sollen.

2019 Weißwein-Cuvée „Duo Surprise No.1"
9,90€ · 12,5%

Foto: © Weingut Dönnhoff

DIE TIPPS DER WINZER

Wo gibt es die beste Hausmacherküche aus regionalen Produkten? Wo sitzt man gemütlich und hat den besten Blick in die Weinberge? Wo ist das schönste Hotel? Wo kann ich Weine verkosten, Produkte von lokalen Erzeugern einkaufen? Wer, wenn nicht **der Winzer vor Ort** kennt sich bestens in seiner Region aus? Darum haben wir Winzer und ihre Familien nach **ihren persönlichen Tipps** gefragt.

P.S. Prüfen Sie bitte vor Ihrem Besuch, ob alle Lokale und Geschäfte wieder geöffnet haben und welche aktuellen Öffnungszeiten gelten.

Essen

NICKL'S SPEISEKAMMER

Hauptstraße 4-6,
55546 Biebelsheim
T + 49 (0) 6701 4289 823
www.nickls-speisekammer.de

Direkt auf dem Gelände des Weinguts Johanninger wurde in der alten Remise dieses Restaurant eingerichtet, in dem saisonal-regional gekocht wird. Das Baguette wird mit Sepiatinte gebacken, die Entenbrust mit Kaffeesalz gewürzt und die Dorade auf Linsensprossen serviert. Die Gastgeber bieten auch Kochkurse an.

Empfohlen von
Weingut Johanninger

KRYBURG

Auf der Kyrburg 1,
55606 Kirn
T + 49 (0) 6752 91190
www.kryburg.de

Wahrzeichen der Stadt Kirn ist die Kryburg, die im Jahr 960 vom Gaugrafen Emicho erbaut wurde. 1734 wurde sie von den Franzosen zerstört. Im Wachhaus befindet sich heute ein Restaurant, zu dem eine Terrasse mit tollem Weitblick gehört. Auf der Karte stehen Zanderfilet und Wildburger. Im Keller ist ein Whisky-Museum mit mehr als 5000 verschiedenen Flaschen untergebracht.

Empfohlen von
Weingut Hexamer

IM GÜTCHEN

Gault&Millau

Hüffelsheimer Straße 1,
55545 Bad Kreuznach
T + 49 (0) 671 42626
www.im-guetchen.com

Ein historisch-barockes Hofgut mit liebevoll renoviertem Inneren erwartet die Gäste hier, die sich nicht nur auf eine feine Gourmetküche freuen können, sondern auch auf eine Weinkarte mit fast 200 Positionen. Gekocht wird regional-mediterran, das Team hat zudem eine eigene Manufaktur und bietet Fonds, Rouladen oder vegetarische Bolognese zum Mitnehmen an.

Empfohlen von
Jakob Schneider

IM KITTCHEN

Alte Poststraße 2,
55545 Bad Kreuznach
T + 49 (0) 671 9200 811

Einfach nur nett hier: Inmitten der Altstadt liegt dieses kleine urige Restaurant, in dem vor allem das Überraschungsmenü, aber auch die umfangreiche Weinkarte mit vielen regionalen Tropfen gelobt wird.

Empfohlen von
Weingut Genheimer-Kiltz

RESTAURANT MÜHLENTOR IM BC HOTEL

Mühlenstraße 10,
555543 Bad Kreuznach
T + 49 (0) 671 8383 00
www.b-c-bad-kreuznach.de

Kartoffeln in allen Variationen, Knödel mit Speck, Steak vom 800 Grad heißen Grill: Diese Karte klingt vielversprechend. Frank Hilgert, Geschäftsführer und Küchenchef zugleich, liebt es regional, herzhaft, kreativ und bietet auch ein Mittagsmenü mit 30-Minuten-Garantie an. Zum Haus gehört außerdem ein Drei-Sterne-Hotel mit 44 zum Teil neu gebauten Zimmern.

Empfohlen von
Weingut Marx

ZUR TRAUBE

Sobernheimer Straße 2,
55566 Meddersheim
T + 49 (0) 6751 9503 82
www.langendorfstraube.de

Ein gemütlicher Landgasthof in historischem Naturstein-Fachwerkhaus aus dem 18. Jahrhundert, in dem seit mehr als 20 Jahren klassisch- französisch mit regionalen Einflüssen gekocht wird. Es gibt Medaillons vom Reh oder Kalbsbries, dazu Weine aus Meddersheim oder der umliegenden Region.

Empfohlen von
Weingut Hexamer

Schlafen

HERMANNSHÖHLE
Niederhäuser Hermannshöhle 1,
55585 Niederhausen
T + 49 (0) 6758 6486
www.hermannshoehle-weck.de
Die Gemäuer sind Jahrhunderte alt, die Küche dagegen modern, aber auch bodenständig und regional verwurzelt. Von der Terrasse hat man einen tollen Blick auf Nahe und Lemberg. Zum Haus gehört auch eine sehr gut bestückte Vinothek.
Empfohlen von
Weingut Mathern

JUNGBORN
17 | 20
Felkestraße 100,
55556 Bad Sobernheim
T + 49 (0) 6751 93390
www.bollants.de

KUPFERKANNE
Berliner Straße 2,
55566 Bad Sobernheim
T + 49 (0) 6751 2858
www.restaurant-kupferkanne.de
Bei gutem Wetter lockt die Terrasse zur Vesper, ansonsten sitzt es sich in diesem Restaurant, das von Familie Wahl geführt wird, gemütlich. Die Karte ist bodenständig, es gibt Tafelspitz und Ochsenbacke, Rindfleischeintopf oder Seelachsfilet, aber auch Wildgerichte oder kreative Burger.
Empfohlen von
Weingut Schauß

BRASSERIE VOSS
Kreuznacher Straße 1,
55442 Stromberg
T + 49 (0) 6724 6050 390
www.brasserie-voss.de
Authentisch französische Küche steht hier im Mittelpunkt: Jakobsmuscheln, Terrine von Entenmousse, Bretonische Fischsuppe, Coq au vin rouge oder eine Tarte flambée sprechen eine eindeutige kulinarische Sprache. Serviert wird in gemütlichen, historischen Mauern einer alten Gerberei.
Empfohlen von
Weingut Kauer

LANDHAUS STEMPEL
Hauptstraße 32,
55452 Windesheim
T + 49 (0) 6707 9131
www.stempel-windesheim.de
Hier wird klassische Landhausküche neu und kreativ auf Basis von regionalen Produkten interpretiert. Jens Stempel ist dabei die fünfte Generation seiner Familie, die das Haus führt: Gastgeber aus Leidenschaft. Zum Haus gehört auch ein Drei-Sterne-Hotel.
Empfohlen von
Weingut Sinß

HINTERCONTI
Naheweinstraße 17,
55559 Bretzenheim
T + 49 (0) 671 7967 0910
www.hinterconti.com
14 modern-komfortabel eingerichtete Zimmer sind hier in einem historischen Bauerngehöft untergebracht. Dabei ist jeder Raum individuell ausgestattet – mal puristisch, mal verspielt, mal nur in schwarzweiß. Das Haus wird als Bed & Breakfast-Hotel geführt.
Empfohlen von
Weingut In den Zehn Morgen

PARKHOTEL
Hauptstraße 185,
55743 Idar-Oberstein
T + 49 (0) 6781 50900
www.parkhotel-idaroberstein.de
37 Zimmer und Suiten, alle klassisch-elegant eingerichtet, stehen den Gästen in der Edelsteinstadt in diesem Haus aus dem Baujahr 1923 zur Verfügung. Im Restaurant wird gehobene Küche serviert, außerdem gibt es noch ein Bistro und eine Bar.
Empfohlen von
Weingut Hexamer

FÜRSTENHOF SYMPATHIE-HOTEL

Kurhausstraße 20,
55543 Bad Kreuznach
T + 49 (0) 671 2984670
www.sympathie-hotel.de

Sehr zentral liegt dieses Innenstadt-Hotel mit seinen renovierten und stilvoll eingerichteten Zimmern – direkt neben der Therme, mitten im schönen Ort Kreuznach. 78 Zimmer und eine Suite stehen den Gästen zur Verfügung. Von hier aus kann man gut kleine Ausflüge in die historische Neustadt, zu den Gradierwerken im Salinental oder zu den Brückenhäusern unternehmen.

Empfohlen von
der Redaktion

LANDHOTEL KAUZENBERG

Auf dem Kauzenberg 1,
55545 Bad Kreuznach
T + 49 (0) 671 38000
www.landhotel-kauzenberg.de

Die historische Kauzenburg, Residenz der vorderen Grafschaft Sponheim, ist eines der Wahrzeichen der Stadt Bad Kreuznach. Heute gilt die Burg als Sehenswürdigkeit. Auf der Terrasse, die zum Hotel-Restaurant gehört, kann man den Blick in die weite Nahe-Landschaft genießen. Hotelgäste finden Platz in 41, modern renovierten Zimmern, es gibt ein Restaurant, eine Bar und einen Wellnessbereich.

Empfohlen von
der Redaktion

MENSCHELS VITALRESORT

Naheweinstraße 65,
55566 Meddersheim
T + 49 (0) 6751 850
www. Menschel.com

Dieses familiengeführte Biohotel mit seiner 90-jährigen Tradition bietet sich vor allem für die Gäste an, die nach Buchinger heilfasten, eine Felkekur oder einfach nur Wellness machen wollen. Es gibt Yoga-Kurse, Qi Gong-Tage oder Resilienz-Workshops. Das Haus mit seinen unterschiedlichen Nebengebäuden für Naturschwimmbad, Hallenbad oder Therme liegt nahe des Soonwalds, 65 Gäste finden in den komfortablen Zimmern in vier Gästehäusern Platz.

Empfohlen von
der Redaktion

MEISENHEIMER HOF

15 | 20

Obergasse 33,
55590 Meisenheim
T + 49 (0) 6753 1237 780
www.meisenheimer-hof.de

Ein Barockportal nimmt die Gäste in Empfang, die es sich entweder in einem der 23 geschmackvoll eingerichteten Zimmer (benannt nach Eckhard Witzigmann oder Hildegard von Bingen) gemütlich machen oder in einem der drei Restaurants kulinarisch verwöhnen lassen wollen. Bei gutem Wetter lockt aber auch die Terrasse. Gekocht wird auf höchstem Niveau mit Dreierlei vom Salzwiesenlamm, bayrischer Garnele oder Meisenheimer Snickers.

Empfohlen von
Wein-und Sektgut Bamberger

KLOSTERMÜHLE

Mühlstraße 19,
67728 Münchweiler an der Alsenz
T + 49 (0) 6302 92200
www.klostermuehle.com

28 Zimmer in ländlich-idyllischer Atmosphäre präsentieren sich hier in historischer Kulisse. Familie Jennerwein hat aus dem landwirtschaftlichen Anwesen zu Füßen des Donnersbergs ein gemütliches Drei-Sterne-Superior-Hotel mit Restaurant gemacht. Frische Kräuter und Gemüse für die Restaurantküche kommen aus dem familieneigenen Anbau. Ansonsten auf der Karte: spanisches Eichelschwein, Maultaschen mit Lammfleisch sowie Weine vom familieneigenen Weingut Hinter der Kirche.

Empfohlen von
Weingut Hahnmühle

GÄSTEHAUS GUT HERMANNSBERG

55585 Niederhausen
T + 49 (0) 6758 92500
www.gut-hermannsberg.de

Allein die Anfahrt zu diesem Weingut mit Gästehaus und Restaurant mitten durch die Weinberge ist schon ein Erlebnis. Eins, das direkt entspannend wirkt. Das soll man dann auch weiter während seines Aufenthalts – inmitten der Reben, die man auch erwandern kann. Den Übernachtungsgästen stehen im früheren Gutsdirektorenhaus elf liebevoll renovierte und stylisch eingerichtete Zimmer, benannt nach Weinbergslagen wie Melaphyr, Kupfergrube oder Bastei zur Verfügung. Das Fine-Dining-Restaurant und die Vinothek befinden sich in der alten Kellerei.

Empfohlen von
der Redaktion

GÄSTEHAUS MATHERN

Winzerstraße 5,
55585 Niederhausen
T + 49 (0) 6758 6714
www.weingut-mathern.de

In der ehemaligen Grundschule von Niederhausen bauten die Inhaber des Weinguts ein Gästehaus aus. Vier modern-ausgestattete Appartements und eine Loft-Ferienwohnung stehen hier, direkt neben dem Weingut, den Gästen zur Verfügung.

Empfohlen von
der Redaktion

BOLLANTS

Felkestraße 100,
55566 Bad Sobernheim
T + 49 (0) 6751 9390
www.bollants.de

Ein Gesamtensemble, das sich dem Genuss und der Gesundheit verschrieben hat: In diesem Wellness-Resort erwarten den Gast luxuriöse Unterkünfte, gleich mehrere Gourmet-Restaurants (Jungborn, Hermannshof, Villa) und eine allumfassende Spa- und Beautyabteilung.

Empfohlen von
Weingut Bamberger-Steinhardter Hof

LAND- UND GOLFHOTEL STROMBERG

Am Buchenring 6,
55442 Stromberg
T + 49 (0) 6724 6000
www.golfhotel-stromberg.de

Sechs verschiedene Zimmerkategorien, alle im Landhausstil eingerichtet, mehrere Restaurants, Tagungsräume, ein Spa mit Außen- und Innenpool, Saunalandschaft, Fitness und Wellnessgarten sowie die Möglichkeit, Golf zu spielen – und all das in schöner, naturnaher Lage: Das erwartet die Gäste im Landhotel Stromberg, die sich hier zu allen vier Jahreszeiten eine Auszeit gönnen können.

Empfohlen von
der Redaktion

Einkaufen

QUARTIER LINDE

Genheimer Straße 7,
55444 Waldlaubersheim
T + 49 (0) 6707 9683137
www.quartier-linde.de
Kommt man zum Schlafen oder zum Essen hierher? Vielleicht beides. Erst das eine, dann das andere. Das Quartier befindet sich in einem alten Weingut, die drei Zimmer sind mit viel Holz gemütlich eingerichtet. Das Restaurant bietet eine unkomplizierte Karte, die Scheune bietet sich für große Feiern wie Hochzeiten an.
Empfohlen von
Weingut Forster

„Gutes von Hunsrück und Nahe": Das ist das Motto des SooNahe-Projekts. Darin sind 180 Händler, Produzenten, Manufakturen aller Branchen zusammengeschlossen und präsentieren sich gemeinsam in einem Einkaufsführer. Egal, ob Bäcker, Metzger, Gastronomen, Forellenzüchter, Supermärkte oder Weihnachtsbaum-Verkäufer. Sie alle stehen für regionale Waren und wollen die Kunden ermuntern, vor der eigenen Haustür einzukaufen und damit Produzenten aus der Heimat zu stärken. Weitere Infos unter www.soonahe.de

HOF LEHNMÜHLE

Lehnmühler Straße,
55444 Dörrebach
T + 49 (0) 6724 3526
www.hof-lehnmuehle.de
Auf 72 Hektar leben hier 21 Milchkühe, vier Schweine und fünf Menschen, die sich um alles kümmern. Der Hof produziert nach Demeter Standards in biodynamischem Landbau Biolebensmittel und bietet sie direkt in seinem Hofladen zum Verkauf an. So gibt es viele verschiedene Käsesorten wie Weich- Schnitt- und Hartkäse, Fleisch vom Bruderkalb, vom Molkeschwein und vom Weiderind.
Empfohlen von
Weingut Sinß

ZÖLLNERS ÖLMÜHLE

Dessauer Straße 14,
55545 Bad Kreuznach
+49 (0) 671 43621
www.oelmuehlezoellner.de
Kaltgepresste Ölspezialitäten und fruchtige Essige aus kontrolliert ökologischem Landbau werden hier im Hofladen, aber auch in einigen Geschäften in der Umgebung und freitags auf dem Markt in Bad Kreuznach angeboten. Dazu gibt es viele Tipps rund um die Anwendung von Ölen in Küche und Kosmetik.
Empfohlen von
der Redaktion

PIERRE DE FRANCE

Untergasse 20,
55590 Meisenheim
T + 49 (0) 6753 1290 898
www.pierredefrance.de
Egal, ob Lavendelsenf, Weißweinessig, Tapenade, Terrinen, Käse oder Sardinen: In diesem Geschäft für französische Feinkost gibt es alles.
Empfohlen von
der Redaktion

BIOLANDHOF SEHNENMÜHLE
Sehnenmühle-Steinbach, 55469 Riegenroth
T + 49 (0) 6766 9617888
www.biolandhof-sehnenmuehle.de
Auf diesem Hof wird nach den Bioland-Kriterien gearbeitet, produziert und verkauft. Das Sortiment umfasst Fleisch- und Wurstwaren bis hin zu Eiern. Und wenn der Hofladen nicht geöffnet hat, steht draußen ein Automat zur Verfügung.
Empfohlen von
der Redaktion

FEINKOST AMÜSE KÖHL
Bahnhofstraße 3a, 67806 Rockenhausen
T + 49 (0) 6361 9296 007
www.amuese-koehl.de
Pralinen, Schokolade, Gebäck, Tee und Kaffee, Essige und Öle, Gewürze und Salze, Pasta und Peso: Das Feinkost-Sortiment in diesem Geschäft scheint schier unerschöpflich zu sein. Vieles darf direkt vor Ort probiert werden, außerdem gibt es kleine Deko-Artikel oder Schmuck.
Empfohlen von
Weingut Hahnmühle

BECKELUMER BOHNENSCHMIEDE
Unter Mayen 14, 55596 Waldböckelheim
T + 49 (0) 157 5601 6646
www.beckelumer-bohnenschmiede.de
Hier werden hochwertige Rohkaffees aus aller Welt zu Spezialitätenkaffees veredelt. Jede Woche wird frisch geröstet. Frank und Bettina Wolter wollen sich mit ihrer Handarbeit bewusst von industriell gefertigten Kaffeesorten absetzen.
Empfohlen von
der Redaktion

EYERS KÖRNERTRUHE
Sponheimer Straße 11, 55595 Weinsheim
T + 49 (0) 6758 7132
www.koernertruhe.de
Weinbau, Ackerbau und Hühnerhaltung: Das sind die Betriebszweige auf dem landwirtschaftlichen Hof der Familie Eyer. Auf dem Hof werden Nudeln, Eierlikör und Knuspermüsli selbst produziert. Das und viele andere Produkte – auch von befreundeten Landwirten – werden im Hofladen verkauft.
Empfohlen von
der Redaktion

Empfehlenswerte Metzgereien

Metzgerei Egon Deib
Duchroth (Schmiedgasse 4)

Metzgerei Beisiegel
Bad Kreuznach (Heidenmauer 31–33)

Metzgerei Rainer Gauch
Obermoschel (Wilhelmstraße 21)

Metzgerei Rüdiger Reths
Seibersbach (Hauptstraße 24)

Metzgerei Ferdinand Bregenzer
Bad Sobernheim (Großstraße 62)

Wildkammer, Metzgerei und Feinkost
Bad Sobernheim (Johannisplatz 1)

Metzgerei Knichel
Wallhausen (Hauptstraße 43)

Empfehlenswerte Bäckereien

Bäckerei Alfred Wenz
Bundenbach (Hauptstraße 13)

Bäckerei Steinhauer
Hüffelsheim (Kirchenstraße 1)

Bäckerei Hörhammer
Lohnsfeld (Pulvermühle 1)

Arthur's Mehlbox
Stromberg (Talstraße 2)

Bäckerei & Konditorei Karl Andrae
Waldböckelheim (Hauptstraße 7)

Vinothek

NAHE.WEIN.VINOTHEK & BAR
Mannheimer Straße 6,
55545 Bad Kreuznach
T + 49 (0) 671 9200 5645
www.nahe-vinothek.de
Mehr Überblick über die Weinszene der Nahe geht kaum: 50 Winzer präsentieren sich mit jeweils drei Weinen in dieser Vinothek im schönen Dienheimer Hof (Baujahr 1563) im Herzen von Bad Kreuznach. Der Gast darf in der Bar, im Innenhof oder im Gewölbekeller verkosten und kann sich so entspannt entscheiden, welchen Wein er mit nach Hause nehmen will. Auf der kleinen Karte stehen Tapas, Käse, Flammkuchen und ein wechselndes Wochengericht, es gibt aber auch bei „Wine&Dine" ein Fünf-Gang-Menü. Legendär sind mittlerweile die Wein-Events, vor allem am späten Vormittag des Heiligabends.
Empfohlen von
allen beteiligten Weingütern

Ahr

AHR

Die Ahr ist eines der kleinsten deutschen Anbaugebiete. Es liegt im Norden von Rheinland-Pfalz, mit den Städten Köln, Bonn und Koblenz ganz in der Nähe. Aber so klein das Anbaugebiet auch ist, so groß ist der Rotweinanteil. Von den insgesamt 562 Hektar wird auf 462 Hektar Rotwein angebaut. Damit ist das Gebiet Ahr das größte zusammenhängende Rotweinanbaugebiet in Deutschland. Die Ahr ist vor allem bekannt durch ihren Spätburgunder, der hier auf Schiefer wächst und dadurch seine charakteristische Aromatik bekommt. Eine Besonderheit der Region ist der Frühburgunder. Landschaftlich ist das Ahrtal ebenfalls sehr reizvoll. Alle paar Kilometer wechselt die Szenerie und es lassen sich schon auf einer kurzen Wanderung die Besonderheiten der Natur- und Kulturlandschaft entdecken. Abenteuerliche Felsformationen säumen den Weg, Felsnasen aus Schiefer ragen ins Tal hinein. Wandern kann man auf dem Ahrtalweg, dem Rotweinwanderweg oder auf dem Ahrsteig.

DIE BESTEN PINOTS BIS 15€

Steillagen und reine Handarbeit: Die Ahr-Winzer sind absolute Spezialisten, wenn es um den Anbau von Früh- und Spätburgunder geht. Diese hier gelisteten Weine sind preiswerte Preziosen **für jeden Tag.**

Rotweine

2019 Frühburgunder „Alte Reben“
14,50€ · 13% · Max Schell

2018 Spätburgunder „1904“
8,90€ · 13,5% · Weingut Gebrüder Bertram

2019 Mayschosser Burgberg Spätburgunder
10,40€ · 12,5% · Weingut Sermann

2019 Marienthaler Frühburgunder
10,40€ · 13% · Weingut Sermann

2018 Spätburgunder „Gründerwein“
8,40€ · 13,5% · Winzergenossenschaft Mayschoss-Altenahr · Ahr

2018 Ahr Frühburgunder „Edition B“
9,95€ · 13,4% · Weingut Brogsitter

2018 Ahr Spätburgunder „Edition B“
9,95€ · 13,8% · Weingut Brogsitter

2018 Spätburgunder
12,50€ · 13,5% · Weingut Meyer-Näkel

2019 Spätburgunder „Der Mönch“
13,90€ · 13,5% · Kloster Marienthal

2018 Spätburgunder „Ahr -S-“
9,90€ · 13,5% · Peter Kriechel

2019 Ahr Spätburgunder „Tradition – 420 Jahre Weingut Brogsitter“
9,95€ · 13,3% · Weingut Brogsitter

Fotocredit: © David Weimann / Weingut Meyer-Näkel

REINES HANDWERK IM TAL DER ROTEN TRAUBEN

Von Anke Kronemeyer

Mehr Rot geht nicht. Kein anderes Anbaugebiet in Deutschland hat einen solch starken Schwerpunkt auf Rotwein. Rund 85 Prozent der Weinproduktion wird als Rotwein auf die Flasche gebracht, allein 65 Prozent davon als Spätburgunder. Portugieser, Regent und Dornfelder belegen die weiteren Plätze. Nicht zu vergessen der Frühburgunder, ebenfalls eine Spezialität an der Ahr. Er wächst auf 34 der insgesamt 561 Hektar und gilt als „Diva“ unter den Rebsorten, weil er empfindlich ist und wenig Ertrag liefert.

Also ein Alleinstellungsmerkmal nach dem nächsten. Und genau das macht die Menschen von der Ahr auch ziemlich stolz. Auf die Region, auf den Ort, in dem sie leben, auf den Wein, der vor ihrer Haustür wächst.
Wer jetzt daraus schließt, dass der Ahrtaler arrogant sein könnte, der irrt gewaltig. Denn der Mensch von der Ahr ist durchaus eine rheinische Frohnatur. Schließlich lebt er nur 55 Kilometer von Köln und noch einmal 50 Kilometer von Koblenz entfernt. Karneval ist ihm also nicht fremd, Humor hat er sowieso.
Der Mensch von der Ahr gilt gleichwohl als bodenständig, durchaus mit Ecken und Kanten, eben ein Charakterkopf, aber insgesamt weltoffen. Und er hat - sozusagen genetisch bedingt – jede Menge Ahnung von Wein. Vom Ahrwein, dem roten. Den er am liebsten trinkt. Dabei genießen die Einwohner von Dernau vorzugsweise Wein aus Dernau, die von Walporzheim den aus Walporzheim.

Frühburgunder: die Diva unter den Rebsorten

Aber: Wein von der Ahr ist nicht nur rund um den heimischen Weinberg, sondern auch im Rest von Deutschland und international sehr beliebt. So machen Schweden und Dänen regelmäßig Stopp in Walporzheim und anderen Weinorten, um sich ihre Vorräte wieder aufzufüllen. Zig Liter gehen aber auch Jahr für Jahr auf die Reise in andere ferne Länder.

Steillagen, Schiefer & starke Genossenschaften

Was gefällt nun am Ahr-Wein? Vermutlich das Gesamtpaket. Weil der Wein vorrangig auf Schiefer wächst, hat er eine leichte, aber sehr angenehme Mineralik, schmeckt immer etwas nach Kräutern, hat eben die ganz spezielle Ahr-Typizität.

Für diesen ganz besonderen Wein sind 50 Winzer zuständig, die ihre Arbeit im Vollerwerb leisten, sowie 500 weitere, die im Nebenerwerb Weinbau betreiben und ihren Ertrag an eine der drei Genossenschaften abliefern. Auch hier wieder ein Alleinstellungsmerkmal: An der Ahr sitzt eine der weltweit ältesten Genossenschaften. Die Winzergenossenschaft Mayschoss-Altenahr wurde 1868 gegründet. Man kann sie in Mayschoss besuchen, vor allem ein Besuch im alten Kellergewölbe ist hier empfehlenswert.

Unter den Haupterwerbs-Winzern sind einige berühmte Namen wie Stodden, Meyer-Näkel oder Adeneuer. Vor allem Werner Näkel, der eigentlich Lehrer und als Winzer ein Seiteneinsteiger war, sowie Gerd Stodden ist es zu verdanken, dass sich die Art der Weinproduktion in den 1970er-Jahren wandelte. Nach dem Vorbild Burgund ging es um „Klasse statt Masse“, wurde mehr auf die Weinqualität geachtet, weniger auf den großen Ertrag. Andere Winzer zogen mit, sodass die Ahr-Weine über die Jahrzehnte einen immer besseren Ruf bekamen und schon lange nicht mehr als Geheimtipp unter Weinkennern gelten.

Dabei ist die Arbeit im Weinberg nicht einfach. Mehr als die Hälfte der Rebflächen ist als Steillage angelegt, zum Teil mit 60 Prozent Gefälle. Das heißt: Vollernter brauchen gar nicht erst zum Einsatz zu kommen, stattdessen ist mühsame Handarbeit gefragt.

Das Klima wiederum spielt den Winzern in die Hand. Auch an der Ahr herrscht „Cool Climate“: Heiße Tage, kühle Nächte, viel Sonne – all das sind die Zutaten aus der Natur, von denen der Wein profitiert und sich mit feinem Säurespiel und harmonischen Aromen bedankt.

Und weil es an der Ahr so schön ist, weil das Klima angenehm ist und der Wein gut schmeckt, wird die Region immer beliebter bei Touristen. Der Ahr-Steig mit seinen 100 Kilometern und der 35 Kilometer lange Rotweinwanderweg laden zum sportlichen und zugleich kulinarischen Entdecken ein. Spitzenrestaurants, schicke Hotels, Ferienwohnungen auf den Weingütern, gut ausgebaute Rad- und Wanderwege, aber auch viele Events wie der Weinmarkt, der Tag der offenen Weinkeller, die Klangwelle oder das zünftige Burgunderfest machen die Weinorte an der Ahr zu beliebten Zielen für Kurzurlauber oder Tagestouristen aus der Nachbarschaft.

Diese acht Weinorte, in denen Rast gemacht werden kann, reihen sich wie Perlen an der Kette entlang der Ahr auf:

- **Altenahr** präsentiert sich mit jahrhundertealter Geschichte und einer Auszeichnung für die „Schönste Weinsicht“ in der Weinlage Altenahrer Eck.
- **Mayschoss** liegt am Fuß der Saffenburg, von der noch einige wenige Reste erhalten sind. 2020 wurde auf der Burgruine die „Schönste Weinsicht“ ausgezeichnet.
- **Rech** mit seinen 600 Einwohnern zeigt sich mit einem urigen Ortskern mit historischen Fachwerkhäusern.
- **Dernau** nennt sich auch das romantische Weinkulturdorf, ist mit 141 Hektar Weinbaufläche die größte weinbautreibende Gemeinde des Ahrtals.

Zum Kurzurlaub an die Ahr!

Zahlen & Fakten

REBFLÄCHE

561 Hektar, davon 462 Hektar mit Rotwein. Damit nimmt die Ahr Platz zehn unter den 13 deutschen Anbaugebieten ein. Kleiner sind nur noch Sachsen (470 ha), Mittelrhein (460 ha) und die Hessische Bergstraße (440 ha).

BÖDEN

Schiefer, Lösslehm

KLIMA

1.500 Sonnenstunden pro Jahr

• **Marienthal** verdankt sein Bestehen dem Kloster, das 1137 von den Klosterrather Augustinerinnen gegründet wurde. Heute ist das Kloster ein Weingut, das von vier Winzern aus der Region betrieben wird.
• **Walporzheim** ist bekannt durch die „Bunte Kuh", eine bizarre Felsformation im Schiefergestein. Hier im Ort liegt aber auch die „Gärkammer", die kleinste Einzellage des Anbaugebiets mit 0,68 Hektar.
• **Bachem** ist stolz auf das alte Backhaus aus dem 17. Jahrhundert, das heute ein Weinbaumuseum beherbergt. Hier wachsen berühmte Frühburgunder.
• **Heimersheim** zeigt sich mit Resten einer Burganlage aus dem 13. Jahrhundert und malerischen Fachwerkhäusern. Der Ort ist Stadtteil von Bad Neuenahr-Ahrweiler.
• Nicht zu vergessen: der Hauptort **Bad Neuenahr-Ahrweiler.** Wobei der Bindestrich nicht unbedingt für das Verbindende zwischen beiden Stadtteilen steht. Das Heilbad Bad Neuenahr sieht sich als modernen Kurort mit großer Bäder-Tradition. Ahrweiler, die Rotweinmetropole dagegen mehr als romantisch-historischen Ort mit viel Fachwerk, das zum großen Teil noch aus dem Mittelalter original erhalten ist. Im Museum Roemervilla ist eine ebenfalls gut erhaltene Gutsanlage zu besichtigen.

www.ahrwein.de

Fotocredit: © David Weimann / Weingut Meyer-Näkel

Fotocredit: © Deutsches Weininstitut

FRÜHBURGUNDER – DER KLEINE BORDEAUX VON DER AHR

Von Gabriele und Desirée Steinheuer

Frühburgunder, einer unserer Lieblingsweine von der Ahr. Über seine Entstehung weiß man eigentlich nicht viel, der Anbau ist jedoch seit über 150 Jahren an der Ahr belegt. Schon die Römer, die noch vor Christi Geburt das Gebiet des Ahrtals erreichten, sollen hier Wein angebaut haben. Die Geschichte des Weinbaus an der Ahr kann urkundlich bis ins 8. Jahrhundert zurückverfolgt werden. Es handelt sich um eine Mutation des Spätburgunders und unterscheidet sich im Wesentlichen durch eine frühere Traubenreife und kleineren Beeren. Geerntet wird er schon vor der Spätburgunderlese, so werden die Beeren von der Herbstwitterung verschont und werden fast nie von Botrytis, einem Pilz, der durch die aufsteigenden Nebel im Ahrtal entstehen kann, die Beerenhaut zerstört und damit die Trauben zum Faulen bringt, befallen. Die Blühfestigkeit ist geringer, d. h. viele Blüten fallen ab, das bedeutet weniger Ertrag, eine höhere Frostgefährdung sowie eine höhere Anfälligkeit für die Blattrollkrankheit. Für die Winzer sowohl geliebt als auch gehasst. Jedoch wächst er ganz wunderbar an Stellen, an denen Spätburgunder aufgrund der klimatischen Bedingungen nicht reif wird.

Auch für Werner Näkel war es wichtig, dass der Frühburgunder, der in den 1960er-Jahren fast ausgestorben war, erhalten bleibt. Nachdem neue unempfindlichere Klone entwickelt wurden, erlebte die Ahr in den 1970ern eine Renaissance. Der Klimawandel tut sein Übriges. Mittlerweile muss er schon Mitte August gelesen werden, denn zu warm darf es dem anspruchsvollen Frühburgunder nicht werden. Ihm reichen relativ wenige Sonnenstunden, also eine ideale Rebsorte für die Ahr.

2005 wurde der Frühburgunder als Passagier in die Arche von Slow Food aufgenommen, das bestätigt eine schützenswerte, außergewöhnliche und regionaltypische Rebsorte der Ahr.

Frühburgunderweine sind ziegel- bis dunkelrot, durch die selektive Lese erreicht man sehr farbintensive Weine. Wir empfehlen ihn sehr gerne als außergewöhnliche Spezialität der Ahr, von Alexander Stodden wird er gerne charmant als kleiner Bordeaux von der Ahr beschrieben. Neben dem Spätburgunder, die Ahr ist das größte zusammenhängende Rotweinanbaugebiet Deutschlands (= 87,5 %), ist er die typische Traubensorte, wenn auch nur mit ca. 10 % des Anbaus.

Allerdings findet man ihn auch in Ingelheim (Rheinhessen), als Clevner in Württemberg, in der Pfalz und in Bürgstadt (Franken). Da muss man den von Paul Fürst getrunken haben, einer mit der besten.
Bei größeren Menüfolgen, wenn wir die passende Begleitung der Weine unserer Region empfehlen, beginnt es mit den weißen, dem Riesling, Weiß- oder Grauburgunder, besonders auch dem Blanc de Noir. Meistens wird dieser aus der Spätburgundertraube, manchmal aber auch als Saftabzug der Frühburgundermaische gewonnen. Dann kommen die Weine, auf die wir besonders stolz sind, wobei der Frühburgunder für uns immer vor dem Spätburgunder steht.
Er eignet sich mit seiner harmonischen und geringen Säure, seinem samtigen Nachhall im Gaumen zu hellem Geflügel wie Perlhuhn, Stubenküken oder Maispoularde auf krosser Haut gebraten. Dazu reichen wir Wurzelgemüse, geschmorte Schalotten, Gewürze wie Thymian, Rosmarin, Lorbeer und etwas Knoblauch und einer feinen, leicht dunklen Soße, naturgehalten mit einem Schuss des Frühburgunders zur Abrundung. Beliebt aber auch zu Fisch mit einer Beurre rouge.
Kalbskotelett, geschmorte Kalbsschulter oder Haxe, braun gebratenes Fett und heimisches Gemüse wie Pastinaken, Knollensellerie, Kohlrabi, Möhren und Bete in allen Farben.
Zu Rehgerichten läuft der Frühburgunder zu großer Form auf. Wir nehmen eher das milde Rehfilet oder den Rücken nicht geschmort, sondern rosé gebraten und servieren es mit Wirsing, Rosenkohlblättern und mit Rotkohl, der mit Frühburgunder abgeschmeckt wird. Für Hase und Hirsch ist dann wieder der große Bruder zuständig. Zum Käse eignet sich der Frühburgunder besonders zu Hartkäse, wenn er im Holz ausgebaut ist, und zu Ziegenkäse, wenn er traditionell gekeltert wurde.
Gerne erklären wir unseren Gästen, dass zu Eifler Reh ein Burgunder von der Ahr gehört. Davon haben wir reichlich Auswahl, alle sieben VDP-Winzer hier an der Ahr führen Frühburgunder. Als Alpha und Omega bezeichnet ihn Hans Lüchau vom Weingut Deutzerhof für uns sehr ausgewogen. Das Weingut Kreuzberg bietet ihn als großes Gewächs vom Hardtberg, auf Schiefer gewachsen mit geschmeidiger Frucht ausgebaut, an. Alexander Stodden in Rech pflanzt

ihn im Herrenberg an. Für alle ist es immer wieder eine Herausforderung, ihn an- und auszubauen. Und es lohnt sich, er begeistert nicht nur durch seine Dichte und Fruchtigkeit, er hat auch Alterungs- bzw. Lagerungspotenzial. Außergewöhnlich präsentiert sich auch heute noch z. B. ein 1999er Frühburgunder von Meyer-Näkel, der durch Länge, Tiefe, Komplexität, feine Würze, fruchtige Waldbeeren und Kirsche besticht. Nach all den Jahren verspürt man noch samtigen Druck am Gaumen.
Synonyme zum Frühburgunder gibt es reichlich, unter anderem Pinot Madeleine, den baut Thomas Nelles hier in Heimersheim (Ahr) an. Im Gegensatz zur oberen Ahr, in der Hauptsache mit Schiefer und Devonschiefer, findet man hier Verwitterungsschiefer, Grauwacke und Lösslehm. Das macht sich natürlich auch im Geschmack bemerkbar, er wirkt verspielter mit leichter Würze und samtiger Frucht und kann einen beachtlichen Absatz verbuchen. Wir sind sehr stolz, solche besonderen Weine hier an der Ahr zu haben, und versuchen gemeinsam mit den heimischen Winzern unser Bestes zu geben, um den Frühburgunder in „aller Munde" zu bringen.

TOP 8 – FRÜHBURGUNDER

Rebsorte in Hochform:
Die Winzer von der Ahr haben den Frühburgunder wieder zum Leben erweckt. Er begeistert seine Fans mit **feiner Würze, Komplexität und Geschmeidigkeit.**

2018 Herrenberg GG

Jean Stodden – Das Rotweingut, Rech

Stimmiger, ausgewogener Wein, dicht mit viel Grip und Wacholdernoten, fein und duftig, ein Hauch Butterscotch rundet ab.

39€ · 13%

2018 Mönchberg GG

Weingut Deutzerhof, Mayschoß

Kühle Stilistik, elegant, filigran und saftig mit Aromen von aromatischer Kirsche, Himbeere, Brombeere, glasklar und feinsalzig am Gaumen.

38€ · 13,5%

2018 Dernauer Hardtberg GG

H. J. Kreuzberg, Dernau

Rauchiger, würziger Wein mit feiner Komplexität, straff mit animalischen Anflügen und Aromen von Räucherspeck und dunklen Früchten.

39€ · 13,1%

2018 Neuenahrer Sonnenberg GG

Weingut Burggarten, Heppingen

Weicher, fülliger, anschmiegsamer Wein, elegant und dicht mit Aromen von dunklen Beeren, etwas Butter, Würze. Die Tannine sind straff.

35€ · 13,5%

2015 Mönchberg

Josten & Klein, Remagen

Rauchiger und animalischer Auftakt, gefolgt von floralen Noten, spannende und rustikale Spätburgunder-Spielart.

36€ · 13%

2018 Marienthaler Rosenberg

Peter Kriechel, Ahrweiler

Moderner Frühburgunder-Vertreter mit kühler, reservierter Frucht: Waldbrombeeren, rote Johannisbeeren und ein Hauch Karamell und Sahne. Feine Cremigkeit.

39€ · 13,5%

2019 Frühburgunder

Kloster Marienthal, Marienthal

Trinkiger, intensiver Wein, pfeffrig-schokoladig und balanciert, sanfte Tannine, ein Hauch von Karamell in saftiger Himbeere – bis ins lange Finish.

17€ · 13,5%

2019 „Alte Reben"

Max Schell, Rech

Klarer, kühler und rauchiger Wein, konzentriert und dennoch zurückhaltend, saftig mit viel Johannisbeere, dunklen Beeren und einem Hauch Grüntee, schöner Abgang.

14,50€ · 13%

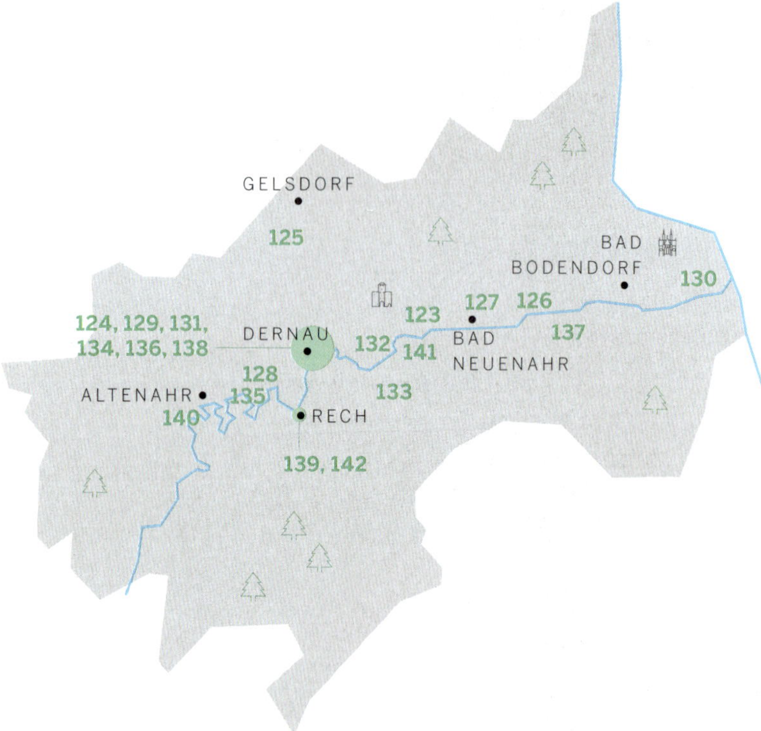

Der Wein wächst auf 562 Hektar an der Ahr. 53 Prozent der Weinberge sind Steillagen, die noch nie von einem Vollernter bewirtschaftet wurden. Hier wird alles in aufwendiger Handarbeit erledigt. Das Anbaugebiet ist bei Touristen bekannt und beliebt, weil es sich dort so schön wandern lässt – am Rotweinwanderweg liegen historische Weindörfer und tolle Aussichtspunkte in das wildromantische Tal.

Geografische Lage Das Anbaugebiet Ahr ist mit 562 Hektar das größte zusammenhängende Rotweinanbaugebiet Deutschlands. Es liegt im Norden von Rheinland-Pfalz direkt vor den Toren Kölns und Bonns. Begrenzt wird das Ahrtal von den Bergen der Eifel.
Klima Beeinflusst durch die Lage am Südrand der Kölner Bucht profitiert die Region vom milden atlantischen Klima. Die Sonne scheint fast 1.500 Stunden im Jahr, der Jahresniederschlag beträgt 650 mm / m², die Durchschnittstemperatur liegt bei zehn Grad Celsius.
Böden verwitterter Schiefer, Lösslehm, Kies, Vulkangestein, Grauwacke
Rebfläche 562 ha, 462 ha Rotwein, 100 ha Weißwein
Rebsorten Spätburgunder, Frühburgunder, Portugieser, Riesling, Weißburgunder, Müller-Thurgau
Geschichte Bereits die Römer wussten die Ahr als Weinanbaugebiet zu schätzen und pflanzten in der zweiten Hälfte des 8. Jahrhunderts die ersten Reben an. Rote Rebsorten wurden erst nach dem 30-jährigen Krieg angebaut.
Besonderheit Das Anbaugebiet Ahr ist durch Steillagen geprägt und wird als „Cool Climate“-Region bezeichnet. Im Sommer werden die Trauben tagsüber bei viel Sonne reif, können aber durch die kalten Nächte sehr gut ihre Säure halten.

WEINGÜTER

123
J. J. ADENEUER
Max-Planck-Straße 8
53474 Bad Neuenahr-Ahrweiler

124
WEINGUT GEBRÜDER BERTRAM
Hauptstraße 3
53507 Dernau

125
WEINGUT BROGSITTER
Max-Planck-Straße 1
53501 Grafschaft-Gelsdorf

126
BURGGARTEN
Landskroner Straße 61
53474 Heppingen

127
WEINMANUFAKTUR DAGERNOVA
Heerstraße 91–93
53474 Bad Neuenahr-Ahrweiler

128
DEUTZERHOF
Deutzerwiese 2
53508 Mayschoß

129
WEINMANUFAKTUR HEINER
Bachstraße 7
53507 Dernau

130
JOSTEN & KLEIN
Ringofenstraße 3
53424 Remagen

131
H. J. KREUZBERG
Schmittmannstraße 30
53507 Dernau

132
PETER KRIECHEL
Walporzheimerstraße 83–85
53474 Ahrweiler

133
MAIBACHFARM
Im Maibachtal 100
53474 Bad Neuenahr-Ahrweiler

134
KLOSTER MARIENTHAL
Klosterstraße 3–5
53507 Marienthal

135
WINZERGENOSSENSCHAFT MAYSCHOSS-ALTENAHR
Ahrrotweinstraße 42
53508 Mayschoß

136
WEINGUT MEYER-NÄKEL
Friedenstraße 15
53507 Dernau

137
WEINGUT NELLES
Göppinger Straße 13a
53474 Bad Neuenahr-Heimersheim

138
ERWIN RISKE
Wingertstraße 28
53507 Dernau

139
MAX SCHELL
Rotweinstraße 41–43
53506 Rech

140
WEINGUT SERMANN
Seilbahnstraße 22
53505 Altenahr

WEINGÜTER

141
SONNENBERG
Heerstraße 98
53474 Bad Neuenahr-Ahrweiler

142
JEAN STODDEN – DAS ROTWEINGUT
Rotweinstraße 7–9
53506 Rech

J. J. Adeneuer

Max-Planck-Straße 8,
53474 Bad Neuenahr-Ahrweiler
T +49 (0) 2641 34473
www.adeneuer.de

Inhaber Frank & Marc Adeneuer
Betriebsleiter Frank & Marc Adeneuer
Kellermeister Tim & Frank Adeneuer
Verbände VDP
Rebfläche 13 ha
Produktion 100.000 Flaschen
Verkaufszeiten
Mo–Fr 9–12 Uhr
und 13.30–18 Uhr
Sa 10–15 Uhr
und nach Vereinbarung

Unterhält man sich mit Frank und Marc Adeneuer über ihre Weine, spürt man die unbedingte Leidenschaft für den Spätburgunder, der seit eh und je im Weingut die erste Geige spielt. Erst im Jahr 2015 haben die beiden Adeneuer-Brüder ihr Angebot um einige Parzellen Weißburgunder erweitert. Mittlerweile ist auch die nächste Generation in Weinberg und Keller aktiv, Tim Adeneuer fügt sich nahtlos in das Qualitätsstreben von Vater und Onkel. In jedem Jahrgang auffällig ist der geschickte, weil dezente, aber akzentuierte Umgang mit den Barriquefässern, die besten Adeneuer-Weine sind immer kleine harmonisch aromatische Kunstwerke mit feinen Holznoten. Zurückgreifen kann der Betrieb dabei auch auf die Spitzenlage Walporzheimer Gärkammer, die im Alleinbesitz der Familie ist.

2016 Spätburgunder „J.J. Adeneuer No°1“
25,00€ · 13,5%
Edelgereift, offener Spätburgunder-Stil mit Aromen von Orangenzeste und süßer Kirsche, interessanter Süße-Säure-Spannung und etwas Cremigkeit.

2018 Alte Lay Spätburgunder GG
54,00€ · 13%
Zeigt eine überzeugende Balance zwischen Festigkeit, Kraft und Eleganz.

2018 Gärkammer Spätburgunder „Kleine Kammer“
25,00€ · 13,5%
Saftig mit reifer Frucht und Fülle ein klassisches Match zu Wildgeflügel wie etwa Fasan.

2018 Spätburgunder „J.J. Adeneuer N°2“
16,00€ · 13,5%
Vibrierender Klassiker. Ein feiner Spätburgunder-Typ, der mit Noten von Cassis und Wacholder bezaubert und am Gaumen mit richtig viel Druck Furore macht.

Weingut Gebrüder Bertram

Hauptstraße 3, 53507 Dernau
T +49 (0) 2643 8314
www.gebrueder-bertram.de

Inhaber Christian & Markus Bertram

Zwei Brüder, eine Idee. Christian und Markus Bertram träumen nicht von guten und sehr guten Weinen, sie machen sie einfach. Und das auf nur rund drei Hektar, dafür aber stehen die Rebstöcke in exponierten Lagen rund um Dernau. Bewirtschaftet werden die Weinberge nach den Prinzipien des integrierten Weinbaus, umweltschonendes Arbeiten liegt den beiden Bertrams besonders am Herzen. Das heißt aber auch viel Handarbeit und Mühe, um den Reben die bestmöglichen Wachstumsbedingungen zu ermöglichen und kerngesunde Trauben zu ernten. Sind es Rotweintrauben, werden die daraus gekelterten Weine in großen Eichenholzfässern ausgebaut und bekommen teils in Barrique-Gebinden den letzten feinen Schliff.

Rebfläche 3,1 ha
Produktion 23.000 Flaschen
Verkaufszeiten
Mo, Mi–So 10–18 Uhr
und nach Vereinbarung

♥ **2018** Dernauer Hardtberg Spätburgunder
23,50€ · 13,5%
Noch verschlossen, mit der Luft kommt dunkle Aromatik zum Vorschein, für die Reife gemacht.

2018 Dernauer Pfarrwingert Spätburgunder
25,50€ · 13,5%
Offener, schöner Pinot mit dichtem Körper, langem Abgang und sanften Tanninen. Cremig mit Aromen von dunklen Beeren. Filigrane Struktur.

2018 Spätburgunder „1904"
8,90€ · 13,5%
Ein echter Grillkönig für die Gartenparty. Macht von Spareribs über Flanksteak bis zu den Bratwürsten so ziemlich alles mit – und das zu einem Preis, der das Budget auch bei großen Feiern nicht allzu sehr strapaziert.

2018 Spätburgunder „NOVA R"
15,80€ · 13,5%
Dunkle Kirschen gefolgt von markanten Gerbstoffen, ein sehr eigenwilliger Kamerad.

Weingut Brogsitter

Max-Planck-Straße 1,
53501 Grafschaft-Gelsdorf
T +49 (0) 2225 9181 11
www.brogsitter.de

Inhaber
Hans-Joachim Brogsitter
Betriebsleiter Elmar Sermann
Kellermeister
Markus Hallerbach
Rebfläche 33 ha
Produktion 180.000 Flaschen
Gründung 1600
Verkaufszeiten
Mo–Fr 8–20 Uhr
Sa 9–20 Uhr
So 13–19 Uhr

Hans-Joachim Brogsitter ist ein weitsichtiger Unternehmer, der in allen seinen Aktivitäten nicht nur auf der Höhe der Zeit ist, sondern meist auch einen Schritt weiter. Sein Weingut in Grafschaft-Gelsdorf arbeitet bereits seit zehn Jahren ökologisch und biodynamisch, hier hat er als einer der Ersten in Europa eine Traubensortieranlage auf Photozellenbasis installieren lassen. Daneben wurde zuletzt in die Klimatisierung des Barrique-Kellers investiert, neue Fässer angeschafft und weitere Parzellen in den besten Lagen gekauft. Die Vergrößerung des Weingutes, das jetzt schon rund 33 Hektar Rebfläche umfasst, steht in den nächsten Jahren ganz oben auf Brogsitters Agenda. Kein Wunder, denn die Nachfrage nach seinen Weinen steigt. Kellermeister Markus Hallerbach leistet ganze Arbeit und präsentiert komplexe und strahlend saubere Weine

2018 Ahr Spätburgunder „Ad Aram Blanc de Noir"
14,95€ · 13%

2019 Walporzheimer Alte Lay Riesling „Hommage GG"
19,80€ · 13%
Traditionalist mit präsenter Holzwürze, sahnig und vanillig. Dicht – ein Wein, der sättigt.

2018 Ahr Frühburgunder „Edition B"
9,95€ · 13,4%

2018 Ahr Pinot Noir „Ahr-Schiefer"
7,95€ · 13,6%

2018	Ahr Spätburgunder „Edition B" **9,95€** · 13,8%	2 Trauben
♥ **2019**	Ahr Spätburgunder „Tradition – 420 Jahre Weingut Brogsitter" **9,95€** · 13,3%	1 Traube
2019	Walporzheimer Alte Lay Spätburgunder „Hommage GG" **25,80€** · 13,6% Dieser Wein stellt sich nicht lang vor, er ist sofort da. Die eiserne Strenge wird perfekt aufgefangen von hintergründigem, feinem Holz. Ganz klar Spätburgunder für Fortgeschrittene.	4 Trauben
2019	Walporzheimer Kräuterberg Spätburgunder „Hommage GG" **25,80€** · 13,5% Ein zartes, feines Gewächs mit seidiger Länge und würzigem Abgang. Dieser Wein fordert nicht, er gibt. Hochelegant und in seiner Ruhe entspannend.	4 Trauben

Burggarten

Landskroner Straße 61,
53474 Heppingen
T +49 (0) 2641 21280
www.weingut-burggarten.de

Inhaber Paul-Michael & Heiko Schäfer

Wer im Frühling 2021 ohnehin in Heppingen an der Ahr ist oder in dem kleinen Weinort vorbeikommt, sollte im Weingut Burggarten für ein paar genüssliche Momente Station machen und die neue Straußwirtschaft besuchen, die der Betrieb erstmalig in diesem Jahr öffnet. Denn hier bekommt man die erstklassigen Walporzheimer und Neuenahrer Rotweine, aber auch Rieslinge und Weißburgunder für wenig Geld im Glas serviert. Dazu gibt es herzhafte Kleinigkeiten gegen den Hunger. Und weil die Weine seit Jahren auffällig gut und sehr gut sind, wurde das Weingut von Paul-Michael und Heiko Schäfer im vorletzten Jahr in den Verband der Prädikatsweingüter aufgenommen, sozusagen der Ritterschlag der deutschen Weinelite. Zu Recht!

Betriebsleiter Paul-Michael & Heiko Schäfer
Kellermeister Paul-Michael Schäfer
Verbände VDP
Rebfläche 15 ha
Produktion 120.000 Flaschen
Verkaufszeiten
Mo–Fr 10–12 Uhr und 13–18 Uhr
Sa–So 10–13 Uhr

2017 Heimersheimer Burggarten Spätburgunder GG
42,00€ · 13,5%
Vielschichtige Aromatik, rauchig, speckig, fruchtig, dabei zupackend-traditionell gebaut.

2018 Neuenahrer Schieferlay Spätburgunder GG
38,00€ · 13,5%
Geheimnisvoll in seiner dunklen Tiefgründigkeit. Mon-Chéri-Kirsche und Blockschokolade, saftige Fleischigkeit am Gaumen mit verführerisch samtener Länge. Überlädt nicht, sondern lädt sofort zum nächsten Schluck ein.

2018 Neuenahrer Sonnenberg Frühburgunder GG
35,00€ · 13,5%
Weicher, fülliger, anschmiegsamer Wein, elegant und dicht mit Aromen von dunklen Beeren, etwas Butter, Würze. Die Tannine sind straff.

♥ **2018** Walporzheimer Kräuterberg Spätburgunder GG
55,00€ · 13,5%
Hat Fülle und Schmelz, mit seiner Frucht von dunklen Kirschen fein zum Hirschbraten (mit Kirschen).

Weinmanufaktur Dagernova

Heerstraße 91–93,
53474 Bad Neuenahr-Ahrweiler
T +49 (0) 2641 94720
www.dagernova.de

Betriebsleiter Dominik Hübinger
Kellermeister Günter Schüller
Rebfläche 150 ha
Produktion 1.100.000 Flaschen
Gründung 1873
Verkaufszeiten
Bad Neuenahr
Mo–Fr 8–18 Uhr
Sa 8–12 Uhr
Dernau (Ahrweg 7)
Mo–Fr 8–18 Uhr
Sa–So 10–18 Uhr

Sie nennen sich Weinmanufaktur Dagernova und wissen hinter ihrem Zusammenschluss 1200 Hände arbeiten und 600 Herzen für eine Leidenschaft schlagen. Die Winzergenossenschaft in Bad Neuenahr-Ahrweiler, die wie ein Mehrfamilienbetrieb mit allen Höhen und Tiefen gelebt wird, gibt den Mitgliedern die Gewissheit, dass man in den wichtigen Fragen an einem Strang zieht. Geschäftsführer Dominik Hübinger und Kellermeister Günter Schüller können sich da auf ihre Mitglieder verlassen, denn die Qualität der Weine liegt allen am Herzen. Zurückgreifen kann der Winzerzusammenschluss, der seit dem Jahr 1873 existiert, auf einige der besten Weinlagen in der Anbauregion, die vorwiegend mit Früh- und Spätburgunder bestockt sind.

♥ **2018** Dernauer Hardtberg Frühburgunder
25,00€ · 12%
Dunkelbeeriger, kraftvoller Wein, saftig, straff mit leichter Rauchigkeit und feinen Tanninen.

2018 Frühburgunder „Edition"
16,90€ · 13,4%
Zarter, leichter Wein mit reifen roten Beeren, leichter Erdigkeit und sanfter Holzwürze: Kaffee und Toffee. Guter Druck.

2018 Heimersheimer Kapellenberg Spätburgunder

24,90€ · 14,1%

Straffer Wein mit viel Würze aus dem Holz, Vanille, Zimt samt Himbeeren, fein und leicht mit sanften Tanninen.

2018 Heimersheimer Landskrone Spätburgunder

24,90€ · 13,6%

Feine Frucht, Saft und ein Hauch Süße – eine runde Sache.

2018 Marienthaler Spätburgunder

16,90€ · 14%

Kräftiger, knackig vinifizierter Pinot Noir aus neuen Barriques. Hier sind herzhafte Gerichte angesagt, am besten mit feiner Räucheraromatik.

2018 Neuenahrer Sonnenberg Spätburgunder

24,90€ · 13,5%

Kühler Stil mit animalischen Noten und saftiger Himbeere, Kräutern und Minze sowie einem feinen Tanningerüst.

Deutzerhof

Deutzerwiese 2,
53508 Mayschoß
T +49 (0) 2643 7264
www.deutzerhof.de

Inhaber Jürgen Doetsch
Betriebsleiter
Hans-Jörg Lüchau

Dass ein Tapetenwechsel gut tut und neue Kräfte freisetzt, gilt im übertragenen Sinne auch für das Weingut in Mayschoß. Seit Januar 2020 ist Jürgen Doetsch der neue Eigentümer und der Wechsel tut dem ganzen engagierten Team rund um Kellermeister Hans-Jörg Lüchau sichtbar gut. Es scheint, als erlebe der renommierte, aber die letzten Jahre angeschlagene Betrieb eine Renaissance, es wäre allen Protagonisten von Herzen zu gönnen. Mit Weinen, vor allem mit Rotweinen bestens umgehen, konnte man hier schon immer, die Schieferterrassen der Ober-Ahr und die fetten Böden der Unter-Ahr bieten die optimale geerdete Grundlage für Weine von bester Qualität. Im schonenden Ausbau setzt Hans-Jörg Lüchau auf Barrique oder großes Holzfass, ein Teil der Weine kommt unfiltriert auf die Flaschen.

Kellermeister
Hans-Jörg Lüchau
Verbände VDP,
Barrique Forum
Rebfläche 6,75 ha
Produktion 37.000 Flaschen
Verkaufszeiten
Mo, Di, Do, Fr 10–12 Uhr
und 13–17 Uhr
Sa 10–16 Uhr
und nach Vereinbarung

2017 Spätburgunder „Grand Duc Réserve"
55,00€ · 14%
Saftig und sehr anregend, passt zu klassischer Musik am Kamin.

2018 Dornfelder „Purpur"
18,00€ · 13%

♥ **2018** Eck Spätburgunder GG
57,00€ · 13,5%
Dieser Wein ist ein Grenzgänger und das weiß und will er auch. In der Aromatik wilde Schärfe, Holz und am Gaumen dann schwarz geröstete, wild ruppige Tannine. Dieser Wein ist ein Widerspenstiger, dessen Zähmung nicht leicht wird. Für Mutige und Menschen, die Experimentelles zu schätzen wissen.

2018 Kirchtürmchen Spätburgunder GG
48,00€ · 13%
Staubiger Wüstensand, über den schwarzer Pfeffer fliegt. Für diesen Wein muss eine neue Kategorie erfunden werden, die Chile und Ahr vereint. Das ist ein „CarmenAHRe" und damit ein wirklich einzigartiges Gewächs.

2018 Landskrone Spätburgunder GG
38,00€ · 13,5%
Wer sagt, dass Große Gewächse immer so kompliziert sein müssen, dass sie am Tisch kaum einer versteht? Dieser macht es anders. Volle Kirsche, sattes Tannin, dazu Speck und Rauch im Abgang. Das ist ein präziser Allrounder zu gebratenem Fleisch, mit dem man auch nicht so erfahrenen Pinot-Trinkern eine große Freude macht.

2018 Mönchberg Frühburgunder GG
38,00€ · 13,5%
Kühle Stilistik, elegant, filigran und saftig mit Aromen von aromatischer Kirsche, Himbeere, Brombeere, glasklar und feinsalzig am Gaumen.

2018 Mönchberg Spätburgunder GG

46,00€ · 13,5%
Ein mehrdimensionaler Wein. In der Nase spielen Kirsche, Zedernholz und geröstetes Brot Pingpong, am Gaumen gesellt sich der Wacholder dazu. Die glasklare dunkle Tiefe holt die zweite Dimension dazu. Dieser Wein bleibt im Gedächtnis.

2018 Portugieser „Alfred C. Alte Reben"

19,00€ · 13%

Weinmanufaktur Heiner

Bachstraße 7, 53507 Dernau
T +49 (0) 2643 9047 890
www.weinmanufaktur-heiner.de

Inhaber Joern Heiner
Betriebsleiter Joern Heiner
Verbände Ahrwein
Rebfläche 1,5 ha
Produktion 5.000 Flaschen
Verkaufszeiten nach Vereinbarung

Als Joern Heiner vor zehn Jahren an der Ahr sein kleines Weingut gründete, erfüllte er sich damit einen lang gehegten Traum. Rund 1,5 Hektar bewirtschaftet der passionierte Winzer heute, eine Fläche, die ungefähr so groß ist wie zwei Fußballfelder. Klein, aber fein, dazu stehen Heiners Reben in ausgewiesenen Spitzenlagen wie dem Dernauer Pfarrwingert und dem Walporzheimer Kräutergarten. Solide und bewährte Handarbeit prägt das Geschehen in Weinberg und Keller, unterstützt wird Joern Heiner von einem engagierten Team, das seine Passion teilt. Seine Rotweine lässt der mehrfach ausgezeichnete Ahr-Winzer spontan vergären, baut sie zum größten Teil in kleinen Holzfässern aus und bringt sie unfiltriert auf die Flaschen. Purer Weingenuss, der sich bestens mit ein paar Tagen Urlaub in den beiden Ferienhäusern des Weingutes verbinden lässt.

2016 Cabernet Sauvignon „Cuvée"

10,00€ · 14%
Fest und zupackend gebaut, ein rustikaler Geselle zu rustikaler Küche.

2016 Dernauer Pfarrwingert Spätburgunder

35,00€ · 14%

2016 Frühburgunder

20,00€ · 13,5%
Komplexer, kraftvoller Wein – am Gaumen Brombeeren, Trüffeln, Vanille, Kokos, Zimt, und Schokolade. Ein Pleaser ...

2016 Walporzheimer Kräuterberg Spätburgunder

30,00€ · 14%
Moderne Burgunder-Stilistik mit pikant würziger Art und herzhaftem Biss am Gaumen. Die Tiefgründigkeit erschließt sich erst auf den zweiten Schluck, danach kommt man kaum mehr los von diesem Pinot.

Josten & Klein

Ringofenstraße 3,
53424 Remagen
T +49 (0) 2643 9025 50
www.josten-klein.com

Inhaber Marc Josten
Betriebsleiter Marc Josten
Kellermeister Marc Josten
Rebfläche 6 ha
Produktion 45.000 Flaschen
Verkaufszeiten
nach Vereinbarung

Marc Josten wohnt mitten in den Reben am Ahrtaler Rotweinweg. Wenn das mal keine Aufforderung des Schicksals ist, sich intensiv den Rotweinen der Region zu widmen! Josten macht es mit Bravour, und genauso ambitioniert kümmert er sich um die Weißweine, die er in seinem rund 4,5 Hektar großen Weingut ausbaut. Die Parzellen an der Ahr befinden sich im Mayschosser Mönchberg, einer klassifizierten und von Schiefer durchzogenen Spitzenlage, deren Weine als Großes Gewächs zugelassen sind. Daneben besitzt Marc Josten Rebstöcke im benachbarten Burgberg, der, wie der Mönchberg, mit Früh- und Spätburgunderreben bestockt ist. Alle Weine aus Jostens Keller sind auf der trockenen Seite, diese angesagte Geschmacksrichtung umfasst die Guts- und Ortsweine ebenso wie die Premium-Gewächse.

2016 Leutesdorfer Gartenlay Sauvignon Blanc
36,00€ · 13,5%
Spannend und warm – da könnte man glatt an Bordeaux denken.

2017 Leutesdorfer Gartenlay Sauvignon Blanc
36,00€ · 13,5%
Laut mit Energie und Vitalität, ein Kraftpaket.

♥ **2015** Mönchberg Frühburgunder
36,00€ · 13%
Rauchiger und animalischer Auftakt, gefolgt von floralen Noten, spannende und rustikale Burgunder-Spielart.

2017 Laacherberg Pinot Noir
36,00€ · 13,5%
Noch spürbares Holz bei recht reifer Frucht. Profitiert von Luft.

2017 Mönchberg Pinot Noir
48,00€ · 13,5%

2017 Mönchberg Pinot Noir „Privatedition Max Otte"
36,00€ · 13%
Dieser Wein ist nichts für Anfänger. Lassen Sie sich auf ihn ein, werden Sie reich belohnt. Die Nase ist an Opulenz kaum zu überbieten, von vegetabil-krautigen zu pikant-speckigen Noten ist alles dabei, was das Liebhaberherz begehrt.

2017 Pinot Noir „Glanzstück"
26,00€ · 13%
Langer, dichter, gut strukturierter Spätburgunder, mit feiner Brombeernote, stimmigem Holzeinsatz, leichtem Süßeeindruck und viel dunkler Frucht, gute Länge und Dichte, angenehm reife Tannine, seidig und erfrischend.

2015 Riesling „Réserve“ brut nature

26,00€ · 12,5%

Absolute Aromenbombe mit leichter Pfeffernote im Abgang. Unbedingt mit frischem Ziegenkäse probieren.

H. J. Kreuzberg

Schmittmannstraße 30,
53507 Dernau
T +49 (0) 2643 1691
www.weingut-kreuzberg.de

Inhaber Ludwig Kreuzberg & Frank Josten
Betriebsleiter Benno Wagner
Kellermeister Benno Wagner
Verbände VDP
Rebfläche 9 ha
Produktion 59.998 Flaschen
Gründung 1953
Verkaufszeiten
März–Nov.
Mo–Fr 9–12 Uhr und 13–18 Uhr
Sa–So und Feiertag 10–18 Uhr
Dez.–Feb.
Mo–Fr 9–12 Uhr und 13–18 Uhr
Sa–So 10–15 Uhr

Ludwig Kreuzberg und Frank Josten sind alte Hasen in Sachen Wein, speziell in Sachen Rotwein. Seit Jahren kommen aus ihrem Weingut in Dernau elegante, aber gleichsam vollmundige Spätburgunder, die aromatisch in die Tiefe gehen, ohne sich darin zu verlieren. Das trinkt man gerne, einige der Gewächse gibt es auch „unplugged“. Basis der Vinifizierung ist ein integrierter Weinbau mit ökologischer Bodenbearbeitung, eine strikte Ertragsbegrenzung und ein klassischer Ausbau in offener Maischegärung in alten oder neuen Eichenholzfässern, für die Kellermeister Benno Wagner zuständig ist. Das klingt erst einmal einfach, erfordert aber viel Erfahrung und vor allem Fingerspitzengefühl, um die schwierige Rebsorte Spätburgunder in Höchstform zu bringen. Dass die Kreuzberger das aus dem Effeff drauf haben, kann man in den jungen Jahrgängen genauso schmecken wie in den reifen.

2018 Ahrweiler Silberberg Spätburgunder GG

42,00€ · 13,2%

Kommt sehr jugendlich und dynamisch daher, zeigt dabei schon Charakter, nimmt es dank Würze und Power auch mit einer Gans auf.

2018 Dernauer Hardtberg Frühburgunder GG

39,00€ · 13,1%

Rauchiger, würziger Wein mit feiner Komplexität, straff mit animalischen Anflügen und Aromen von Räucherspeck und dunklen Früchten.

2018 Neuenahrer Schieferlay Spätburgunder GG
35,00€ · 13,5%
Sehr puristisch-mineralisch, elegant und edel.

2018 Neuenahrer Sonnenberg Spätburgunder GG
42,00€ · 13,5%
Ein Spätburgunder, der nebenbei im Stahlwerk jobbt. Strotzt vor Kraft und Maskulinität, in seiner Aromatik dunkel und konzentriert. Sollte nicht im Stehen getrunken werden.

2018 Spätburgunder „Devonschiefer R Reserve"
85,00€ · 13,5%
Ahr meets Baden. Sehr konzentrierte, dicke, dabei aber immer präzise Frucht mit sehr viel Extrakt und Tiefgang. Ein Wein zum Entdecken. Wunderb„ahr" mit Rinderfilet und Gänseleber für die Gäste, die schon alles kennen.

Peter Kriechel

Walporzheimerstraße 83–85,
53474 Ahrweiler
T +49 (0) 2641 36193
www.weingut-kriechel.de

Inhaber Ernst, Michael & Peter Kriechel
Kellermeister Michael Hewel
Verbände Schlahrvino
Rebfläche 28 ha
Produktion 260.000 Flaschen
Gründung 1555
Verkaufszeiten
Jan.–März
Mo–Fr 9–17 Uhr
Sa, So, Feiertag 12–17 Uh
Apr.–Dez.
Mo–Fr 9–17 Uhr
Sa, So, Feiertag 10–17 Uhr

Auf Familie Kriechel ist immer Verlass, ihre herzhaften aromatischen Rotweine, für die Kellermeister Michael Hewel verantwortlich ist, gehören regelmäßig zu den besten im kleinen Anbaugebiet Ahr. Wen wundert es da, dass der Betrieb genauso regelmäßig Auszeichnungen und Ehrungen für seine Rotweine einheimst. Bei der Gründung des Weinguts in Bad Neuenahr-Ahrweiler vor rund 60 Jahren stand der Erfolg noch in den Sternen, zwei Generationen später gehört das größte private Weingut an der Ahr zu den Top-Betrieben im deutschen Weingüter-Ranking. Dass gute Qualität ihren Preis hat, ist eine unstrittige Sache. Im Weingut Peter Kriechel gibt es jedenfalls lobenswert viel Wein fürs Geld und immer mal wieder eine Besonderheit, wie etwa einen reinsortigen Merlot von der Ahr.

2018 Ahrweiler Rosenthal Spätburgunder
25,00€ · 13,5%
Verführerische Portwein-Nase. Sehr extrahiert und konzentriert, kein leiser Vertreter seiner Art. Da darf das Food-Pairing auch klotzen: Wir schlagen geröstetes Schwarzbrot vor, auf das eine Gänseleber fein gehobelt wird.

2018 Marienthaler Rosenberg Frühburgunder
39,00€ · 13,5%
Moderner Frühburgunder-Vertreter mit kühler, reservierter Frucht: Waldbrombeeren, rote Johannisbeeren und ein Hauch Karamell und Sahne. Feine Cremigkeit.

2018 Neuenahrer Sonnenberg Spätburgunder „-R-“

25,00€ · 13,5%

Warm-karamelliger Spätburgunder mit feinen Tanninen und Aromen von Brom- und Johannisbeere, schöne Holzwürze und erfrischendes Säuregerüst.

♥ **2018** Spätburgunder „Ahr -B-“

15,50€ · 13,5%

Kühle Waldbeerenfrucht macht diesen Wein zu einem guten Begleiter von Wild(-Innereien).

2018 Spätburgunder „Ahr -S-“

9,90€ · 13,5%

2018 Walporzheimer Kräuterberg Spätburgunder

25,00€ · 13,5%

Kühlfruchtiger Spätburgunder-Stil mit feinen Tanninen – sehr prägnant mit gutem Druck. Brombeere trifft Veilchen mit weich-karamelliger Würze.

Maibachfarm

Im Maibachtal 100,
53474 Bad Neuenahr-Ahrweiler
T +49 (0) 2641 36679
www.maibachfarm.de

Inhaber Renate Günther
Betriebsleiter Alexander Weber
Kellermeister Alexander Weber
Verbände Bioland
Rebfläche 9 ha
Produktion 35.000 Flaschen
Gründung 1999
Verkaufszeiten
Mo–Fr 10–16 Uhr
Sa–So 11–17 Uhr
und nach Vereinbarung
Vinothek Ahrweiler
(Niederhutstraße 21)
Mo, Mi–So 10–18.30 Uhr

Biologische Weine von der Ahr zu produzieren, ist vor allem in den Steillagen eine Herausforderung, die Kraft, Nerven und Manpower kostet. Das junge und engagierte Team von der Maibachfarm ist damit bestens ausgestattet und deswegen auch richtig erfolgreich, wenn es um besondere Qualität und Bioweine geht. Man konzentriert sich bewusst auf die Burgunder-Sorten, arbeitet gezielt mit Qualitätsklonen und setzt seit dem Jahrgang 2016 bei allen Weinen auf die Spontangärung. Das ist mutig, auf der anderen Seite eine Gärmethode, die jahrhundertelang funktionierte und individuelle Weine hervorbrachte, die den Nimbus des Weines als Spiegelbild seiner Herkunft prägten. Kein Mainstream also, sondern einzigartige Charakteristik, die zu hundert Prozent aus der Natur stammt.

2017 Ahrweiler Silberberg Spätburgunder

35,00€ · 13,3%

Würdig gereifter Wein, der mit seiner Fülle zu Wild, am besten mit Blut in der Sauce, zu Hochform aufläuft.

2017 Dernau Spätburgunder

19,00€ · 13%

Anspruchsvoller Spätburgunder für raffinierte Gerichte. Er zeigt mit leichter Reife und sehr anspruchsvollen, fast geröstet wirkenden Tanninen, Charakter und Selbstbewusstsein.

2017 Heimersheimer Burggarten Spätburgunder

29,00€ · 13,3%

Ein feiner Traditionalist aristokratischer Abstammung. Strahlt Eleganz und Ruhe aus.

2017 Recher Herrenberg Spätburgunder
29,00€ · 13,5%
Ganz klassisch deutscher Spätburgunder, der Gäste aus dem nahen oder fernen Ausland in Verzückung versetzen wird. Dazu noch traditionelle Rindsrouladen und Sie sind der Star des Abends.

♥ **2017** Spätburgunder „Glanzstück"
49,00€ · 13%
Noten von Dörrobst, Datteln und Pflaumenkompott lassen leichte Reife erahnen. Sehr internationale Stilistik, die die Gegensätze von Rustikalität und Eleganz perfekt verbindet. Wird nie überbordend, weiß sich überzeugend im Hintergrund zu halten und ist dabei doch der Star am Tisch.

2017 Walporzheimer Terrassenlage Spätburgunder
29,00€ · 13,3%
Fein gereift mit Noten von Rauch und Tabak, schlank und elegant.

Kloster Marienthal

Klosterstraße 3–5,
53507 Marienthal
T +49 (0) 2641 98060
www.weingut-kloster-marienthal.de

Rebfläche 4,5 ha
Produktion 45.000 Flaschen
Verkaufszeiten
Mo–So 10–18.30 Uhr
und nach Vereinbarung

Wie für ein Postkartenmotiv hindrapiert, liegt Kloster Marienthal, das sich seit 2004 in Privatbesitz befindet, direkt am Rotweinwanderweg und lädt ein zur kleinen Vesper in der gemütlichen Gaststätte. Oder zu einer ausgedehnten Weinprobe, denn hier entstehen seit Jahren bemerkenswerte Früh- und Spätburgunder, denen man so sinnige Namen wie „Der Mönch" und „Der Abt" gegeben hat. Zuständig und verantwortlich für die Qualität der Weine ist eine ganze Reihe von Kellermeistern, die aus den Eigentümerfamilien kommen. Dazu gehört auch die Rotweinlegende Werner Näkel. Am Ende funktioniert die Kellerkommunikation, Kloster Marienthal zählt längst zur den renommierten Rotweinerzeugern an der Ahr und wird mit Sicherheit in den kommenden Jahren seine Fangemeinde erweitern.

2020 Weißwein-Cuvée „Cuvée Blanc"
8,50€ · 11,5%

2019 Frühburgunder ♣♣♣
17,00€ · 13,5%
Trinkiger, intensiver Wein, pfeffrig-schokoladig und balanciert, sanfte Tannine, ein Hauch von Karamell in saftiger Himbeere – bis ins lange Finish.

2019 Spätburgunder „Der Abt" ♣♣♣
28,00€ · 13,5%
Power-Spätburgunder mit viel Kraft und Intensität, Himbeer- und Kirscharomatik werden unterstützt von Vanille. Insgesamt kühle Stilistik mit seidiger Textur.

♥ **2019** Spätburgunder „Der Mönch" ♣♣
13,90€ · 13,5%
Mit viel Charme und Weichheit überzeugt dieser Spätburgunder auch eingefleischte Italien-Fans. Saftiger Extrakt und klare Frucht bringen unkomplizierten Trinkspaß zur Pasta.

Winzergenossenschaft Mayschoss-Altenahr

♣♣♣

Ahrrotweinstraße 42,
53508 Mayschoß
T +49 (0) 2643 93600
www.wg-mayschoss.de

Betriebsleiter Matthias Baltes
Kellermeister Rolf Münster
Rebfläche 150 ha
Produktion 1.400.000 Flaschen
Gründung 1868
Verkaufszeiten
Mo–Fr 8–18.30 Uhr
Sa, So und Feiertag 9–18.30 Uhr

Mag der Name der weltweit ältesten Winzergenossenschaft auch etwas sperrig und angestaubt klingen, die Weine sind unkompliziert und strotzen vor animierender Trinkfreude. Hinter der gelungenen Weinparade steckt ein junges Team um Geschäftsführer Matthias Baltes, der der Genossenschaft behutsam ein neues Image verpasst hat, ohne dabei die Wurzeln herauszureißen. Aber allein mit neu gestalteten Etiketten wollte man sich nicht zufriedengeben, viel wichtiger war die kontinuierliche Verbesserung der Qualitätsstandards. So setzt die neue Premiumlinie auf konsequente Ertragsreduzierung und kompromisslose Traubenqualität, was den roten und weißen Weinen schmeckbar guttut. Auch der dezentere, aber akzentuierte Umgang mit dem Barrique hebt die Premium-Spätburgunder deutlich über das Mittelmaß und verpasst den Weinen ein neues burgundisches Format, das Lust auf das zweite Glas macht.

2019 Riesling „Klassiker" ♣♣
8,20€ · 13%

2019 Riesling „S" ♣♣
11,50€ · 12,5%

2018 Mayschosser Laacherberg Spätburgunder ♣♣♣
38,00€ · 14,5%
Rauch- und Röstaromen drängen die Frucht in den Hintergrund.

2018 Pinot Noir „R" ♣♣♣
20,90€ · 14%
„Die Welt ist schön", flüstert einem dieser Pinot zu, und man glaubt es. Holt einen nach einem stressigen Tag ab und nimmt einen in den Arm.

2018 Spätburgunder „Edition Ponsart Nr. 29"

15,70€ · 14%

Achtung, Achtung! Dieser Wein springt einem direkt ins Gesicht. Speck, Rauch, Paprikapulver pur. Abends am Kamin genauso gut wie zum richtig deftigen Abendessen davor.

2018 Spätburgunder „Gründerwein"

8,40€ · 13,5%

2018 Walporzheimer Alte Lay Spätburgunder

38,00€ · 14%

Wer sich diesem Wein mit geschlossenen Augen nähert, wähnt sich am gerade erlöschenden Lagerfeuer. Der perfekte Begleiter für das Outdoor-Date mit der Person, die man wirklich beeindrucken will. Geräucherter Schinken dazu macht das Aromenspektrum perfekt.

2019 Riesling Auslese

20,00€ · 7,5%

Dieser Prince Charming begleitet vom Sonnenuntergang bis in die Nacht. Wunderbare Aromatik von Pfirsich und Akazienhonig, dazu eine fein ziselierte Säure, die alles zusammenhält.

♥ Rotwein-Cuvée „Omega"

22,00€ · 19%

Weingut Meyer-Näkel

Friedenstraße 15,
53507 Dernau
T +49 (0) 2643 1628
www.meyer-naekel.de

Inhaber Werner Näkel
Betriebsleiter Meike & Dörte Näkel
Verbände VDP, Fair'n Green
Rebfläche 23 ha
Produktion 140.000 Flaschen
Verkaufszeiten
Mo–Fr 9–12 Uhr und 14–17 Uhr
Sa 11–16 Uhr

Dass Meike und Dörte Näkel das Weingut ihres Vater so erfolgreich weiterführen, freut nicht nur die Familie, sondern die gesamte deutsche Weingemeinde, die auf erstklassige Rotweine steht. Denn Werner Näkel, ambitionierter Quereinsteiger und genialer Motor des Qualitätsweines an der Ahr, hat nicht nur in der Region Akzente gesetzt, sondern vor allem das kleine Anbaugebiet mit seinen herausragenden Weinen ein gutes Stück nach vorne gebracht. Diese Klasse zu halten, ist die Herausforderung, die die beiden Schwestern mit Bravour meistern. In schöner Regelmäßigkeit liefern sie Kollektionen an bestechend eleganten roten Burgundern. Zum Weingut gehört eine erlebenswerte historische Wein- und Bierwirtschaft, die seit 200 Jahren in Familienbesitz ist und für ihre bodenständige Küche bekannt ist.

2018 Kräuterberg Spätburgunder
72,00€ · 13,5%
Würzig, dicht und fest gebaut, dabei sehr fein und elegant; zu Tournedos Rossini.

2018 Pfarrwingert Spätburgunder
54,00€ · 13,5%
Moderner Power-Typ; verbindet Druck mit Eleganz und Frische.

2018 Silberberg Spätburgunder
45,00€ · 13,5%
Feine Würze und feines Gerüst, Festtagswein, etwa zur Weihnachtsgans.

2018 Sonnenberg Spätburgunder
45,00€ · 13,5%
Beeindruckender Wein – von der Nase bis zur Kehle durchgängig fein, zart und elegant.

2018 Spätburgunder
12,50€ · 13,5%

2018 Spätburgunder „Blauschiefer"
21,00€ · 13,5%
Voll dicht und würzig, sehr burgundische Pinot-Interpretation.

2018 Spätburgunder „Grauwacke"
16,50€ · 13,5%
Kühle (Kirsch-)Frucht und Würze, fein und elegant gebaut.

Weingut Nelles

Göppinger Straße 13a,
53474 Bad Neuenahr-Heimersheim
T +49 (0) 2641 24349
www.weingut-nelles.de

Inhaber Thomas Nelles
Betriebsleiter Philip Nelles
Kellermeister Philip Nelles
Verbände VDP
Rebfläche 9,5 ha
Produktion 70.000 Flaschen
Gründung 1479
Verkaufszeiten
Mo–Fr 9–12 Uhr und 14–18 Uhr
Sa 10–14 Uhr

Ein schickes Restaurant mit mediterraner Küche, ein kleines Hotel mit individuell eingerichteten Zimmern und natürlich ein Weingut, das Rotweine kultiviert, die zu den besten an der Ahr zählen. Thomas und Philipp Nelles bieten in Bad Neuenahr-Heimersheim ein Rund-umverwöhnprogramm erster Güte, das nicht nur Weinliebhaber auf ihre Kosten kommen lässt. Seit dem Jahre 1479 ist die Familie dem Weinbau verbunden, nicht ohne Stolz ziert diese Zahl die Etiketten der Weinflaschen, von denen jährlich rund 70.000 gefüllt werden. Die müssen hohen Qualitätsansprüchen genügen, Philipp Melles verzichtet im Keller auf Schönungsmittel, dazu werden seine besten Rotweine weitgehend unfiltriert auf die Flaschen gefüllt.

2017 Spätburgunder „SL Schieferlay" GG
55,00€ · 13,5%
Klassische Ahr-Stilistik, fein und elegant wie eine Ballerina in Seide.

2018 Burggarten Spätburgunder „B-52 Burggarten" GG
45,00€ · 13,5%
Der Orient-Express macht einen Abstecher an die Ahr. Mokka, Leder und satte Würze bringen eine gewisse Rustikalität mit, die Röstaromen bezaubern die Sinne. Dazu muss eigentlich gegrillt werden.

2018 Spätburgunder „1 Ahr"
26,00€ · 13,5%
Nobler, eleganter Wein: kühl und saftig, mit frischer, klarer Frucht von Kirsche und Himbeeren. Ein Wein, bei dem man das Glas gern austrinkt.

2019 Spätburgunder „Blanc de Noir"
11,00€ · 12,5%
Rassig und trinkig mit viel Frische, rote Beerennoten, zarter Wein. Ein typischer Vertreter der Stilistik. Guter Essensbegleiter.

Erwin Riske

Wingertstraße 28,
53507 Dernau
T +49 (0) 2643 8406
www.weingut-riske.de

Inhaber Volker Riske
Betriebsleiter Jan Riske
Kellermeister Jan Riske
Rebfläche 8 ha
Produktion 40.000 Flaschen
Verkaufszeiten
Sa 10–18 Uhr
So, Feiertag 15–18 Uhr
Mo–Fr nach Vereinbarung
sowie während der
Straußenzeit

Im Weinbau an der Ahr war Volker Riske immer eine sichere Bank und über Jahrzehnte hinweg eine verlässliche Größe. Mittlerweile hat Sohn Jan die Verantwortung für den Außenbetrieb und die Kellerwirtschaft übernommen und führt die Arbeit seines Vaters konsequent fort. Ein gelungener Generationswechsel, der den sympathischen Familienbetrieb auf Erfolgs- und Qualitätskurs hält. Seit Jan das Ruder in der Hand hat, sind ein bisschen mehr Terroir und geologische Herkunft in den Weinen zu schmecken, denn er beherrscht das Spiel mit dem vinologischen Fingerabdruck der einzelnen Lagen nahezu perfekt. Immer einen Besuch wert ist die legendäre Straußwirtschaft des Weingutes, unbedingt probieren sollte man hier die hausgemachte Kartoffel-Lauch-Cremesuppe. Für Übernachtungen nach einer ausgiebigen Weinprobe stehen vier komfortable Ferienwohnungen zu Verfügung.

2018 Leutesdorfer Gartenlay Riesling
14,90€ · 13%

2016 Dernauer Pfarrwingert Spätburgunder „R"
42,00€ · 13,5%
Süßlich-pflaumiger Geschmack, reif.

2018 Bad Neuenahrer Sonnenberg Spätburgunder „R"
32,00€ · 13,5%
Eine kühle Schönheit, sehr elegant und charakterstark. Fühlt sich mit einem Stück Lamm an ihrer Seite besonders wohl und kann auch sehr anspruchsvolle Gäste verstummen lassen vor Begeisterung.

2018 Dernauer Hardtberg Frühburgunder
19,90€ · 13%
Stimmiger, harmonischer Wein mit viel reifen, dunklen Kirschen, straff und strukturgeprägt mit schöner würziger Länge.

2018 Dernauer Hardtberg Spätburgunder
25,50€ · 13%
Eleganter Spätburgunder, klar und kühl, mit einer feinen Tannin-Struktur. Moderater Holzeinsatz gibt Würze zur unverstellten Himbeere mit einer Idee Johannisbeere, dabei schön saftig.

2018 Dernauer Pfarrwingert Spätburgunder
29,00€ · 13%
Ein echtes „Ahr-Konzentrat". Saftig und lebensfroh, traditionell und gut zugänglich. Ein Darling im Lodenmantel.

2018 Dernauer Pfarrwingert Spätburgunder „R"
42,00€ · 13%
Das Motto hier: Neue Welt meets Ahr und biegt vorher kurz im Piemont ab. Klare Frucht und große Länge bringen Tiefgang. Dazu ein Risotto mit schwarzen Trüffeln, dieser Wein hat ein bisschen Dekadenz verdient.

2018 Spätburgunder „Schieferturm"
16,90€ · 13%
Eukalyptus, Pfingstrose und Schattenmorellen feuern ein aromatisches Feuerwerk ab. Der lässt den Grill von selbst an.

Max Schell

Rotweinstraße 41–43,
53506 Rech
T +49 (0) 2643 3580
www.max-schell.de

Inhaber
Wolfgang Schulze-Icking
Betriebsleiter
Wolfgang Schulze-Icking
Kellermeister
Wolfgang Schulze-Icking
Rebfläche 3 ha
Produktion 20.000 Flaschen
Verkaufszeiten
Mo–So 10–18 Uhr

Max Schell, das Familienweingut in Rech, sollten Rotweinfans auf der Rechnung haben. Denn Winzermeister Wolfgang Schulze-Icking steht seit vielen Jahrgängen für charaktervolle Rotweine mit Schliff, seine besten werden mit Bedacht und Können im Barrique ausgebaut und verfeinert. Im Jahr 2020 wurde die Rebfläche um einen Hektar erweitert, gleichzeitig eine Straußwirtschaft eröffnet. Es geht also weiter nach vorne, doch bis Tochter Annika, die bereits eine Winzerlehre erfolgreich abgeschlossen hat und derzeit Weinbau und Önologie in Geisenheim studiert, endgültig in den elterlichen Betrieb einsteigt, wird noch eine Weile vergehen. Bis dahin hält Wolfgang Schulze-Icking die Zügel fest in der Hand und macht das, was er im Weingut am besten kann: charaktervolle Rotweine vinifizieren.

♥ **2018** Ahrweiler Rosenthal Spätburgunder „Grand Max S"
22,50€ · 14%
Die fast konfitürige Samtigkeit mit Noten von Schwarztee und Bergamotte biegt Richtung Tempranillo ab. Dieser Wein kann auch Spätburgunder-Skeptiker überzeugen, die es rough und kräftig mögen.

2018	Ahrweiler Rosenthal Spätburgunder „Grand Max"	🍇🍇🍇

16,80€ · 13,5%
Vielschichtig, elegant und konzentriert. Ein echtes, nun ja, „Ah(r)-(H)Ahr-Erlebnis" erwartet Sie hier.

2018	Ahrweiler Silberberg Spätburgunder	🍇🍇🍇

19,50€ · 14,5%
Warm-würzig und beerenfruchtig, ein ausgewogener Wein mit schönem Trinkfluss.

2019	Frühburgunder „Alte Reben"	🍇🍇🍇

14,50€ · 13%
Klarer, kühler und rauchiger Wein, konzentriert und dennoch zurückhaltend, saftig mit viel Johannisbeere, dunklen Beeren und einem Hauch Grüntee, schöner Abgang.

Weingut Sermann

Seilbahnstraße 22,
53505 Altenahr
T +49 (0) 2643 7105
www.sermann.de

Inhaber Lukas Sermann
Betriebsleiter Lukas Sermann
Kellermeister Lukas Sermann
Rebfläche 8,1 ha
Produktion 60.000 Flaschen
Gründung 1936
Verkaufszeiten
Do–Di 10–18 Uhr

Gute Weinberglagen sind nicht häufig auf dem Markt, doch 2020 hatte Lukas Sermann Glück und konnte einige Spitzenparzellen in den Lagen Rechner Herrenberg und Neuenahrer Sonnenberg erwerben. Das erweitert das Lagenprofil des talentierten Jungwinzers, was natürlich letztendlich der Weinqualität zugute kommt. Um die muss man sich bei Sermann allerdings keine wirklichen Sorgen machen, der ehrgeizige Winzer hat mit dem knapp acht Hektar großen Betrieb einen gewaltigen Sprung nach vorne gemacht und ist dabei, sich kontinuierlich in die Spitzengruppe des Anbaugebietes zu schieben. Dabei sind nicht nur seine Rotweine beachtlich komplex strukturiert, auch die Weißen haben Format und Klasse.

2019 Altenahrer Eck Riesling Spätlese
12,90€ · 7,5%
Maracuja und grüner Apfel, dazu ein winziges Körnchen Salz. Wenn Sie noch den perfekten Apéro für Ihr nächstes Sommerfest suchen, da ist er!

2019 Altenahrer Eck Riesling „Alte Reben 1939"
14,40€ · 12,5%
Old fashioned und sehr fruchtbetont mit Aromen von Apfel und Pfirsich. Etwas Petrol mit straffer Struktur.

2019 Altenahrer Übigberg Weißburgunder „Auf Graben"
17,40€ · 12,5%
Reif und dicht mit viel Holzwürze und Quitte – dennoch mit schöner Leichtigkeit.

2018 Dernauer Pfarrwingert Spätburgunder
24,70€ · 13,5%
Frischer, saftiger Wein mit guter Dichte und Struktur. Im Vordergrund steht reife, süße Kirsche, aber auch Himbeere und Karamellaromen. Gute Länge.

2018 Marienthaler Trotzenberg Spätburgunder
18,90€ · 13,5%
Ein Schmeichler mit After-Eight-Würze, ein Solist für spätere Stunden.

2019 Marienthaler Frühburgunder

10,40€ · 13%

Kühle Stilistik, animierend mit filigranem Tanningerüst, feine Kirscharomen, dunkle Beeren und Minze, gut eingebundenes Holz.

2019 Mayschosser Burgberg Spätburgunder

10,40€ · 12,5%

Lebensfrohe Trinkfreude. Der perfekte Verkaufsort für diesen Spätburgunder mit Noten von Liebstöckel, Lakritz und Heidelbeere wäre wohl direkt neben der Grillkohle. Für spontane Grill-Nachmittage sollte man den immer zu Hause haben.

2019 Altenahrer Eck Riesling „wurzelecht" Auslese

22,90€ · 8,5%

Karibik-Feeling pur. Holt auch an trüben Tagen die Sonne an den Tisch und hebt sofort die Laune.

Sonnenberg

Heerstraße 98,
53474 Bad Neuenahr-Ahrweiler
T +49 (0) 2641 6713
www.weingut-sonnenberg.de

2018 „Carat" brut

12,00€ · 11,5%

Verführt mit einer schönen Nase, am Gaumen korpulent, florale Noten, Kaffee, orientalisch und üppig.

Jean Stodden – Das Rotweingut

Rotweinstraße 7–9,
53506 Rech
T +49 (0) 2643 3001
www.stodden.de

Inhaber Alexander Stodden
Betriebsleiter Alexander Stodden
Kellermeister Alexander Stodden
Verbände VDP, Fair'n Green
Rebfläche 8,5 ha
Produktion 50.000 Flaschen
Gründung 1578

Alexander Stodden wird gerne als Ausnahmewinzer bezeichnet und tatsächlich gelingt dem Winzer das Kunststück, seine Früh- und Spätburgunder Jahr für Jahr auf gleichbleibend hohem Niveau zu halten und damit sein Weingut im deutschen Rotweinolymp zu platzieren. Da braucht es allerdings mehr als nur Talent! Stodden hat das richtige Gespür für seine Weinberge, hört in den Boden hinein und sieht rechtzeitig, welchen Weg die Vegetation einschlagen wird und wann die Traubenreife exakt den Punkt erreicht hat, um sich in erstklassige Weine verwandeln zu können. Der Recher Herrenberg, quasi der Hausberg der Familie, ist die Paradelage des Betriebes, hier wachsen die Trauben, die das aromatische Fundament der tiefgründigen Stodden'schen Spitzenweine bilden. Und tatsächlich sind es Ausnahmeweine, hinter denen selbstverständlich ein Ausnahmewinzer steht.

2018 Hardtberg Spätburgunder GG

49,00€ · 12,5%

Monumentale Granitfassade. Lakritz, Teer und Lorbeer geben Härte, die saftig-saure Herzkirsche sorgt für Tiefe und Spannung. Am Gaumen druckvoll und fordernd mit sehr festen Tanninen, die dem Wein eine fast kaubare Struktur geben. Nichts für Feiglinge.

Verkaufszeiten
Mo–Fr 9–12 Uhr
Mo, Di, Do, Fr 14–17.30 Uhr
Sa 10–13 Uhr

2018 Herrenberg Frühburgunder GG
39,00€ · 13%
Stimmiger, ausgewogener Wein, dicht mit viel Grip und Wacholdernoten, fein und duftig, ein Hauch Butterscotch rundet ab.

2018 Herrenberg Spätburgunder GG
79,00€ · 13%
Verführerische Kirschfrucht darf mit dunkler karamelliger Würze von Kandiszucker eine wunderbare Liaison eingehen. Dieser Wein ist zu groß für unsere Empfehlung, und dennoch sprechen wir sie aus: Das ist Sommergrillen für die Anspruchsvollen, die etwas zu feiern haben.

♥ **2018** Herrenberg Spätburgunder „Alte Reben"
125,00€ · 13%
Moderner Wein von alten Reben; fruchtig-würzig mit griffigen Gerbstoffen.

2018 Recher Herrenberg Spätburgunder
31,00€ · 13%
Straff konturiert mit warmem Herz, hocharomatisch mit dunkelbeerigem Tiefgang. Ein Traumwein zu feinem Wildgeflügel, wie Rebhuhn in der großen Küche.

2018 Sonnenberg Spätburgunder GG
59,00€ · 12,5%
Balsamische Noten von Eukalyptus treffen auf aufgebrochene Kirschkerne, Lakritze und Bitterschokolade. Vielschichtig und tiefgründiger Pinot, der schon fast in Richtung Carignan geht. Sehr ernsthaft in seiner Stilistik, dieser Wein versteht keinen Spaß.

Foto: © Deutsches Weininstitut

DIE TIPPS DER WINZER

Wo gibt es die beste Bunneflöpp, das leckerste Ahrtaler Rauchfleisch, den schmackhaftesten Winzerteller? Wo den besten Blick in die Weinberge, wo das schönste Hotel? Wo kann ich Weine verkosten, regionale Produkte einkaufen? Wer, wenn nicht **der Winzer vor Ort** kennt sich bestens in seiner Region aus? Darum haben wir Winzer und ihre Familien nach **ihren persönlichen Tipps** gefragt.

P.S. Prüfen Sie bitte vor Ihrem Besuch, ob alle Lokale und Geschäfte wieder geöffnet haben und welche aktuellen Öffnungszeiten gelten.

Essen

GASTHAUS ASSENMACHER
Brückenstraße 12,
53505 Altenahr
T + 49 (0) 2643 1848
www.gasthaus-assenmacher.de
Am Anfang des Rotweinwanderwegs lässt es sich hier in einem von sieben Gästezimmern entspannt übernachten und im Restaurant, der Gaststube oder auf der Terrasse regionale Spezialitäten probieren.
Empfohlen von
Weingut Sermann

HAUS CASPARI
Rossberg 1, 53505 Altenahr
T + 49 (0) 2643 94170
www.hauscaspari.de
Im Herzen von Altenahr liegt dieses Restaurant, das eine gutbürgerliche Küche anbietet. Zum gastronomischen Betrieb gehören noch ein Café und ein Hotel, das auch Krimi- oder Wanderwochenenden anbietet.
Empfohlen von
Max Schell

WEINGUT KLOSTER MARIENTHAL
Klosterstraße 3-5,
53507 Marienthal
T + 49 (0) 2641 98060
www.weingut-kloster-marienthal.de
1137 als Augustinerinnenkloster erbaut, kann man sich heute in den historischen Gemäuern, im Klostergarten oder der Klosterruine aufhalten. Es gibt dort eine Gastronomie mit Flammkuchen oder Kaffee und Kuchen, es werden klostereigene Weine oder Weine von den vier Partnerweingütern ausgeschenkt. Vom Rotweinwanderweg führt eine Treppe direkt in den Klostergarten.
Empfohlen von
der Redaktion

WEINHAUS KLÄS
Ahr-Rotweinstraße 50,
53508 Mayschoss
T + 49 (0) 2643 1657
www.weinhaus-klaes.de
Saisonal, regional und zugleich international wird hier gekocht: Oma Paulas Köksjessupp (Bohnen mit Mettenden) steht ebenso auf der Karte wie die sonntags frisch geräucherten Forellen oder Wiener Schnitzel und Lachssteak. Übernachtungsgästen stehen zehn Zimmer im Hotel zur Verfügung.
Empfohlen von
Winzergenossenschaft Mayschoss-Altenahr

BROGSITTER'S SANCT PETER

16 | 20
Walporzheimer Straße 134,
53474 Bad Neuenahr-Ahrweiler
T + 49 (0) 2641 97750
www.sanct-peter.de
Ein elegantes Restaurant mit mehrfach ausgezeichneter Küche präsentiert sich hier mit seinen unterschiedlichen Gasträumen. Egal ob in der Weinkirche, auf der Terrasse oder in der Kaminstube: Die Karte bietet eine moderne und aromenreiche Küche. Gastronomie und Hotel gehören zum Weingut Brogsitter, das sich seit 1600 dem Anbau von Weinen verschrieben hat.
Empfohlen von
der Redaktion

DINORIS RESTAURANT

Göppinger Straße 13,
53474 Bad Neuenahr-Ahrweiler
T + 49 (0) 2641 6868
www.dinoris.de

Mediterrane Küche mit Seafood, Pasta und vielen Gemüsegerichten steht im Mittelpunkt dieses Restaurants, das seinen Stammsitz auf der griechischen Insel Rhodos hat. Es gehört zum Weingut Nelles und bietet in einem kleinen Hotel mit sechs Zimmern auch Übernachtungsmöglichkeiten.

Empfohlen von
der Redaktion

EIFELSTUBE

Ahrhutstraße 26,
53474 Bad Neuenahr-Ahrweiler
T + 49 (0) 2641 34850
www.eifelstube-ahrweiler.de

Gemütliche Gastlichkeit und regionale Küche werden in diesem Restaurant versprochen, das sich direkt in der Altstadt befindet und zu dem auch ein kleines Hotel gehört. Auf der Weinkarte stehen vor allem regionale Tropfen, die in den nahen Weinbergen wachsen.

Empfohlen von
Weingut Sermann

KLEBERS KÜCHE - GARTEN

Johannes-Müller-Straße 1,
53474 Bad Neuenahr-Ahrweiler
T + 49 (0) 2641 2060822
www.klebers.net

Wildkräutersalat, Zitronengrassuppe oder Flusszander, Entenbrust oder Simmentaler Roastbeef: In dieser historischen Villa wird eine moderne Speisekarte präsentiert. 30 Gäste finden im Restaurant Platz, das vor allem deutsche Weine im Ausschank hat.

Empfohlen von
Peter Kriechel

LA CONCORDIA

Herderweg 1,
53474 Bad Neuenahr-Ahrweiler
T + 49 (0) 2641 1775
www.la-concordia.de

Italienische Küche – allen voran Pizza und Pasta – steht hier auf der Beliebtheitsskala bei den Gästen ganz oben. Es wird auch vegetarisch und vegan gekocht.

Empfohlen von
Weingut Sermann

LANDGASTHOF POSTSTUBEN

16 | 20

Landskroner Straße 110,
53474 Bad Neuenahr-Ahrweiler
T + 49 (0) 2641 94860
www.steinheuers.de

Geht es im Spitzen-Restaurant nebenan eleganter zu, ist es in den Poststuben etwas bodenständiger und legerer. Aber auch hier: eine tolle Speisekarte mit vielen regionalen Einflüssen und vor allem die gleiche Weinkarte wie in der Alten Post, eine der besten von ganz Deutschland. Auf der Karte steht zum Beispiel ein kleines dreigängiges Menü mit Bouillabaisse im Hauptgang, das viergängige Poststubenmenü mit Kalbsblutwurst, Bohnensuppe und Kaninchenkeule, oder das Sechs-Gang-Menü mit Lachs, Steinpilzen, Suppe, Hirschmedaillons und Holunderschnitte. Es sind vor allem die Aromen, die in den einzelnen Gerichten begeistern, aber natürlich auch die herzliche Gastfreundschaft der Gastgeber-Familie Steinheuer.

Empfohlen von
Weingut Deutzerhof

LUTHERS

Telegrafenstraße 37,
53474 Bad Neuenahr-Ahrweiler
T + 49 (0) 2641 9115 009
www.luthers-weinrestaurant.de

Wow, was für eine Weinkarte. Das klingt nach häufigeren Besuchen, wenn man sich durch Ahr, Nahe, Baden & Franken verkosten will. Und die Kulinarik kommt hier auch nicht zu kurz – mit Hummerbisque, Jakobsmuscheln auf Flönz, Flammkuchen und Winzerbraten. Und das alles im gemütlichen Ambiente und draußen mit Blick auf die Kurpromenade.

Empfohlen von
Erwin Riske

PRÜMER GANG

Niederhutstraße 58,
53474 Bad Neuenahr-Ahrweiler
T + 49 (0) 2641 4757
www.pruemergang.de

In der historischen Altstadt von Ahrweiler entstand dieser Neubau für ein Hotel mit zwölf Zimmern und das Restaurant. Der Name leitet sich vom alten Begriff für den Grenzverlauf des Prümer Herrenlandes ab. Beim Bau wurden bestehende Gebäudeteile integriert, unter anderem wurden Schieferplatten und Bruchstein aus der Region verwendet. Die Küche präsentiert sich klassisch-innovativ mit Trüffelspaghetti, Kalbsrücken und gebratenem Pulpo oder Lammrücken auf Pesto-Schnibbelbohnen. Die Zimmer sind designorientiert modern ausgestattet, zum Haus gehört auch ein Spa.

Empfohlen von
der Redaktion

STEINHEUER'S RESTAURANT „ZUR ALTEN POST"

18 | 20

Landskroner Straße 110,
53474 Bad Neuenahr-Ahrweiler
T + 49 (0) 2641 94860
www.steinheuers.de

Krosser Jungschweinbauch, Flusskrebse mit Heppinger Gurke, bretonischer Rochen, rotfüßiges Rebhuhn, Rohmilchkäse und dann noch sensationelle Desserts: Wenn man schon allein die Menüfolge in der Speisekarte liest, läuft einem das Wasser im Mund zusammen und stellt sich die Vorfreude auf allerfeinste Kulinarik in einem der besten Restaurants Deutschlands ein. Hans Stefan Steinheuer ist langjähriger und hochdekorierter Patron, der familiäre und kompetente Unterstützung durch Ehefrau Gabriele, Tochter Désirée als Sommelière und Schwiegersohn Christian Binder als Küchenchef erfährt. Somit wird das traditionelle Haus mit seinen zwei Restaurants und dem Hotel in der nächsten Generation weiter geführt. Steinheuer hatte 1985 den elterlichen Landgasthof übernommen und ihn sehr schnell zu einem über die Landesgrenzen hinaus bekannten Gourmet-Tempel ausgebaut.

Empfohlen von
Weingut Deutzerhof

VINETUM

Walporzheimer Straße 173,
53474 Bad Neuenahr-Ahrweiler
T + 49 (0) 2641 9160 785
www.vinetum-ahr.de

Als Familienbetrieb wird dieses Restaurant in den früheren Räumen der Winzergenossenschaft Walporzheim geführt. Zum Haus gehört auch ein historischer Weinkeller, im Freiluft-Weingarten sitzt man zwischen Oleander und Olivenbäumen und kann Speis' und Trank genießen. Es werden viele Weinevents mit Verkostungen und Kellerführungen angeboten.

Empfohlen von
der Redaktion

WEINHAUS KRIECHEL

Marienthaler Straße 14,
53474 Bad Neuenahr-Ahrweiler
T + 49 (0) 2641 9038 154
www.weingut-kriechel.de

Ein kleines Restaurant des Weingutes Kriechel: Käsebrot oder Forellenfilet, Strammer Max, Nierengulasch oder eine Winzerplatte stehen hier auf der Karte. Dazu werden hauseigene Weine ausgeschenkt. Zum Weingut gehören auch Ferienwohnungen.

Empfohlen von
der Redaktion

JAGDHAUS RECH

Bärenbachstraße 35,
53506 Rech
T + 49 (0) 2643 8484
www.jagdhaus-rech.de

Die Menüs heißen Weidmann oder Jagdfieber, auf der Karte stehen Filet vom Wildschwein, Fasan, Hirsch oder Reh: Denn in diesem Restaurant, zu dem auch ein Hotel gehört, dreht sich fast alles um Wild. Die Gastgeber, Anhänger der Slow-Food-Philosophie, geben außerdem selbst viele Tipps, wie man Wild zu Hause zubereiten kann, egal ob auf dem Grill oder dem Herd.

Empfohlen von
Peter Kriechel

SEBASTIAN 1520

Rotweinstraße 26, 53506 Rech
T + 49 (0) 2643 93620
www.sebastian1520.de

Ein Familienunternehmen in der zweiten Generation freut sich hier auf seine Gäste – sowohl im Hotel mit seinen zehn Zimmern als auch im Restaurant. Der Name „Sebastian 1520" wird auf das Familienwappen zurückgeführt, das 1520 von Kaiser Maximilian verliehen wurde. Spezialität des Hauses sind im Buchenholz geräucherte Speisen wie Hähnchenbrust oder Schweinemedaillons.

Empfohlen von
Erwin Riske

Schlafen

HOTEL RULAND
Brückenstraße 6,
53505 Altenahr
T +49 (0) 2643 8318
www.hotel-ruland.de
Direkt an der Ahrufer-Promenade, im Zentrum von Altenahr, kann man in diesem Drei-Sterne-Superior-Hotel in einem der 40 Zimmer übernachten und sich regional-kulinarisch im Restaurant verwöhnen lassen. Von hier aus kann man zu Rad- oder Wandertouren aufbrechen und die Region rund um den Rotweinwanderweg erkunden.
Empfohlen von
Weingut Deutzerhof

GASTHOF ZUR SAFFENBURG
Ahr-Rotweinstraße 43,
53508 Mayschoß
T + 49 (0) 2643 8392
www.gasthof-saffenburg.de
Direkt an der Ahr gelegen lassen sich von diesem Hotel, das sich direkt gegenüber der Winzergenossenschaft Mayschoß befindet, schöne Touren unternehmen. Im Restaurant steht unter anderem Wild aus der heimischen Umgebung auf der Karte.
Empfohlen von
Max Schell

JÄGERSTÜBCHEN
Bundesstraße 1,
53508 Mayschoss
T + 49 (0) 2643 93700
www.jaegerstuebchen.de
Dieses Drei-Sterne-Hotel liegt direkt an der Rotweinstraße und lädt darum zu schönen Wanderungen oder Spaziergängen ein. Zum Haus gehört auch ein Restaurant mit regionalen Spezialitäten.
Empfohlen von
Winzergenossenschaft Mayschoss-Altenahr

HOHENZOLLERN
Am Silberberg 50,
53474 Bad Neuenahr-Ahrweiler
T + 49 (0) 2641 9730
www.hotelhohenzollern.com
Hoch über dem Ahrtal begrüßt das Team in Hotel und Restaurant seine Gäste und bietet einen gigantischen Blick in die Landschaft der Weinberge. Das Haus ist schon mehr als ein Jahrhundert alt, Familie Volkermann fühlt sich dieser Tradition, aber auch dem modernen Anspruch ihrer Gäste verpflichtet.
Empfohlen von
Peter Kriechel

HOTEL KRUPP
Poststraße 4,
53474 Bad Neuenahr-Ahrweiler
T + 49 (0) 2641 9440
www.hotel-krupp.de
Dieses Inhabergeführte Drei-Sterne-Superior Hotel mit einen 46 Zimmern liegt direkt in der Fußgängerzone von Bad Neuenahr. Zum Hotel-Restaurant gehören Weinstube, Wintergarten und das Gartenrestaurant.
Empfohlen von
der Redaktion

HOTEL RODDERHOF
Oberhutstraße 48,
53474 Bad Neuenahr-Ahrweiler
T +49 (0) 2641 3990
www.hotel-rodderhof-ahr.de
Inmitten der historischen Stadtmauer in der mittelalterlichen Altstadt von Ahrweiler befindet sich dieses Hotel mit seinen 58 Zimmern und dem Restaurant Augustiner. Gebaut hatten das Haus Augustinermönche im Jahr 1248 als Sitz ihrer Gutsverwaltung. Aus dieser Zeit zeugen immer noch historische Gebäudeteile und alte Mauern.
Empfohlen von
Peter Kriechel

METZLER HOTEL FÜRSTENBERG
Mittelstraße 4-6,
53474 Bad Neuenahr-Ahrweiler
T + 49 (0) 2641 94070
www.hotel-fuerstenberg.de
45 Betten in zentraler Lage von Bad Neuenahr, nah zu den Geschäften der Innenstadt, aber auch zu den Ahr-Thermen, gehören zu diesem familiengeführten Haus, in dem sich auch ein Restaurant befindet. Weitere zehn Gästezimmer befinden sich in der Dependance Beethovenhaus.
Empfohlen von
der Redaktion

ROMANTIK HOTEL SANCT PETER
Walporzheimer Straße 118,
53474 Bad Neuenahr-Ahrweiler
T + 49 (0) 2641 9050 30
www.hotel-sanctpeter.de
Drei Häuser unter einer Regie: Das Romantikhotel Sanct Peter begrüßt seine Gäste in einer Gründerzeitvilla und beherbergt 17 elegante Zimmer und drei Suiten, das Landhotel Sanct Peter verfügt über Doppelzimmer im modernen Landhausstil, und das gleichnamige Gasthaus präsentiert sich in einem historischen Gebäude, das von 1246 bis 1805 Weingut des Kölner Domstifts war.
Empfohlen von
der Redaktion

STEIGENBERGER HOTEL
Kurgartenstraße 1,
53474 Bad Neuenahr-Ahrweiler
T + 49 (0) 2641 9410
www.steigenberger.com
216 Suiten und Zimmer erwarten die Gäste in diesem Traditionshaus, das direkt am Kurpark liegt und baulich mit dem Thermal-Badehaus verbunden ist. Zum Hotel gehören neben dem Wellnessbereich auch ein Restaurant und eine Bar.
Empfohlen von
der Redaktion

STEINHEUERS HOTEL
Landskroner Straße 110,
53474 Bad Neuenahr-Ahrweiler
T + 49 (0) 2641 9460
www.steinheuers.de
Nicht nur zwei Restaurants gehören zum Steinheuer-Ensemble in Heppingen, sondern auch ein Hotel: Im Haupthaus über dem Landgasthof stehen dem Übernachtungsgast stilvoll eingerichtete Zimmer zur Verfügung – so, dass er entspannt sein Menü genießen kann, ohne noch nach Hause fahren zu müssen. Das gegenüberliegende Landhaus bietet außerdem eine luxuriöse Penthouse-Suite und Junior-Suiten an. Dort gibt es auch einen kleinen Spa-Bereich.
Empfohlen von
der Redaktion

WEINQUARTIER BURGGARTEN
Landskroner Straße 63,
53474 Bad Neuenahr-Ahrweiler
T + 49 (0) 2641 53474
www.weingut-burggarten.de
Seit Mai 2005 führt Familie Schäfer neben ihrem traditionellen Weingut ein Gästehaus mit 14 außergewöhnlichen Themenzimmern. Übernachtet werden kann im Burgunder-Domizil, der Domina-Kammer oder dem Weißburgunder-Gelass mit einem reichhaltigen Winzerfrühstück.
Empfohlen von
der Redaktion

Einkaufen

TOGGENBURGER CHURFIRSTIN

Ahrhutstraße 30,
53474 Bad Neuenahr-Ahrweiler
T +49 (0) 177 3296510
www.churfirstin.de
Weil er ein absoluter Fan von Käse aus der Region Toggenburg in der Ostschweiz ist, hat Axel Reinhold dort nicht nur eine Weiterbildung zum Käser gemacht, sondern an der Ahr dann auch sein eigenes Käse-Geschäft gegründet. Die Produkte sind aus Kuh-, Schafs- und Ziegenmilch, es gibt Weich- und Hartkäse, aber auch Büffelmozzarella und Butter.
Empfohlen von
Peter Kriechel

Empfehlenswerte Metzgereien

Metzgerei Wieland
Mayschoß (Dorfstraße 9)

Metzgerei Heinz Ropertz
Bad Neuenahr-Ahrweiler
(Oberhutstraße 26)

Fleischerei Albrecht
Bad Neuenahr-Ahrweiler
(Telegrafenstraße 6)

Empfehlenswerte Bäckereien

Dirk Josten
Dernau (Hauptstraße 46)

Ulrich Brand
Bad Neuenahr-Ahrweiler
(Jesuitenstraße 18)

Jürgen Schmitz
Bad Neuenahr-Ahrweiler
(Niederhutstraße 69)

Vinothek

VINOTHEK AHR-GOURMET

Niederhutstraße 21,
53474 Ahrweiler
T + 49 (0) 2641 34285
www.maibachfarm.de
Die Vinothek im Herzen der Rotweinmetropole Ahrweiler bietet neben den biologisch ausgebauten Weinen des Weingutes Maibachfarm mit dem Hauptaugenmerk auf Ahr-Spätburgunder eine breite Auswahl an Bioland-Produkten.
Empfohlen von
der Redaktion

VINOTHEK BROGSITTER

Max-Planck-Straße 1,
53501 Grafschaft
T + (49) 225 9183 121
www.brogsitter.de
In der modernen Vinothek geraten Weinkenner ins Schwärmen. Neben den kostbaren Ahrweinen aus dem eigenen Weingut und der Privat-Sektkellerei, finden Spitzenweine aus der ganzen Welt in der Vinothek ihren Platz.
Empfohlen von
der Redaktion

WINZERGENOSSENSCHAFT MAYSCHOSS-ALTENAHR

Vinothek Mayschoss
Ahr-Rotweinstraße 42,
53508 Mayschoss
T + 49 (0) 2643 93600
Vinothek Altenahr
Tunnelstraße 17, 53505 Altenahr
T + 49 (0) 2643 1613
www.wg-mayschoss.de
460 Mitglieder aus Mayschoss, Altenahr und Walporzheim gehören heute zu dieser Genossenschaft, die als eine der ältesten in Deutschland gilt. Sie bewirtschaften gemeinsam ca. 150 Hektar Rebfläche. In den Vinotheken können Weine, Sekte, hauseigene Brände, sowie Liköre verkostet werden; im Hauptsitz in Mayschoss können außerdem Gewölbe- und Fasskeller sowie das Weinbaumuseum besichtigt werden.
Empfohlen von
der Redaktion

AHRLAND DANKO'S WEINLADEN

Kreuzstraße 7a,
53474 Bad Neuenahr-Ahrweiler
T + 49 (0) 2641 21993
www.ahrweinshop.de
Auf 150 Quadratmetern kann man hier viele Ahr-Weine von kleinen und großen Winzern oder von Winzergenossenschaften verkosten. Aber auch Weine von der Mosel oder aus Rheinhessen sind im Angebot, ebenso Tropfen aus Übersee, Spanien oder Portugal. Sekt, Spirituosen oder Feinkost werden ebenfalls verkauft.
Empfohlen von
Weingut Deutzerhof

DAGERNOVA AHR WEINMANUFAKTUR

Vinothek Bad Neuenahr-Ahrweiler
Heerstraße 91–93,
53474 Bad Neuenahr-Ahrweiler
T + 49 (0) 2641 94720
Vinothek Dernau
Ahrweg 7, 53507 Dernau
T + 49 (0) 2643 1266
www.dagernova.de
Die Winzergenossenschaft mit ihren 600 Mitgliedern betreibt beide Vinotheken. Öffentliche Weinproben finden donnerstags in Bad Neuenahr und samstags in Dernau statt.
Empfohlen von
der Redaktion

WEINMANUFAKTUR WALPORZHEIM

Walporzheimer Straße 173,
53474 Bad Neuenahr-Ahrweiler
T +49 (0) 2641 34763
www.weinmanufaktur-walporzheim.com
Die im Jahre 1871 gegründete Winzergenossenschaft Walporzheim und damit die zweitälteste ihrer Art heißt seit der Fusion mit der Winzergenossenschaft Mayschoss-Altenahr im Jahre 2009 Weinmanufaktur Walporzheim. Neben einer modernen und preisgekrönten Vinothek bietet die Weinmanufaktur Walporzheim Weinproben für verschiedene Gruppengrößen an.
Empfohlen von
der Redaktion

Index

Weingüter

Tipps

WESTLICHER SPESSART

MITTELMAIN & MAINSÜDEN

STEIGERWALD

VOLKACHER MAINSCHLEIFE

Leitung der Verkostungen sowie des Expertenrats Otto Geisel
Executive Publisher Ursula Haslauer
Geschäftsführung Hans Fink (v.i.S.d.P.)
Beratung Produktion Kerstin Böhning
Projektleitung Pia Epp

Anzeigenvermarktung Burda Community Network GmbH, Geschäftsführer Burkhard Graßmann (Sprecher), Michael Samak
Publisher Management Meike Nevermann (Ltg.), Anja Kallmeier
Verantwortlich für den Anzeigenteil Tobias Albrecht
AdTech Factory GmbH & Co. KG, Hauptstraße 127, 77652 Offenburg
Es gilt die aktuelle Preisliste, bcn.burda.de

Vertrieb MZV GmbH & Co. KG, 85716 Unterschleißheim, www.mzv.de
Münchner Verlagsgruppe GmbH, Türkenstraße 89, 80799 München
Vertriebskoordination Kerstin Lallinger

Verkostungsteam der vorliegenden Ausgabe Eva Adler, Katja Apelt, Jochen Benz, Gerhild Burkard, Thorsten Firlus, Stephan Geisel, Lukas Gerges, Thomas Hausmann, Jochen Kreppel, Jossi Loibl, Astrid Löwenberg, Andreas Lutz, Nina Mann, Jens Pietzonka, Thomas Sommer, Herbert Stiglmaier, Melanie Wagner, Klaus Wählen, Ronny Weber, Andreas Winkelmann
Verkostungslogistik Laura Endres, Maximilian Fröhlich, Johannes Sauer, Michael Sauer

Redaktion Kerstin Böhning, Anke Kronemeyer
Autoren Eva Adler, Katja Apelt, Romana Echensperger, Thorsten Firlus, Thomas Hausmann, Anke Kronemeyer, Astrid Löwenberg, Jossi Loibl, Jens Pietzonka, Desirée und Gabriele Steinheuer, Ingo Swoboda
Fotoredaktion Mandy Giese
Fotocredits Stefan Bausewein/Würzburg, Deutsches Weininstitut, Weingut Dönnhoff, Michael Koch/Weingut Daniel Then, Michael Koch/Volkach, David Weimann/Weingut Meyer-Näkel

Gestaltungskonzept Daniel Pietsch
Icons Illustration Ludwig Haslberger
Layout und Satz brand unit GmbH, Lehargasse 7, A-1060 Wien
Kartografie brand unit GmbH, Lehargasse 7, A-1060 Wien
Lithografie Mario Rott, brand unit GmbH, Lehargasse 7, A-1060 Wien
Lektorat Print Company Verlagsgesellschaft m.b.H., Gumpendorfer Str. 41/6, A-1060 Wien

Datenmanagement Sebastian Schäfer, Katharina Weber
Weitere Mitarbeiterin Draga Vukojevic

Printed in Germany by Parzeller print & media GmbH
Verlag Burda Studios Pictures GmbH, Arabellastraße 23, 81925 München, www.burda.com

Für die Zusammenstellung dieses Führers ließen wir größtmögliche Sorgfalt walten, trotzdem können Daten falsch oder überholt sein. Eine Haftung können wir in keinem Fall übernehmen. Druck- und Satzfehler vorbehalten. Hinweise und Anregungen gerne an: gaultmillau@burdastudios.com

28. Jahrgang

ISBN 978-3-7423-1933-3
ISBN Ebook pdf 978-3-7453-1661-2
ISBN Ebook epub 978-3-7453-1662-9
GTIN: 4193225116901 03

Die Genusswelt der Weine und Restaurants finden Sie auch auf Facebook www.facebook.com/gaultmillaudeutschland und Instagram www.instagram.com/gaultmillau_deutschland

Jetzt zu unserem Newsletter anmelden und immer auf dem Laufenden bleiben **www.gaultmillau.de**